사회 변화를 위한 시스템 사고

좋은 의도만으로는 충분하지 않다

사회 변화를 위한 시스템 사고

공공·비영리·사회적경제 영역에서 일하는 사람들을 위한 사회 혁신 실천 가이드

데이비드 피터 스트로 지음 | 신동숙 옮김

이 책에 대한 추천사

단편적이고 부분적인 노력은 복잡한 문제를 해결하는 데 효과가 없다. 하지만 대안이 될 다른 구체적인 접근법을 찾기는 쉽지 않다. 데이비드 피터 스트로는 40년 가까운 세월 동안 실용적인 시스템 사고 도구를 다양한 환경에 적용한 경험을 바탕으로, 명쾌하고 설득력 있는 지침을 만들었다. 아동 학습자들을 대상으로 한 연구에서 아이들은 시스템 사고를 하는 능력을 타고난다는 사실이 밝혀졌다. 이 책은 이런 직관적인 능력을 되살리고 가장 어려운 문제에 직면할 때 이를 강화하도록 도울 것이다.

■ 피터 센게(Peter Senge), MIT 교수, '시스템 변화 학회(Academy for Systemic Change)' 설립자, 《학습하는 조직》 저자

데이비드 피터 스트로는 건설적인 사회 변화를 위해 애쓰는 사람들에게 도움이 되고자 시스템의 원리를 선도적으로 도입해 왔다. (나는 30여 년 전에 그의 강의를 들었다.) 많은 책들이 시스템 사고를 하는 방법을 설명하지만, 그것을 적용하는 방법을 알려주지는 않는다. 그런 면에서 이 책은 예외적이며 아주 유용하다. 피터는 우리 사회의 중요한 문제에 관여해 온 전문적인 경험을 이 책에서 풀어낸다. 물론 그의 책을 읽는다고 이 모든 문제를 없애지는 못할 것이다. 그렇지만 이 책은 우리 각자가 최대한의 영향을 미칠 수 있는 곳에 집중할 수 있게 도와주고, 어떻게 하면 다른 사람들을 참여시킬 수 있는지를 보여 줄 것이다.

■ 데니스 메도즈(Dennis Meadows), 《성장의 한계》 공동 저자, 전 정책사회과학연구소(Institute for Policy and Social Science) 소장

《사회 변화를 위한 시스템 사고》는 명확하고 현실적인 언어로 시스템 사고란 무엇인지, 그것이 왜 중요한지, 시스템 사고가 사회적 영역에서 어떻게 더 큰 성공을 거둘 수 있는지를 설명하고 자세히 밝힌다. 이 책은 간결하면서도 깊이 있고, 큰 그림을 그리면서도 철저히 분석한다. 스트로는 이야기를 서술하는 뛰어난 능력을 선보이는데, 특히 다양한 시스템 도구를 적용해서 새롭고 놀라운 결론에 이르렀던 경험과 관련된 많은 이야기를 공유한다. 이 책을 읽는 과정은 독자들에게 상당한

시험이 될지도 모른다. 저자는 조직 시스템에서 사회 시스템에까지 모든 시스템에서의 실패에 대해 우리 각자가 어떤 역할을 했는지 더 깊이 성찰할 수 있도록 독자들을 이끈다. 이로써 그저 새롭게 생각하는 방식이 아니라 세상을 사는 새로운 방식을 받아들이도록 부드럽게 촉구한다. 참으로 뛰어난 책이다.

■ 데이비드 니(David Nee), 성장 자선활동 네트워크(Growth Philanthropy Network), 윌리엄 캐스퍼 그라우스타인 기념 재단(William Caspar Graustein Memorial Fund)의 전 이사장

스트로는 풍부한 경험을 바탕으로 비유, 이야기, 실용적인 도구를 능숙하게 엮어 내서 모든 사람이 효과적으로 시스템 사고를 실천할 수 있도록 본보기를 제시한다. 이 책을 읽고 한 단계 도약할 준비를 갖추자.

■ 린다 부스 스위니(Linda Booth Sweeney), 《생명의 지혜(Connected Wisdom)》 저자, 《(시스템 사고와 함께하는) 기후변화 플레이북》 공동 저자

자선활동의 초점은 '베푸는 활동'에서 지속 가능한 변화를 이루기 위해 시스템을 바꾸는 쪽으로 바뀌었다. 《사회 변화를 위한 시스템 사고》는 공동체와 조직을 개선하기 위해 진지하게 고민하는 사람들에게 유용한 도구를 제공한다. 그렇다고 그 복잡성을 최소화하는 건아니다. 복잡성을 이해하고 시스템에 변화를 일으킬 수 있는 핵심적인 지점을 찾아낼 도구를 제시하여 사회 변화의 주체들에게 힘을 실어준다.

■ 테레사 베렌스(Teresa Behrens), 재단 및 기부자 교육원(Institute for Foundation and Donor Learning) 원장

당신이 시스템 사고에 관한 책을 단 한 권만 읽는다면 그 책은 《사회 변화를 위한 시스템 사고》여야 한다. 특히 시스템 사고의 개념이 생소하다면 이 책을 꼭 읽어야 한다. 시스템 사고를 접한 지가 꽤 되었고 앞으로 새롭고 넓은 시각에서 이 주제를 다루고 싶은 사람에게도 적극적으로 추천한다. 이 책은 시스템 사고를 확실히 실행하는 데 필요한 모든 영역을 다루지만, 그것이 전부가 아니다. 그동안 책에 소개된 방법을 사용해서 조사하고 개선해 왔던 여러 실제 사례도 상당히 공을 들여 소개한다. 그리고 내가 지금껏 본 적 없던 측면에 대해서도 진지하게 논한다. 가령 현재 시스템의 지도를 만드는 방법뿐 아니라, 미래에 달성하려는 목표에 맞춰서 그 지도를 수정하는 법도 설명한다. 최종적으로는 목표로 했던 개혁 과제가 제대로 진행 중인지 확인하기 위해서 어떤 지점을 지속적으로 평가해야 하는지를 제시한다.

■ 진 벨린저(Gene Bellinger), 시스템즈 씽킹 월드(Systems Thinking World, Inc.) 이사

이 책에서 스트로는 시스템 사고를 응용하는 데 꼭 필요한 (그리고 모두가 한참 동안 기다려 온) 지침을 제시한다. '기본적으로 작용하는' 것을 '변혁적인' 것으로 바꾼 이 책의 몇 가지 사례는 변화를 만드는 사람들이 만성적이고 복잡한 사회 문제를 해결하고 그들의 영향력을 심화하기 위한 기초를 다진다. 이 책

에서는 문제를 개선하려는 독자들의 시도를 방해하는 것이 무엇인지를 인식할 수 있도록 이끌고, 그런 다음 목적 달성을 위한 방법을 찾는 법, 시스템 스토리를 활용하는 법, 목표를 머릿속에 그리는 것의 힘을 다룬다. 시스템 사고는 스트로의 유능한 손을 거치면서 개인과 조직의 우선순위를 규정하고, 계획하고, 측정 가능한 지표로 성공을 평가하는 도구가 된다. 하지만 이 책은 일상적으로 활용하는 방대한 도구 상자 그 이상이다. 이 책은 깊은 수준에서 시스템 사고를 '단순한 실행 방식이 아닌 존재 방식'으로 구축한다. 변화를 만들어가는 사람들이 오랜 기간 지속 가능한 바람직한 결과로 가는 과정에서 점점 더 많은 변화를 겪을 수 있게 하는 열띤 초대다.

■ 마르타 세로니(Marta Ceroni), 도넬라 메도즈 협회(Donella Meadows Institute) 이사

데이비드 스트로는 대단히 가치 있는 그의 신간에서 좋은 의도만으로는 근본적인 사회 문제에 대해 지속적인 진전을 이루겠다는 열망을 이루기 힘들다는 사실과, 시스템 이론의 언어와 도구가 생산적이고 지속 가능한 변화의 레버리지 포인트를 가려내는 데 어떻게 도움이 될 수 있는지를 보여 준다.

■ 러셀 아이젠스타트(Russell Eisenstat), CHL(Center for Higher Ambition Leadership) 상임이사

데이비드 스트로는 우리가 일하는 사회 혁신 분야에서 효과가 입증된 도구를 사용해서, 15여 년 전에 평화구축 분야에 시스템 사고를 도입하는 데 중요한 역할을 했다. 이 책은 우리 분야의 아주 귀중한 자원이다. 시스템 사고를 활용해 갈등을 분석하고 전략적 계획을 수립하는 실용적인 방법을 담은 이해하기 쉬운 책을 찾았다면 이 책을 꼭 읽어 봐야 한다.

■ 다이애나 시가스(Diana Chigas), 터프츠대학교(Tufts University) 법학 및 외교학과 교수, CDA 협업 학습 프로젝트 공동 책임자

스트로는 그의 새 책《사회 변화를 위한 시스템 사고》에서 주옥같은 정보를 전한다. 이해하기 쉬운 명확한 설명과 실용적인 지혜가 담긴 이 책은 사회의 뿌리 깊은 문제를 해결하려는 기관에서 오랜 기간 분투했던 경력을 통해 파악한 성공 요인과 핵심적인 역학을 공유한다. 이 분야의 변화를 이루는 데 목표를 둔 사람이라면 반드시 읽어야 할 책이다.

■ 크리스티나 와일(Kristina Wile), 레버리지 네트웍스(Leverage Networks) 공동 대표, 시스템즈 씽킹 콜래보러티브(Systems Thinking Collaborative) 매니징 파트너

인류가 공유하는 자원을 보존하기 위해 지속 가능하고 능동적인 접근법을 배우고자 하는 공직자들과 시민들에게 꼭 필요한 책이다.

■ 조지아나 비숍(Georgianna Bishop), 공공부문 컨소시엄(The Public Sector Consortium) 회장

사회복지 분야에서 오랜 기간 일해 왔던 사람들, 주요한 사회 변화에 영향을 끼치는 것이 과연 가능한지 냉소적이고 환멸적인 생각을 품게 된 사람들은 데이비드 피터 스트로의 《사회 변화를 위한 시스템 사고》를 꼭 읽어

야 한다. 이 책은 지속적인 사회 변화를 만드는 데 전념하는 사람들을 위한 명확하고, 사려 깊고, 실용적인 지침서다. 하지만 독자들은 주의해야 한다! 시스템 사고는 새로운 사고 방식 그 이상이다. 스트로가 말했듯이, 시스템 사고는 새로운 존재 방식이다. 시스템 사고를 하려면 새로운 시각으로 사물을 바라보는 능력, 지금과는 다른 방식으로 사람들과 상호작용하는 능력, 명확한 비전, 사물을 있는 그대로 보려는 자발적인 의지, 마지막으로 시스템이 작동하지 않는 이유에 대한 책임을 지는 용기가 필요하다. 오래 지속되는 효과적인 사회 변화를 만드는 데 일조하고 싶다면, '해내고 있어. 실제로 진전이 있어'라고 말하고 싶다면, 이 책을 읽어라.

■ 애니 미스키(Anne Miskey), 노숙 문제 해결을 위한 자금 제공자 연대(Funders Together to End Homelessness) 이사

자선 단체들이 영향력을 강화하기 위해 갈수록 많은 노력을 기울이는 가운데, 스트로의 책에서 설명하는 관점, 방법, 도구는 복잡한 사회 문제를 해결하는 데 필요한 사고와 행동을 갖추고 문제 해결에 '올인'하는 접근방식을 구축하기 위한 중요한 지침을 제공한다. 정부, 비영리단체, 자선사업 단체 등 누구나 문제를 해결하는 이런 접근법에서 도움을 얻을 수 있다. 시스템 사고를 사회 변화에 적용하는 방법의 대가가 되려면 평생이 걸릴지 모르지만, 문제에 대해 생각하는 방식을 재설정하면, 지속 가능성과 성공 가능성을 높이는 새로운 길로 즉시 들어설 수 있다.

■ 렉시 놀렌(Lexi Nolen) 성공회 건강 재단 (Episcopal Health Foundation) 부회장

시스템 사고는 금세 추상적이고 기술적인 개념이 되어 버리기도 해서 시스템 사고를 다루다 보면 사회적 차원과 스토리텔링 차원이 덜 중요하게 다뤄지는 경우가 많다. 그래서 나는 오랫동안 내 수업에 사용할 더 실용적이고, 읽기 쉽고, 매력적인 입문서를 찾고 있었다. 그런데 마침내 그런 책을 만났다!

■ 퍼 에스펜 스톡네스(Per Espen Stoknes), 《지구 온난화에 대해 생각하지 않으려고 할 때 우리가 생각하는 것(What We Think About When We Try Not To Think About Global Warming)》저자, 노르웨이 BI 경영대학원 수석강사

사회 문제는 원인, 결과, 상호작용, 기여하는 관계의 소용돌이다. 하지만 좋은 의도를 가진 사람들이 복잡하게 상호 연결된 네트워크의 한 가닥만을 건드려서 만든 단순한 답이 사회 문제에 적용되는 경우가 너무 많다. 스트로의 책은 상호적인 관계를 모델링하는 방법, 그리고 더 중요하게는 이와 같은 관계에 의미 있고 지속적인 영향을 미치는 방법에 대한 실행 가능한 지침을 제공한다.

■ 제이슨 E. 글래스(Jason E. Glass), 이글 카운티 학교(Eagle County Schools) 교육감 겸 최고학습관리자

이 책에 나오는 사례들

출소 후 계획(After Prison Initiative)

- 2006년 11월 미국의 높은 교도소 수감률 문제를 해결하기 위해 뉴멕시코주 앨버커키에서 진행된 회의
- 대규모 수감과 높은 수준의 법적 처벌이 출소자들의 사회 재진입을 어떻게 저해하고 있는지 분석하고 해결 방안을 모색함

아이오와주 아이들을 위한 협력 (Collaborating for Iowa's Kids)

- 2011년 아이오와주 교육부와 교육지원청이 K-12 교육과 관련한 협업 방식을 개선하기 위해 진행한 파트너십
- 목적이 같음에도 불구하고 협력이 잘 이루어지지 않는 이유를 분석하고 해당 지역 내 교육부, 교육지원청, 지역 학군이 협력할 수 있는 방안을 모색함

칼훈 카운티 노숙 문제 해결을 위한 10년 계획 (Calhoun County Ten-Year Plan to End Homelessness)

- 2006년 여름 미시간주 칼훈 카운티에서 노숙 문제 해결을 위한 10년 계획을 수립함
- 노숙인 쉼터를 확대하는 방법으로는 노숙 문제를 해결할 수 없음을 깨닫고 지원주택을 확보하고 지원하는 방향을 모색함

시골 주택을 개선하기 위한 노력 (Improving Rural Housing)

- 2011년 사우스다코타주에서 시골 지역이 소멸되지 않고 독자적으로 생존할 수 있도록 방법을 모색한 회의
- 직업 활동을 하는 젊은이들이 유입되어 지역 사회에 다시 활력을 불어넣을 수 있도록 시골 주택을 개선하고 새로운 주택을 건설하여 주택 공급량을 확대해 나감

가장 처음부터(Right from the Start)

- 2011년 코네티컷주에 모든 아동과 가정을 대상으로 유아 발달 시스템을 갖추기 위해 진행한 프로젝트
- 가정의 사회·경제적 수준이 유아 발달에 가장 큰 영향을 미치는 것을 깨닫고 위험에 처한 가정에 개입하여 기회 불평등을 개선하는 방안을 모색함

인터그레이트 연합(InteGreat! coalition)

- 콜로라도주 이글 카운티 내 부유한 가정과 가난한 가정의 아이들이 모두 사랑받으며 건강하게 성장하도록 지원하고자 진행한 프로젝트
- 아동과 아동이 속한 가정이 균등한 기회를 갖기 위해 지역사회, 공공 기관, 기업이 어떻게 제도를 개선하고 개입해야 할지 방법을 모색함

음식과 건강(Food & Fitness)

- 2006년 W. K. 켈로그 재단이 아이오와주 북동부 지역을 포함한 9개 지역에 건강하고 안전한 음식 공급을 위해 자금을 지원한 프로젝트
- 그중 아이오와주 북동부 지역은 지역사회의 건강하고 안전한 음식을 공급하기 위한 여러 기관의 상호 관계와 시스템의 작용에 주목하여 전략적으로 정책을 개선해 나감

차례

서론 · 13

제 1 부   사회 변화를 위한 시스템 사고

01 어째서 좋은 의도만으로는 충분하지 않은가 · 29

02 시스템 사고 갖추기: 사회 변화의 촉매 · 38

03 시스템 스토리텔링 · 52

04 시스템 원형 구별하기 · 73

제 2 부   4단계 변화 프로세스

05 4단계 변화 프로세스의 개요 · 111

06 변화의 기반 만들기 · 122

07 현실 직시하기: 시스템 지도 그리기를 통해 구성원의 이해 도모하기 · 137

08 현실 직시하기: 시스템을 현장에 적용하여 구성원에 참여를 도모하기 · 178

09 명확한 선택 내리기 · 194

10 격차 메우기 · 207

제 3 부   미래를 설계하기

11 전략적 계획을 위한 시스템 사고 · 233

12 평가를 위한 시스템 사고 · 268

13 시스템 사고 전문가 되기 · 280

감사의 글 · 292   부록 · 296

주석 · 311   찾아보기 · 320

세상을 더 나은 곳으로 만들겠다는 약속을 지킨
할아버지 앨버트 존더하이머 박사(Dr. Albert Sondheimer)와
어머니 에바 존더하이머 스트로(Eva Sondheimer Stroh)에게
이 책을 바친다.

일러두기

1. 이 책은 다음 책을 완역한 것이다. David Peter Stroh, *Systems Thinking for Social Change: A Practical Guide to Solving Complex Problems, Avoiding Unintended Consequences, and Achieving Lasting Results*, Chelsea Green Publishing, 2015.
2. 인명, 지명, 작품명 등 외래어는 국립국어원의 외래어 표기법을 따랐다. 시스템 사고와 관련된 전문 용어는 국내 전문 서적에서 다수 채택한 용어를 사용하였다.
3. 저자 주는 후주로 삽입하고, 옮긴이 주는 본문 내에, 편집자 주는 본문 하단에 삽입하였다.
4. 단행본, 저널명은 겹화살괄호 《 》, 그 외의 자료는 홑화살괄호 〈 〉로 표기하였다.
5. 책에 수록된 표와 다이어그램은 한글 표기에 알맞도록 다시 그렸다.

서론

노숙인 문제를 해결하고, 교육을 강화하고, 공중 보건을 개선하고, 빈곤 문제를 줄이고, 지속 가능한 환경을 만드는, 지금까지와는 다른 방식으로 더 나은 삶을 살 수 있도록 돕는 일에 헌신하고 있다면, 자신이 바꾸려는 조직이나 시스템 자체에 생명력이 있다는 생각을 해본 적이 있을 것이다. 우리가 조직이나 시스템을 개선하기 위해 아무리 노력해도 조직이나 시스템은 원래대로 작용하곤 한다.

실제로 조직과 사회 시스템에는 고유의 생명력이 있다.

획기적이고 지속 가능한 사회 변화를 이루기 위해 노력하는 사람은 이런 작용을 이해하고 있기 때문에 조직과 사회 시스템에 맞서기보다 이를 의식적으로 수용하고 이에 적응한다. 이런 사람 중 대다수는 재단, 비영리단체, 정부 기관 또는 입법 기관, 기업의 사회적 책임 담당 부서에 근무하거나, 이들을 위한 컨설턴트 등으로 일한다. 이들은 소득 불균형과 기후변화가 심화되면서 많은 사람들이 점점 취약한 상태로 내몰리는 것을 보며, 더 많은 일을 해야 한다고 생각할 가능성이 높다. 이들은 예전보다 시간과 관심, 예산은 줄어든 상황에서 더 많은 것을 이뤄야 하는 현실에 놓여 있다.

이 책은 다음과 같은 간단한 전제를 바탕으로 한다. 시스템 사고의 원리와 도구를 적용하면 더 적은 자원으로도 더 나은 결과를 얻을 수 있으며, 그 효과는 훨씬 지속적이다. 시스템 사고가 이와 같은 효과를 낼 수 있는 이유는 다음과 같다.

- 자신이 해결하려는 문제를 자신도 모르게 악화시킬 수도 있다는 사실을 인식한다.
- 자신의 의도, 생각, 행동을 성찰하고 수정함으로써 다른 사람에게 가장 영향력을 미치는 지점을 찾을 수 있다.
- 이해 당사자가 즉각적인 이익이 아닌 시간의 흐름에 따라 시스템 전체의 효율성이 높아지는 방향으로 움직이도록 한다.
- 해결 방법의 의도는 좋지만 장기적으로 일으킬 수 있는 부정적 결과를 예견하고 피할 수 있게 돕는다.
- 시스템의 전체적인 개선에 중점을 두고, 제한된 자원으로 최대의 효과를 내는 지속적이며 효력이 높은 방안을 찾아낸다.
- 지속적으로 배움의 동기를 자극하고 뒷받침한다.

조직의 리더이거나 프로그램 관리자라면 시스템 사고를 통해 체계적으로 생각하는 법을 배워서 맡은 역할(의장, 자금 운영자, 교육자나 중재자)을 더 효과적으로 수행할 수 있다. 의장이라면 다음과 같은 역량을 발휘할 수 있다.
- 서로 다른 이해 당사자들이 큰 그림을 볼 수 있게 한다.
- 이해 당사자들 간 책임에 관한 대화를 촉진해서 그들이 자신도 모르게 해결하려는 문제의 원인으로 작용할 수 있다는 것을 인식하게 한다.
- 일부분이 아닌 전체 시스템을 최적화하기 위해 사람들을 동원한다.

자금 운영자라면 다음과 같이 시스템 사고를 활용해서 일을 더 유능하게 해낼 수 있다.
- 복잡하고 만성적인 문제의 근본 원인을 파악한다.
- 효력이 큰 방안을 찾아낸다.
- 장기적인 목표에 헌신하려는 의지를 강화하고 장기간에 걸친 영향을 평가하는 능력을 키운다.

시스템 사고를 다음과 같이 이용해서 더 나은 교육자와 중재자가 될 수 있다.

- 제안된 해결책에 어떤 장단기적 성과가 있는지를 정책 입안자와 대중에게 알린다.
- 결국에는 상황을 악화시킬 가능성이 있는 임시방편에 사람들이 중독되지 않도록 이끈다.
- 자신의 포부와 꿈을 이루는 데 뒷받침되는 초기의 작은 성공을 격려한다.

외부에서 자금 지원을 받는 비영리단체나 비정부기구는 시스템 사고를 활용해 다음과 같은 효과를 얻을 수 있다.

- 해결하려는 문제를 더 깊이 이해한다.
- 해당 지역 주민들과 더 실효성 있는 관계를 맺는다.
- 자기 견해의 핵심을 추려서 '천 마디 말에 버금가는 가치'가 있는 시각화된 시스템 지도를 만든다.
- 한정된 자원을 최대한 활용할 전략적인 방안을 찾는다.
- 위의 모든 내용을 담아서 더 설득력 있는 자금 요청 계획안을 작성한다.

입법자 혹은 정책 입안자는 시스템 사고를 다음과 같이 활용할 수 있다.

- 문제를 해결하려는 최선의 노력에도 불구하고 사회 문제가 지속되는 이유에 대해 더 명확하게 사고한다.
- 제시된 해결책에 의도치 않게 뒤따를 수 있는 장기적인 부정적 결과를 예측하고 방지한다.
- 시민이 납부하는 세금을 최대한 유용하게 쓸 수 있는 방안을 찾아낸다.
- 위의 모든 사항을 기반으로 유권자들에게 제안된 법률과 정책의 이점을 확실히 전달한다.

기업의 사회적 책임 부서 책임자는 시스템 사고를 이용해서 비영리 부문과 공공 부문에서 외부의 주요 이해 당사자들과 더 효과적으로 파트너십을 맺을 수 있다. 시스템 사고는 다음과 같은 측면에서 도움이 된다.

- 큰 그림을 더 명확히 본다.
- 자신의 행동에 따른 의도치 않은 부정적 결과를 밝혀내고 인정한다.
- 외부의 이해 당사자들과 협력해서 시간이 흐를수록 모든 관련 당사자들에게 이로운 혜택이 돌아갈 가능성이 큰 해결책을 만들어 낸다.

사회 변화에 전념하는 시스템 사고 분야의 전문가들은 검증된 변화 대응 프로세스에 시스템 사고 도구를 접목하는 법을 배울 수 있다.

조직이나 지역사회 개발을 전문으로 하는 컨설턴트들은 시스템 사고를 사용해서 변화에 대한 사람들의 동기를 높이고, 다양한 이해 당사자들 간의 협업을 촉진하며, 효과가 큰 실행방안을 찾아내고, 지속적으로 학습하도록 동기를 불어넣을 수 있다.

앞으로 배우게 될 내용

이 책을 통해 시스템 사고가 무엇이고 사회 변화 활동과 업무에 어떤 영향을 주는지 이해한다면, 위에서 설명한 여러 효과를 얻을 수 있다. 더 나아가 시스템 사고의 기본 원칙과 도구를 익히면 굳이 기술적인 전문가가 되지 않아도 문제 해결, 의사 결정, 전략적 계획에 적용하는 법을 배울 수 있다.

이 책을 통해 구체적으로 다음과 같은 것들을 배우게 될 것이다.

만성적이고 복잡한 사회 문제를 다룰 때 관습적인 선형적 사고 대신 시스템 사고를 활용한다. 아인슈타인은 "우리가 직면하는 중요한 문제들은 그 문제들이 발생했을 때와 같은 수준의 사고로는 해결될 수 없다"고 했다. 시스템 사고는 만성적이고 복잡한 사회 문제를 해결하는 데 있어서 관습적인 사고방식보다 훨씬 적합하다. 관습적인 사고방식으로 문제 해결 방법을 찾으면 의도와는 달리 그 문제를 고착화할 수도 있다.

시스템 사고를 일련의 원칙이자 특정한 분석 도구로 적용한다. 피터 센게(Peter Senge)에 의해 널리 알려진 빙산(iceberg)모델, 인과관계도, 시스템 원형(systems archetypes)과 욕조의 유추법(Bathtub Analogy)을 비롯해 이 책에서 다루는 도구들의 효과성은 입증됐다.[1] 물론 분석 도구는 그 밖에도 여러 가지가 있다.[2] 하지만 기업 컨설턴트 램 차란(Ram Charan)이 말한 것처럼 시스템 사고는 이해 당사자들이 "문제를 피상적으로만 다루지 않고 문제의 핵심에 자리한 복잡성으로 뚫고 들어가는 데" 도움을 준다.[3]

시스템 사고를 검증된 4단계 변화 프로세스에 통합한다. 기존에 사용되는 변화 프로세스 중에는 구성원의 생각과 행동이 의도치 않게 자신과 다른 사람들이 이룬 성과와 시스템 전반에 미치는 효과를 약화시킨다는 사실을 이해시키지 않고, 단지 이해 당사자들 간의 입장만 조율해 맞추려는 프로세스가 많다. 그러다 보면 공동의 목표를 중심으로 공동의 기반을 마련하더라도, 지금껏 어떤 일이 왜 일어났는지에 대한 공동의 이해에 도달하는 데에는 실패할 수 있다. 근본 원인을 찾을 때 사람들은 보통 자신은 최선을 다하고 있으며 비난 받아야 할 사람은 자기가 아닌 다른 누군가라고 생각한다. 리더십 전문가 빌 토버트(Bill Torbert)의 말을 빌리면 "자신이 문제의 일부임을 알지 못하면, 당신은 해결책의 일부가 될 수 없다"는 사실을 인식하지 못하는 것이다. 이와 달리 시스템 사고는 자신의 생각과 행동을 포함한 실패의 근본 원인을 깊이 있게 이해하고, 그것을 바탕으로 효력이 큰 해결 방안을 찾도록 돕는다.

　　이 책은 시스템 사고에 기초한 4단계 변화 프로세스를 제시한다. 이 프로세스는 내 오랜 동료이자 이노베이션 어소시에이츠(Innovation Associates)에서 조직

학습(Organizational Learning)을 이끄는 마이클 굿맨(Michael Goodman)과 내가 15년 이상 연구해서 정립한 것이다. 또 이 책은 최근 복잡성을 관리하고 자원을 공유하기 위해 다양한 이해 당사자들을 참여시키고자 새롭게 등장한 여러 변화 프로세스에 시스템 사고를 접목하는 법도 다룬다.[4] 시스템 사고에서 가장 중요한 점은 현실이 이해 당사자와 관계없이 독립적으로 존재하는 것이 아니라 그들이 창조한 결과라는 것을 참가자들이 깊이 인식할 수 있도록 돕는 것이다.

이루고 싶은 목적과 현재 누리고 있는 보상 사이에서 명확한 선택을 내리게 한다. 시스템은 현재 누리고 있는 보상을 계속 얻을 수 있도록 완벽히 설계됐다.[5] 다시 말해서 아무리 제 기능을 못하는 시스템처럼 보여도 그 시스템에 속한 사람들은 보상을 받고 있다. 이 책의 변화 프로세스를 통해 배우게 될 핵심적인 방법은 현 상태의 보상과 변화 이후의 보상을 비교하여, 현재 누리는 보상과 그들이 속한 시스템이 달성하길 바라는 목표 사이에서 신중한 선택을 내리도록 돕는 것이다. 사람들이 간절히 원하는 것에 닿을 수 있도록 하고, 궁극적인 목표에 도움이 되지 않는 지금의 이득을 내려놓도록 지원하는 활동이 이에 포함된다.

과거를 돌아볼 뿐만 아니라 미래를 내다보는 데 시스템 사고를 적용한다. 이 책은 지금껏 최선을 다했는데도 성공하지 못했던 이유를 더 깊이 이해해서 보다 나은 해결책을 만들 수 있도록, 시스템 사고를 회고적으로(retrospectively) 적용할 것을 강조한다. 시스템 사고의 회고적 적용을 강조하는 것은 대단히 중요하다. 해결하려는 문제를 완전히 파악하지 못하면 더 많은 문제가 초래되기 때문이다.

그와 동시에 이 책은 시스템 사고를 미래를 전망하는 데(prospectively) 사용해 전략적 계획을 수립하고 평가하는 방법도 다룬다. 시스템 변화 이론에 레버리지 포인트[해결책을 적용해서 변화를 일으킬 수 있는 시스템 구조상의 지점—옮긴이]를 통합하고, 전례가 없는 상황에서 새로운 시스템을 설계하고, 우선순위를 체계화하고,

시스템 원칙에 근거한 평가 도구를 확립하는 방법을 배우게 될 것이다.

시스템 사고를 단순한 사고의 방식이 아니라 존재의 방식으로 양성한다. 시스템 사고는 사람들이 자신의 행동에 더 많은 책임을 지고 더 어려운 선택을 내리도록 요구한다는 점에서, 단순한 사고방식 이상이라 할 수 있다. 이 책에서는 시스템 사고가 사람들에게 인지적으로뿐만 아니라 정서적·영적·행동적으로 어떻게 영향을 미치는지 설명한다. 독자들은 체계적으로 사고하는 능력을 키워 가면서, 이책에 소개된 도구들이 행동하는 방식을 넘어 존재하는 새로운 방식, 즉 새로운 기술을 보완하고 심화하는 일련의 성격 강점(예: 호기심, 연민, 용기)을 개발하도록 요구하고 뒷받침한다는 것을 느끼게 될 것이다.

이와 같은 개념들은 나와 동료들이 사회 개혁을 위한 활동에 시스템 사고를 적용하면서 겪었던 경험과 밀접히 연계된다. 앞으로 다룰 문제의 예를 들면 다음과 같다.

- 노숙 문제 해결을 위한 10년 계획을 실행하면서 10만 명으로 구성된 공동체를 조직하기
- 영유아 발달과 교육을 위한 보다 효과적인 시스템을 주 전체적으로 (statewide) 설계하기
- 미국 전역에 걸쳐서 주, 카운티, 도시의 환경 보건의 질을 개선하기
- 최근 출소한 사람의 재범률을 줄이는 것을 목표로 형사사법 제도 개혁하기
- 각 주의 K-12(유치원에서 고등학교까지) 교육을 개선하는 책임을 맡은 두 기관 사이의 관계를 개선하기
- 시골 지역에서 몸에 좋은 로컬푸드의 소비를 늘리고 지역 주민의 건강을 증진하기

이 책의 구조

이 책은 세 부분으로 구성되어 있다. 제1부는 사회 변화의 맥락에서 시스템 사고를 소개하며, 네 개의 장으로 구성된다. 1장에서는 만성적인 사회 문제를 해결하기 위해 사람들이 최선을 다해 세운 계획이 대부분 소기의 결과를 이루지 못하는 이유를 설명하고, 시스템과 시스템 사고를 정의한 뒤에, 시스템 사고와 관습적인 사고를 구분한다. 2장에서는 시스템 사고가 변화 관리의 네 가지 과제를 해결하는 데 효과적인 이유를 설명하고, 시스템 사고가 가장 유용한 시점을 정하는 데 도움이 되는 여섯 가지 지표를 알아본다. 그런 후에 여러 이해 당사자가 협력해서 진행하는 '컬렉티브 임팩트(Collective Impact)'로 불리는 선구적인 프로세스에 시스템 사고가 어떻게 기여할 수 있는지를 논한다.

3장에서는 시스템 사고를 스토리텔링으로 풀어낸다. 서로 다른 두 가지 유형의 이야기를 제시하는데, 하나는 현실을 지속시키는 경향이 있는 흔한 사례이고, 다른 하나는 생산적인 변화를 자극하는 시스템적인 이야기다. 또 이야기를 만드는 언어의 힘에 관해 설명하고, 시스템 사고의 이야기를 구성하는 기본 요소를 간략히 정리한다.

4장에서는 다양한 사회적 이슈의 근간인 기본적인 줄거리와 시스템적 측면의 유형이나 구성을 조명한다. 시스템 사고의 개념이 이미 친숙하다면 시스템 사고가 변화를 동원하는 방법을 다룬 2장을 주의 깊게 읽고, 사회 환경적 사례를 담은 나머지 두 장(3-4장)은 훑어보아도 좋다.

제2부는 4단계 변화 프로세스를 다룬다. 5장에서는 다음과 같은 4단계 변화 프로세스를 소개한다.

1. 변화의 기반 만들기
2. 현실 직시하기

3. 가장 중요한 것에 대한 명확한 선택 내리기

4. 사람들의 열망과 현재 상태 사이의 격차 메우기

6장에서는 주요 이해 당사자를 파악해서 참여시키고, 공동의 기반을 마련하고, 협업 능력을 키움으로써 변화의 기반을 만드는 법을 설명한다. 구체적으로는 각자의 즉각적인 이익과 큰 열망에 따라 움직이는 이해 당사자들과 협력하고, 끝없는 도전처럼 보일 수도 있는 목표에 노력을 집중시키고, 책임 있는 참여자가 되도록 이끄는 관계의 기술을 함양하는 등의 도전적인 과제를 다룰 것이다.

7장에서는 이해 당사자들이 변화 프로세스 적용 초기에 현실을 깊게 살펴볼 수 있는 방법과, 이 방법의 중요성을 설명한다. 이해 당사자들은 비슷한 결과를 바라면서 사회 변화 프로세스를 시작하지만, 진정한 문제가 무엇이라고 생각하는지 그리고 이를 해결하기 위해 어떤 조치가 필요한지에 대해서는 의견이 다른 경우가 많다. 그들은 의도, 믿음, 행동이 자신뿐만 아니라 다른 사람들의 활동에 어떤 식으로 영향을 끼치는지 제대로 이해하지 못한다. 그러다 보니 큰 그림을 보지 못하고 해결하려는 문제를 고착화할 우려가 있는 전통적인 방식을 제안할 가능성이 크다. 아니면 전체적인 맥락의 복잡성에 압도되어서 달리 시도할 방법이 있는지 의문을 품기도 한다. 이 장에서는 시스템 분석을 위해 정보를 모으고 체계화하는 방법을 제안하고, 여러 사회 변화 계획의 시스템 분석 결과를 보여 준다. 다양한 핵심 요소와 관점을 충분히 아우를 만큼 포괄적이면서도, 간단해서 설명하고 실행하기 쉬운 시스템 분석 방법을 제시하여 현실을 평가할 수 있도록 돕는다.

8장에서는 시스템 분석 결과에 대한 사람들의 지지를 얻는 방법을 설명한다. 이해 당사자들이 시스템에 대한 새로운 영감을 받아들일 수 있도록 이끄는 방법은 별도의 장을 만들어 논의해야 할 만큼 복잡한 문제다. 시스템 사고의 언어는 보통 사람들에게 낯설다. 그리고 상대를 비난하는 것에 맞춰져 있던 초점을 자신의 책임을 강조하는 것으로 전환해야 한다는 메시지는 사람들이 선뜻 받아들이기 힘들 수도 있다. 이 장에서는 이런 어려움을 해결하기 위해 세 가지 방법을 제시한다. 첫 번째로 사람들에게 자신만의 분석을 최대한 많이 내놓게 하고, 두 번째로 사람들의 행동 방식에 영향을 주는 멘탈 모델〔mental model; 철학적, 심리학적으로 정의될 수 있는 정신의 구조와 기능의 총체—옮긴이〕을 표면화하고, 세 번째로 인식, 수용, 대안을 촉진하는 대화를 조성하는 것이다.

9장은 시스템이 성취하기를 바라는 목적에 대해 이해 당사자들이 정보에 입각한 명확한 선택을 내릴 수 있는 방법을 안내한다. 시스템이 제 기능을 못하는 것처럼 보일지 몰라도 시스템은 항상 무언가를 달성하도록 설계되어 있다. 따라서 문제 해결을 위한 기본적인 접근법은 시스템이 현재 달성 중인 결과와 이해 당사자들이 시스템에 바라는 목표를 분별하고, 필요한 경우 선택할 수 있게 돕는 것을 포함한다. 이 장은 변화 옹호론(사람들이 간절히 원하는 목표를 추구하는 것)과 현 상태 옹호론(현재 작동하는 시스템에서 얻는 보상은 눈에 잘 들어오지 않을 때가 많다)를 비교할 수 있게 돕는다. 보통은 지금 누리는 보상과 더 큰 열망 사이에 서로 대립하는 요소들이 있다. 따라서 이 프로세스는 이해 당사자들이 간절히 원하고, 가장 성취하고 싶어 하고, 훨씬 중요한 것을 이루기 위해 기꺼이 내려놓을 수 있는 것을 기준으로 선택을 내릴 수 있게 돕는다. 이 시점에서 공동의 큰 목표는 더 중요한 의미를 띤다. 사람들이 비전을 실현하는 데 뒤따르는 희생을 인지하고 받아들이기 때문이다. 그들은 각자 맡은 부분만이 아니라 전체 시스템을 최적화하겠다는 의지를 더 크게 불태운다.

10장은 현실과 사람들이 의식적으로 선택한 방향 사이의 간격을 메울 수 있게 돕는다. 레버리지 포인트를 찾고, 끊임없이 배우고, 지원하는 과정을 확립하는 등의 활동이 여기에 포함된다. 이 장에서는 네 가지의 포괄적인 레버리지 포인트를 다룬다. 네 가지는 겉으로 명확히 잘 드러나지 않는 상호의존성을 사람들이 더 잘 인식하게 하는 것, 핵심적인 인과관계를 재정립하는 것, 근본적인 믿음과 가정을 바꾸는 것, 새롭게 바뀐 목표, 기준, 장려책, 권한 구조, 자금 흐름과 목적을 일치시키는 것이다. 아울러 이 장에서는 경험을 통해 배우고 자원의 범위를 확장하고 효과적인 방법을 확대 적용하여, 앞서 살펴본 4단계 변화 프로세스를 확장하는 방법도 설명한다.

제3부는 시스템 사고를 통해 미래를 만드는 세 가지 방법을 논한다. 11장에서는 시스템 사고를 전략적 계획에 적용하는 방법을 다루는데, 우선 선형적인 변화 이론과 비교해 시스템적인 변화 프로세스가 어떤 이점이 있는지를 설명한다. 특히 두 가지 핵심적인 시스템 변화 이론(theory of change)을 소개하고, 그 두 가지 이론이 레버리지 포인트와 가장 중요한 성공 요인, 일관성 있고 탐색 가능한 전략을 개발하는 이질적인 우선순위를 통합하는 데 어떻게 이용될 수 있는지를 제시한다. 12장은 자금을 지원하는 정부 기관과 민간단체들이 자주 제기하는 질문, 즉 시스템 사고가 평가에 어떤 긍정적인 역할을 할 수 있느냐는 질문에 답한다. 체계적인 평가를 수행하기 위한 전반적인 지침, 명시적인 시스템 변화 이론을 검증하기 위한 구체적인 권고사항 등을 살펴보게 될 것이다.

마지막으로 13장은 시스템 사고 능력을 장기적으로 개발하기 위한 지침을 제시한다. 특히 세 가지 방법을 제안하는데, 그 세 가지는 시스템 접근 방식의 인지·정서·행동·영적 차원을 통합한 목표의 방향성을 구축하기, 직접 부딪치면서 배우기, 시스템 전체에 영향을 미치는 질문 던지기이다.

정리하자면 이 책은 다양하고 난해한 사회 문제에 직면했던 이들이 수십 년 동안 시험했던 방법들을 이용해서 보다 생산적으로 생각하고 행동하는 다양한 방법을 제시한다. 이는 이 분야에서 아주 능숙한 이들에게도 목표에 더 가까이 다가서고, 평생 활용할 수 있는 중요한 문제 해결 능력을 개발하는 데 도움을 줄 것이다.

여러 해에 걸쳐서 질병관리센터의 환경 공중보건 리더십 연구소(Environmental Public Health Leadership Institute) 연구원들에게 시스템 사고를 접목한 프로그램을 가르친 적이 있다. 프로그램 보고서에는 참가자들이 시스템 사고를 통해 무엇을 배웠는지 아래와 같이 응답한 내용이 담겼다.

- 어려운 문제들에 대해 심사숙고할 수 있다.
- 자신이 잘 모르는 것이 무엇이고, 그것을 어떻게 배울 것인지를 이해할 수 있다.
- 좋은 질문을 던질 수 있다.
- 다른 사람들의 관점에서 현실을 바라보고, 여러 이해 당사자를 더 효과적으로 참여시킬 수 있다.
- 유연하면서도 구체적인 문제 해결 방식을 적용할 수 있다.
- 복잡한 문제의 근본 원인을 발견하고 여러 요인 간의 관계가 명확히 드러나는 큰 그림을 볼 수 있다.
- 가장 중요한 사항에 집중할 수 있다.
- 기존의 프로세스와 절차를 좌우하는 근본적인 추정과 정책을 변화시켜 보다 심층적인 시스템 변화를 향해 노력할 수 있다.

이 응답들은 시스템 사고가 사회 변화에 어떤 잠재적 가능성이 있는지, 그리고 우리 앞에 어떤 기회가 열려있는지를 보여 준다.

Systems Thinking
for Social Change

01   어째서 좋은 의도만으로는 충분하지 않은가

아래의 기사 제목을 살펴보자. 전부 실제 있었던 일에 관한 것이다.

"노숙인 쉼터가 노숙을 고착화"
"마약 단속이 마약 관련 범죄를 증가시켜"
"식량 원조가 기아를 증가시켜"
"'엄중한' 징역형은 강력 범죄에 대한 공포를 줄이지 못해"
"실업률을 오히려 높이는 직업 훈련 프로그램"

대체 무슨 일일까? 어째서 좋은 의도에서 추진한 듯한 정책들이 기대와는 상반된 결과를 낳는 걸까?

위의 사례와 실패한 여러 정책을 유심히 살펴보면, 비슷한 특징이 엿보인다.

- 근본적인 문제보다는 징후를 다룬다.
- 빤한 대응 방식이라는 생각이 들고 보통 단기적으로는 성과가 있다.
- 단기적으로 효과가 있지만 장기적인 영향으로 그 효과가 점차 사라진다.
- 의도치 않은 부정적인 결과가 초래된다.
- 자신은 문제 재발에 책임이 없다고 생각하게 만든다.

예를 들어 형기가 무거운 징역형을 선고하는 것만으로는 도시에서 일어나는 대부분의 범죄의 원인인 사회경제적 문제를 해결하지 못한다. 가해자들이 교도소에 수용되면서 즉각적인 위협은 줄어들겠지만, 그들 중 95퍼센트는 수감 경험을 통해 더 무자비한 사람이 되거나, 공동체의 생산적인 일원이 될 준비가 안 된 상태로 출소해서 사회에 편입된다. 그러다 보니 출소자의 절반 정도가 3년 이내에 다시 범죄를 저지르고 교도소에 재수감된다.[1] 게다가 지금과 같은 시스템에서는 부모가 교도소에 들어가면 자녀를 양육하지 못하기 때문에, 자녀들의 사회적 불안정성이 높아지고 범죄자가 될 가능성이 더 커진다. 이런 방식으로 공적 자금을 사용할 경우, 범죄를 영구적으로 감소시키는 데 기여할 수 있는 사회경제적 개혁과 형사사법 제도 개혁에 쓸 자금이 부족해진다. 그리고 전과자가 재범을 저질렀을 경우, 그전의 엄중한 처벌이 재범의 원인으로 작용했을 가능성은 전혀 고려되지 않은 채로 교도소로 다시 보내지는 경우가 허다하다.

　의학 전문 수필가인 루이스 토마스(Lewis Thomas)는 이렇게 말했다. "불만이 생긴 어떤 문제를 반드시 고치고 싶어서… 복잡한 사회 시스템에 맞설 때, 도움이 되겠다는 거창한 희망만으로 개입해서는 그 문제를 해결할 수 없다. 이런 현실은 이 시대의 가장 쓰라린 좌절 중 하나다."[2] 그리고 이렇게 덧붙였다. "무언가를 고치려면 무엇보다도 우선… 시스템 전반을 이해해야 한다."

시스템 사고와 관습적인 사고 구별하기

시스템 전반을 이해한다는 것은 어떤 의미일까? 바꾸고 싶은 문제를 관습적인 렌즈가 아니라 시스템의 렌즈를 통해서 인식하는 것을 의미한다. 사람들 대부분은 시스템의 렌즈가 너무 정교하고 복잡해서 접근하기 쉽지 않다고 생각할지 모르지만, 내가 장담한다. 그건 식은 죽 먹기처럼 쉽다.

자녀가 있다면 아이가 어릴 때 아이들 대신 뒷정리를 해주던 시절을 한번 떠올려 보라. 아이는 벗어놓은 옷을 바닥에 아무렇게나 팽개쳐 두고 다른 흥밋거리에 정신이 팔리곤 했을 것이다. 그러면 부모인 당신은 옷을 빨래통에 넣으라고 아이에게 수없이 잔소리하다가 결국에는 포기하고 대신 옷을 거둬서 치웠을 것이다. 아이는 방에 돌아와서 바닥에 널브러져 있던 옷이 마법처럼 사라진 것을 보고, '효과가 있었어!'라고 결론짓고 만다. 상황을 제대로 파악하려면 비선형적인 인과관계, 시간 지연, 성공(자기 자신이 아니라 상대방의 관점에서)을 제대로 읽을 줄 알아야 한다. 그리고 이런 요소는 모두 시스템 사고에 뛰어난 사람들의 특징이다.

관습적이거나 선형적인 사고는 손을 베었을 때 반창고를 붙이는 것처럼 간단한 문제를 해결할 때는 효력이 있다. 학교에서 그런 사고방식을 배운 사람들 대부분은 성인이 되어서도 여전히 그렇게 생각하는 경향이 있다. 다시 말해 세상을 세부 분야로 나누고 문제는 부분적인 요소로 나누어 각각의 요소를 최적화하는 것이 문제 전체를 해결하는 가장 좋은 방법이라고 추정한다.

하지만 이런 관습적인 사고는 복잡하고 고질적인 사회 문제와 환경 문제를 해결하는 데는 적합하지 않다. 그런 문제를 해결하려면 시스템 사고가 필요하다. [표 1-1]에서 확인할 수 있듯이, 시스템 사고에는 관습적인 사고와 구별되는 여러 중요한 차이점이 있다.

노숙 문제를 해결해야 할 경우, 단순히 쉼터를 제공하는 것은 올바른 해법이 되지 못한다. 노숙인들은 쉼터, 길거리, 병원 응급실, 교도소를 돌고 도는 경향이 있기 때문에 임시로 지낼 쉼터만 제공하는 것으로는 문제를 완전히 해결할 수 없다. 더욱이 이런 방식으로 이들이 노숙 생활을 지속하면, 실제로는 노숙인 대다수가 영구적으로 지낼 거처를 마련해서 안정된 생활을 하고 싶어 하는데도 불구하고, 이들이 혼자서 지낼 집을 원하지 않는다는 섣부른 결론을 내리기 쉽다. 게다가 쉼터 운영 자금을 마련하는 문제는 노숙 문제를 궁극적으로 해결하는 데 필

[표 1-1] 관습적인 사고 대 시스템 사고

관습적인 사고	시스템 사고
문제와 원인 간 관계가 명백하며 쉽게 추적해서 밝혀 낼 수 있다	문제와 원인 간 관계가 직접적이지 않으며 명백하지도 않다
문제의 원인은 조직 안팎의 다른 요인에 있으며 그것이 바뀌어야 한다	누구나 부지불식간에 스스로 문제를 유발할 수 있으며, 행동을 바꿔서 문제를 해결할 수 있는 상당한 통제력과 영향력도 가지고 있다
단기적인 성공을 위해 계획한 정책은 장기적인 성공도 보장할 것이다	임시방편으로 만들어진 정책에는 대부분 의도치 않은 결과가 뒤따른다 (결국에는 아무런 차이를 낳지 못하거나 상황을 악화시킨다)
전체를 최적화하려면 각 부분을 최적화해야 한다	전체를 최적화하려면 부분들 간의 관계를 개선해야 한다
여러 독립적인 계획을 공격적으로 동시에 다룬다	조직화된 몇 가지 핵심적인 변화가 장기간 진행될 때만 광범위한 시스템 변화가 나타날 것이다

이노베이션 어소시에이츠 조직학습(Innovation Associates Organizational Learning)

요한 정치적 의지와 재정적 자원을 약화하는 경향이 있다.

　노숙 문제를 해결하기 위해서는 영구적으로 지낼 수 있는 저렴주택〔afford-able housing; 취약 계층을 위해 공공의 지원으로 확보하는 주택으로 어포더블 하우징, 사회 주택, 공공 주택, 공공 임대주택 등 다양하게 불린다—옮긴이〕, 장기 노숙인들을 위한 지원 활동, 경제 개발을 포함한 복합적이고 장기적인 대응이 필요하다. 이 말은 노숙인 발생을 예방하는 데 힘쓰는 사람들, 집을 잃고 거리에 내몰린 사람들이 살아갈 수 있도록 돕는 사회 활동가들, 노숙 생활을 끝낼 수 있게 직업과 다양한 지원을 제공하고 이들이 지낼 영구 주택을 개발하는 사람들 간에 새로운 관계가 형성되어야 한다는 의미다. 노숙인을 돕는 기관과 개인들의 활동을 저렴주택과 그 밖의 지원 서비스 제공이라는 목표에 따라 조정하면, 노숙 문제와 관련된 모든 사람들의 문제 해결 능력이 향상될 것이다.

　단기적으로 효과가 있는 해결책은 대개 장기적으로 부정적인 영향을 미치곤 하는데 이는 '악화되기 전에 잠시 개선되는(better-before-worse) 특성'으로 알려져 있다. 이런 원리는 자금 제공자와 정책 입안자에게 영향을 미치고, 재단들은 흔히 박애주의적 도전(philanthropic challenge)으로 불리는 문제에 봉착한다. 즉 그들은 지금 당장 문제를 해소하는 것과 장기간에 걸친 도움을 제공하는 것 사이에서 결정을 내려야 한다. 또 공공정책 입안자와 기업 경영자는 구성원들(즉 시민과 투자자)에게 임시방편에 불과한 해결책을 썼을 때 발생할지 모를 부정적인 결과를 알려야 하는 어려움에 직면한다. 즉각적인 만족을 장려하는 요즘 세상에, 사람들에게 '공짜 점심 같은 건 없다'는 사실을 상기시키기는 쉽지 않을지 모른다.

　이런 원리는 시스템 용어로는 '개선되기 전에 잠시 악화되는(worse-before-better) 특성'으로 알려져 있다. 즉 장기적인 성과를 위해 단기적인 투자나 희생이 필요한 경우가 많다는 의미다. 장기적 성과에 목표를 두고 임하도록 동기를 자극하려면 리더는 고귀하고 장기적인 포부를 지니고 행동해야 한다. 이런 원리에 따라 리더는 다음과 같은 자세를 취해야 한다.

- 장기적인 효과를 실질적으로 저해하는 임시방편적인 해결책을 거부한다.
- 돕고자 하는 사람들에게 현실적인 기대를 품는다.
- 장기적인 결과를 계획적으로 뒷받침하며, 헛된 약속이 아니라 진정한 희망을 주는 단기적인 성공을 목표로 삼는다.

시스템 사고를 더 구체적으로 정의하기

시스템과 시스템 사고가 어떻게 다른지를 구별하는 것도 여기에서 다룰 만한 유용한 내용이다. 시스템 사고 분야의 저명한 학자 도넬라 메도즈(Donella Meadows)는 시스템의 정의를 "무언가를 달성하기 위해 일관성 있게 조직된, 서로 연결된 일련의 요소[강조 표시는 저자]"로 설명했다.[3] 메도즈가 제시한 정의는 시스템이 달성하려는 목적이 있다는 사실을 암시한다. 웬만해서는 안정적인 시스템을 바꾸기 어려운 이유도 바로 여기에 있다. 그러나 시스템이 추구하는 목적은 우리가 달성하려는 목적과 다른 경우가 많다.

나는 메도즈가 제시한 정의를 바탕으로 시스템 사고를 '희망하는 목적을 달성하는 데 도움이 되도록 상호 연결 관계를 이해하는 능력'으로 정의한다. 시스템 사고의 장점 중에는 시스템이 추구하는 목적을 사람들에게 이해시키는 데 도움이 된다는 점도 있다. 목적을 이해하고 나면 원한다고 말하는 것(그들이 옹호하는 목적)과 실제로 만들고 있는 것(현재 따르고 있는 목적) 간의 차이를 돌아보게 된다. 참고로 그 둘 사이의 차이를 조정하는 것은 9장에서 다룰 것이다.

전반적인 시스템 이론,[4] 복잡계 이론, 시스템 역학, 인간 시스템 역학, 생활 시스템 이론 등 시스템 사고의 여러 분야를 이미 접해본 적이 있는 사람들도 있을지 모른다. 이런 모든 연구 분야는 [표 1-1]에 나열된 대부분의 시스템 원칙과 대체로 일치하지만, 시스템을 분석하고 개선 방법을 찾는 데 사용되는 방법론은 이론마다 서로 다르다.

이 책은 주로 시스템의 인과적 피드백 루프(causal feedback loop)를 기본 바탕으로 한다. 그리고 피터 센게가 쓴 경영학의 고전《학습하는 조직》과《학습조직의 5가지 수련》을 통해서 처음으로 널리 알려진, 인과적 피드백 루프 다이어그램을 사용한다.[5] 이 도구들은 시스템 다이내믹스(system dynamics), 소프트 시스템론(soft systems methodology) 같은 다른 유형의 시스템 분석과도 통합할 수 있다.

피드백 도구를 강조하는 이유는 여러 가지다. 나는 피터 센게의 책에 언급된 많은 아이디어를 선도한 컨설팅 기업 이노베이션 어소시에이츠(Innovation Associates)를 찰리 키퍼(Charlie Kiefer), 피터 센게, 로버트 프리츠(Robert Fritz)와 공동 창업한 사람으로, 35년 동안 이 도구를 사용해왔다. 그리고 비영리, 공공, 민간, 이렇게 세 부문의 리더가 모두 참여한 공동체에서 지속 가능하고 획기적인 변화를 달성하고자 할 때 얼마나 강력한 영향력을 끼칠 수 있는지를 봤다. 더욱이 피터 센게를 비롯한 많은 동료들의 활동과 저서의 인기를 통해 증명되었듯 시스템 사고는 널리 인정받고 있으며, 다양한 분야에서 쉽게 이해하고 받아들여져 왔다.

피터 센게는 시스템 사고를 학습 조직을 만드는 '5가지 규율'로 도입해서, 자칫 순전히 기술적이고 인지적인 도구로만 평가됐을 수도 있었던 시스템 사고를 더 넓은 맥락으로 확대했다. 이런 맥락에는 여러 차원이 포함된다.

- 영적: 장기간에 걸쳐 다양한 사람들에게 이로울 수 있는 것들을 알아보고 정확히 표현하는 능력
- 감정적: 근본적 목적을 위해 우리의 감정을 익숙하게 다루는 능력
- 물리적: 사람들을 끌어모으고 서로 협력하도록 만드는 능력
- 정신적: 개별적인 사고와 집합적인 사고가 우리가 원하는 결과에 어떤 영향을 끼치는지를 인식하는 능력

마지막 논점은 이 방법론의 또 하나의 핵심적인 장점을 보여 준다. 바로 책임과 자율권(empowerment)을 중요하게 생각한다는 점이다. 우리는 날마다 주위를 둘러보면서 한때 최적의 계획이라고 생각했던 것에서 비롯된 의도치 않은 결과들을 목격하게 된다. 그런 계획을 추진했던 사람이 누가 됐든, 의심의 여지 없이 그 사람은 좋은 의도로 최선을 다해 일을 추진했을 것이다. 자녀가 딸린 부모를 교도소로 보낸 판사는 그것이 시민을 보호하는 길이라고 생각했을지 모르지만, 그런 결정이 부모 없이 남겨진 아이들의 문제를 심화하고 장기적으로 범죄 행위를 지속한다는 사실은 제대로 이해하지 못할지도 모른다. 노숙인 쉼터 운영자는 비바람을 피할 수 있게 노숙인들에게 도움을 주고 있다고 생각할지 모른다. 하지만 그는 쉼터가 중요한 공공 자원을 전용함으로써, 결과적으로는 영구 주택이라는 더 인도적이고 지속 가능한 해결책을 추진할 수 없었던 사실에 대해선 제대로 이해하지 못할 수 있다.

다시 말해 좋은 의도로 시작했지만, 부담이 떠넘겨지고, 의도치 않은 결과가 나타나고 시스템과 관련된 문제들이 발생한다. 복잡한 문제를 해결하려면 참여자 개개인이 자신도 모르게 어떻게 문제에 기여하고 있는지를 인식해야 한다. 일단 문제에 대한 자신의 책임을 알게 되면, 시스템 내에서 가장 큰 통제력을 가진 부분인 자기 자신부터 돌아보고 자신부터 바꿔 나갈 수 있다. 앞으로 살펴보겠지만 지속적인 변화의 가장 큰 기회는 모든 참여자가 각자의 의도, 생각, 행동을 돌아보고 바꿀 때 생긴다.

1장 정리

- 만성적이고 복잡한 사회 문제에 관습적인 사고를 적용하면 사회 시스템을 개선하려는 사람들의 좋은 의도가 훼손되는 경우가 많다.
- 시스템 사고는 몇 가지 중요한 측면에서 관습적인 사고와 차이가 있다.
- 사회 시스템은 항상 목적을 달성하기 위해 설계되지만, 그 목적은 사람들이 희망한다고 말하는 목적이 아닐 수도 있다.
- 이 책에서 사용하는 방식은 복잡한 사회 시스템을 분석하는 데 여러 중요한 이점이 있으며, 이 접근 방식은 다른 분석법을 보완하는 데도 사용할 수 있다.

02 시스템 사고 갖추기: 사회 변화의 촉매

2011년 여름, 미국 아이오와주 교육부와 지역교육지원청(Area Education Agencies)에서 나온 대표자들이 협업 방식을 개선하기 위해 만났다. 두 기관 모두 아이오와주의 K-12 교육을 담당하며 중대한 책임을 맡고 있다. 예산은 각 기관별로 별도로 편성되어 왔고 운영도 독립적으로 해왔다.* 그런데 어느 순간부터 예산의 제약이 커지고 학생들의 성적이 국가 전체 평균의 상승폭을 따라잡지 못하는 새로운 문제가 불거졌다. 아이오와주의 아이들에게는 통합된 형태의 더 나은 교육 제도와 구조적인 지원이 필요했으며, 그러려면 두 기관이 더 긴밀히 협력해야 했다. 아이오와주뿐만 아니라 다른 주들도 그와 비슷한 과제에 직면해 있다. 교육에 대한 기대치가 상승하고, 예산은 더 빠듯해지고, 표준화된 시스템을 밀고 나가는 교육부와 해당 지역의 상황에 맞는 혁신을 추구하고자 하는 학군**들 사이에서 갈등이 발생하고 있었다.

---

* 미국의 교육은 연방정부가 아닌 주정부 및 지방정부(시 또는 카운티)가 주로 관할한다. 각 지역교육지원청에는 의사 결정 기관 또는 자문기관으로 교육위원회가 있다.

** 미국 공립학교 시스템은 각 학군(교육구)에서 시작한다. 학군은 주 정부가 지역 주민의 요구와 특성에 맞게 학교 시스템을 관장하기 위한 마련한 특별 교육 행정 단위이다.

통합에 실패한 다른 분야의 여러 사례를 통해 확인할 수 있듯이 파트너십을 맺는 것은 쉽지 않다. 하지만 '아이오와주 아이들을 위한 협력(Collaborating for Iowa's Kids)'이라는 이름으로 진행된 새로운 파트너십은 대단히 성공적이었다. 현재 두 기관은 공동의 목적, 비전, 가치관으로 운영되고 있다. 함께 만든 성공 이론(theory of success)을 추진하고, 공동의 목표를 향해 노력하고, 지역 학군들과 매달 모임을 갖고, 공동의 평가 기준을 검토하면서 의미 있는 결과를 달성하고 있다. 이 프로그램은 4년 전에 시작됐으며, 점차 확대되어 현재는 80-100개의 기관이 참여하고 있다.

감독 기관은 전략과 계획이 서로 연계되도록 관리하고 새로운 계획이 협력을 기반으로 하는지를 확인한다. 교육부, 지역교육지원청, 지역 학군의 담당자들은 우선순위에 따라 추진해야 할 계획을 세운다. 이들을 아우르는 더 큰 그룹이 학습 공동체 역할을 하면서 데이터를 검토하고, 실행 조치 중에 나타나는 의도치 않은 결과를 해결하고, 실행의 효과를 높일 방법을 제안하고, 실무 그룹의 계획을 검토한다. 문해 교육을 예로 들어 보면, 계획 초기에 주 전역의 시범 학군들은 전문성 개발, 학생들에게 지침서 역할을 하는 계획안, 지역교육지원청 파트너들과 실행 과정을 계획하고 모니터하는 학교 팀, 평가 계획, 유치원과 초등 저학년 교사들을 지원하는 코치, 데이터 수집과 분석을 포함한 포괄적인 접근법을 사용하여 계획에 참여했다.

다른 많은 계획들이 기대에 훨씬 못 미치던 가운데, 어떻게 이런 파트너십이 가능했을까? 많은 이유가 있지만, 두 기관(교육부와 지역교육지원청)이 처음에 접촉했던 방식과 관련된 최소한 두 가지의 이유를 들 수 있다. 가장 처음에 두 기관의 책임자들은 경험이 많은 컨설턴트 캐서린 저커(Kathleen Zurcher)의 도움을 받아서 공통적으로 바라는 목표를 정의했다. 이런 방법은 시스템 접근법에서 하나의 닻역할을 한다. 그런 다음 책임자들은 나와 함께 시스템 사고를 적용하면서 아이오와주 학생들의 삶을 개선하는 공동의 목표를 이루기 힘든 이유를 깊이 있게 살펴보았다.

그들이 통찰에 이를 수 있었던 것은 시스템 원형을 통해서 만성적이고 복합적인 문제 상당수를 들여다볼 수 있기 때문이었다. 시스템 원형은 조직이 흔히 겪는 행동 패턴으로, 특정 행동이 어떤 결과에 도달할지 예측 가능하고 잘 알려진 해결책을 포함하고 있다. 아이오와주의 사례는 열 가지 시스템 원형 중 '뜻하지 않은 적수(Accidental Adversaries)' 원형을 갖고 있다. 기관들은 각자를 전체 시스템의 일부라고 여기면서도 각 개별 기관의 책임과 성공에 더욱 초점을 맞추어 활동했다. 이 과정에서 각 기관은 상대 기관을 힘들게 만들었고 서로의 성공과 시스템 전체의 성공을 가로막았다. 예를 들어 교육부는 주 교육 시스템 전체를 관리하고 지침을 제공한다는 목표하에 새로운 프로그램을 많이 도입했다. 하지만 그런 프로그램은 지역교육지원청이 가진 자원을 넘어서는 역량을 필요로 했고, 결과적으로 지역교육지원청은 교육부의 프로그램에서 이탈하거나 그 프로그램을 내부 상황에 맞게 바꿀 수밖에 없었다.

양쪽 기관 모두 뜻하지 않은 적수 원형에 동의했다. 어떻게 하면 두 기관이 통합 시스템으로 기능하면서 파트너십의 장점을 극대화하고 서로 불러일으킨 의도치 않은 문제를 피할 수 있을지를 놓고 새롭게 이야기를 나누기 시작했다. 양측은 교육부의 역할은 방향을 정하고 이끄는 것이고, 지역교육지원청의 역할은 실행하는 것이라고 의견을 모았다. 그 결과 교육부는 지역교육지원청이 독립적으로 행동한다고 비난하는 데서 벗어나 주 전체를 보면서 각 지역의 요구를 충족할 수 있도록 지원해 나갔다. 그리고 지역교육지원청은 개별적으로 추진하는 활동을 주 전체의 방향과 계획에 일치시키도록 노력했다. 또 두 기관 외에도 지역 학군들(예전에는 지역교육청(Local Education Agency)이라는 이름으로 불렸다)이 반드시 시스템 전체를 조절하고 맞추는 과정에 참여해야 한다는 데도 동의했다. 마지막으로 저학년의 문해 교육부터 시작해서 우선적으로 해결해야 하는 사항에 자원과 노력을 집중하기로 약속했다.

그린 힐스 지역교육지원청의 특수교육 책임자인 마크 드레이퍼(Mark Draper)는 가장 처음 진행됐던 시스템 분석 회의가 "지난 20년 동안 우리 두 기관 사이의 관계에 대해서 논했던 대화 중 가장 구체적이고 유용한 대화였다"고 말했다. 교육부의 교수학습 서비스 부서장인 코니 맥슨(Connie Maxson)은 "여기에 온 이후 7년 동안 우리 두 그룹의 관계에 대해 나눈 대화 중 가장 좋은 대화였다"고 말했다. 뜻하지 않은 적수 원형을 이해하게 되면서 교육부와 지역교육지원청 시스템 사이의 관계를 강화할 수 있었을 뿐만 아니라, 장기적으로 지역교육지원청과 개별 기관, 지역 학군과 교육부, 그리고 지역 학군과 개별 지역교육지원청 등 각 관계를 구축하는 데도 도움이 됐다.

시스템 사고가 네 가지 변화 과제에 대처하는 방법

시스템 사고는 지속 가능하고 획기적인 변화를 이루는 데 어떤 식으로 도움을 줄까? 아이오와주의 교육을 비롯한 많은 사례를 통해 시스템 사고가 일반적인 네 가지 변화 과제에 어떻게 대처하는지를 엿볼 수 있다.

첫째, 시스템 사고는 사람들에게 변화의 동기를 부여한다. 자신은 문제를 해결하고자 했지만 사실은 문제를 악화시키는 데 기여해 왔음을 사람들로 하여금 인식하게 하기 때문이다. 교육부는 그동안 협력 기관에 무엇이 필요한지를 충분히 고려하지 않고 새로운 프로그램을 실행하도록 지시했다. 그러자 지역교육지원청들은 프로그램에서 이탈하거나 프로그램을 수정해 일관성 없고 수준 낮은 교육을 실행했고, 교육부는 이것이 결과적으로 교육부의 일을 어렵게 했음을 이해하게 됐다. 그런가 하면 지역교육지원청은 프로그램에서 이탈하거나 프로그램을 수정할 경우, 교육부가 지역교육지원청에 부담을 주는 프로그램을 더 많이 만든다는 사실을 인식했다.

둘째, 시스템 사고는 협업을 촉진한다. 여러 사람과 기관이 복합적으로 작용하여 각자가 경험하고 있는 불만족스러운 결과를 만들어 냈다는 사실을 사람들이 배우기 때문이다. 아이오와주의 사례에서 양측은 지역에 국한된 해결책이 조직의 효율성과 아이들의 학습 능력을 저해한다는 것을 알게 됐다. 그들은 타고 있는 배를 자신들이 직접 만들고 있으며, 함께 노력해야만 항해에 더 적합한 배를 설계할 수 있다는 사실을 깨달았다. 이런 깨달음을 바탕으로 파트너십을 유지하기 위한 새로운 원칙과 구조를 만들고, 공동의 성공 이론을 중심으로 역할을 분담하기 위해 시스템 사고를 다시 적용했다.

셋째, 시스템 사고는 시스템 전반에 지속 가능한 영향을 미치기 위해 일정 기간에 걸쳐 조직적으로 협의된 핵심적인 몇 가지 변화에 사람들을 집중시킨다. 이런 식의 접근은 적은 자원으로 너무 많은 것을 하려다가 결과적으로는 적게 성취하게 되는 일반적인 경향과는 대조된다. 아이오와주의 사례에서 관련 기관들은 높은 레버리지의 교육적 결과를 도출하는 것을 목표로 하고, 장기적으로 학생의 성과에 중추적인 역할을 하는 유아 문해력부터 공략했다.

넷째, 시스템 사고는 지속적인 학습을 자극한다. 복합적인 시스템의 모든 의미 있는 변화는 지속적인 학습이라는 본질적인 특성을 통해 일어난다. 사회 문제는 고유한 특성을 가지고 있고 끊임없이 변화하며 복잡하다. 이를 통해 사람들은 지식이 결코 완전하거나 정적이지 않다는 사실을 받아들이게 된다. 학습(learning)은 새로운 정보와 상황에 직면해서 꾸준히 적응해 나갈 힘을 주기 때문에, 단순한 앎(knowing)보다 훨씬 강력한 마음가짐이다.[1] 아이오와주의 두 기관은 진척 상황을 평가할 프로세스를 만들고, 지속적으로 공동 전략을 조정해 나갔다.

[표 2-1]은 이 네 가지 변화 과제를 요약하고 시스템 사고가 사회 변화를 위해서 여러 이해 당사자를 하나로 모으는 접근법들과는 어떻게 다른지 보여 준다. 관습적인 접근법은 대개 사람들이 공동의 목표를 인식하는 데는 도움을 주지만, 현실에 대해 각자가 어떤 책임이 있는지를 보여 주지는 못한다.

[표 2-1] 시스템 사고로 변화 과제에 대처하기

해결해야 할 과제	시스템 사고 접근법의 장점	관습적인 접근법의 특징
동기: 왜 바뀌어야 하는가?	현재 상황에 대한 각자의 책임을 보여 준다	희망이나 두려움에 호소한다
협력: 왜 협력해야 하는가?	현재의 소통 방식이 개인과 집단의 성과를 저해한다는 사실을 보여 준다	사람들에게 협력해야 한다고 말한다
초점: 무엇을 해야 하는가?	레버리지를 사용해 다른 모든 것을 바꾸는 몇 가지 변화를 일으킨다	여러 쟁점을 개별적으로 동시에 다루며 눈에 보이는 증상에 대처한다
학습: 굳이 왜 배워야 하는가?	우리의 행동이 중요하며 행동의 결과에서 배워야 한다는 점을 인식한다	다른 사람들이 잘못됐고 그들이 배워야 한다고 생각한다

피터 센게는 《학습하는 조직》에서 "공동의 비전을 정할 때 시스템 사고 없이 진행했다면, 중요한 토대가 빠진 상태다"라고 주장했다. 그리고 이렇게 덧붙였다. "비전을 신중하게 발전시키는 한, 문제는 공동의 비전 자체에 있지 않다. 문제는 사람들이 자꾸만 눈앞의 현실에 반응하려는 데 있다. 비전은 사람들이 진정으로 자신의 미래를 만들어 나갈 수 있다고 믿을 때만 강력한 힘이 된다. 중요한 건 대부분의 경영자는 자신이 현실을 만드는 데 일조하고 있다는 사실을 체감하지 못한다는 점이다. 그래서 이러한 현실을 바꾸는 데 어떻게 기여할 수 있는지도 알지 못한다."[2] 현재 상황에 대해 자신의 책임이 있다는 것을 알지 못하면, (1) 주요 임무는 자신을 바꾸는 것이 아니라 다른 사람이나 시스템을 바꾸는 데 있다고 생각하게 된다. 그리고 (2) 각 부분을 최적화하면 시스템 전체가 최적화된다는 잘못된 믿음으로, 자신이 속한 부분을 최적화하려는 해결책을 앞세운다. 이와 대조적으로 시스템 사고는 각자가 어떻게 시스템에 기여하고 있는지 비판적으로 평가하도록 장려한다.

시스템 사고가 필요할 때

인텔은 1991년부터 자사의 칩이 전 세계 컴퓨터를 구동한다는 것을 강조하기 위해 '인텔 인사이드(Intel Inside)'라는 문구를 사용해 왔다. 컴퓨터 안에 인텔 칩이 내장된 것과 마찬가지로, 시스템 사고 능력은 다른 많은 변화 관리 프레임워크 안에서 변화를 구동한다. 시스템 사고는 이 책에 소개된 방법론을 포함한 많은 방법론에 녹아들 수 있기 때문에 나는 이를 '시스템 사고 인사이드(Systems Thinking Inside)'라고 생각한다.

특히 다음과 같은 경우, 시스템 사고를 더 넓은 범위의 시스템 접근법에 통합하는 것이 효과적이다.

- 문제가 만성적이고 해결하려는 이해 당사자의 좋은 의도를 거스를 때
- 여러 이해 당사자가 같은 의도와 목표를 가지고 있지만 서로 협력하는 것을 어려워할 때
- 전체 시스템에 미치는 영향을 이해하지 못한 채로 시스템의 일부를 최적화하려고 할 때
- 이해 당사자들의 단기적인 노력이 문제를 해결하려는 의도를 오히려 약화시킬 가능성이 있을 때
- 사람들이 동시에 서로 다른 수많은 계획을 추진 중일 때
- 특정한 해결책(예: 모범 정책을 따르는 것)을 추진하기 위해 계속해서 배워야 하는 수고가 따를 때

시스템 사고는 아이오와주의 사례처럼 이해 당사자들 간의 의도치 않은 갈등이나 대립을 완화하는 역할을 할 수도 있다. 정체성이 갈등의 원인이 되는 이스라엘과 팔레스타인 분쟁처럼 갈등의 골이 깊어지고 공동의 관심사나 열망을 바탕으로 서로 협력할 의사가 거의 없을 때도, 시스템 사고는 제3자가 본질적인 역학과 가능성 있는 중재 방안을 더 잘 이해하는 데 도움이 된다.[3]

이 책에 사용된 더 넓은 시스템 접근법은 5장에서 간략히 소개한 뒤에 6장부터 10장에 걸쳐서 자세히 다루겠지만, 대중적으로 활용되는 다른 시스템 접근법도 살펴볼 것이다. 그 대표적인 예는 컬렉티브 임팩트로, 이 모델 역시 '시스템 사고 인사이드'를 구축해서 더 많은 통찰을 얻을 수 있다.

컬렉티브 임팩트를 위한 시스템 사고

최근 몇 년 동안 나타난 대규모 사회 변화 중에서 가장 호평을 받았던 접근 방식

중 하나는 컬렉티브 임팩트다. 컬렉티브 임팩트는 다양한 부문의 이해 당사자들이 협력하는 프로세스로, 존 카니아(John Kania)와 마크 크레이머(Mark Kramer)가 이 분야의 선구적인 저널인 《스탠퍼드 소셜 이노베이션 리뷰(Stanford Social Innovation Review)》에 같은 제목의 논문을 발표하면서 알려진 개념이다.[4] 이 접근법은 비영리단체, 기업, 정부 기관, 대중을 한데 모아서 복잡한 문제를 해결한다. 카니아와 크레이머는 그렇게 하면 각 기관마다 자신들의 해결책에 초점을 맞추어 사회 개혁이 진행되는 경향을 피할 수 있다고 주장한다. 그들이 여러 이해 당사자들과 함께 성공하기 위한 조건으로 제시한 다섯 가지는 '공동의 어젠다, 공동의 평가체계, 상호 보완적 활동, 지속적인 소통, 중추 지원 조직'이다.

컬렉티브 임팩트가 엄청난 인기를 얻자, 이 모델이 제시하는 효과가 정말로 현실화될 수 있는지에 대한 우려가 제기됐다. 사회운동 공공 동맹(Public Allies)의 최고경영자이자 《모두가 앞장선다: 지역사회에서의 리더십 구축(Everyone Leads: Building Leadership from the Community Up)》의 저자인 폴 슈미츠(Paul Schmitz)는 컬렉티브 임팩트의 잠재력을 완전히 실현하기 어려울 수도 있는 세 가지 주요 영역과 극복 방향을 집어냈다.[5]

- 리더가 자신의 업적만 내세우는 것을 극복하고, 제대로 작동하지 않는 부분이 있다는 것과 이에 대한 도움이 필요하다는 것을 인정하도록 한다
- 문제를 각 기관의 관점에서 보는 것을 넘어서 한층 통합된 방식으로 문제를 인식하고 장기적인 해결책을 강구하도록 권고한다.
- 지역사회 구성원들을 능동적인 리더로 양성하고 서비스 제공자로 참여시킨다.

시스템 사고는 컬렉티브 임팩트 프로세스의 진행자는 물론이고 다른 대규모 접근법을 사용하는 진행자들이 겪는 위의 세 가지 어려움 중 처음 두 가지를 해결하는 데 도움을 줄 수 있다. [표 2-2]는 컬렉티브 임팩트 프로세스에 시스템

사고를 적용할 때의 이점을 요약한 것이다.

이제 [표 2-2]에 언급된 컬렉티브 임팩트의 성공 조건을 하나씩 살펴보자.

첫 번째로 시스템 사고는 상호 보완적인 활동을 뒷받침한다. 우선 모든 사람이 그 순간에 알고 있는 것을 바탕으로 최선을 다하고 있다고 확인하며 신뢰를 쌓는다. 또 좋은 의도에서 계획한 조치가 그들 자신과 다른 사람들 양쪽 모두에게 끼치는 의도치 않은 부정적 영향을 인식할 수 있게 도움으로써 시스템 사고에 대한 민감성을 키운다.

이런 결과를 이해하면 사람들의 상호의존성이 얼마나 높은지를 깨달을 수 있고 현재 상황에 대한 개인의 책임도 한결 투명해진다. 시스템 사고는 연결성과 개인이 미치는 영향을 표면화하기 때문에, 사람들이 상호 간에 도움이 되는 행동을 할 가능성을 높인다.

둘째, 시스템 사고는 네 가지 방식으로 공동의 어젠다 개발을 지원한다.

- 소통을 위해 공유된 언어를 제공한다. 이 언어 덕분에 통상적이지 않은 방식으로도 연결될 수 있으며, 시간 지연과 의도하지 않은 결과가 실행에 어떻게 영향을 미치는지 더 잘 이해할 수 있다. 이 언어에 대해서는 다음 두 장에서 자세히 살펴볼 것이다.

- 문제를 해결하려고 최선의 노력을 기울이는데도 불구하고 왜 문제가 지속되는지에 대한 공동의 이해를 형성한다. 이는 다른 사람들이 하고 있지 않은 일에 문제가 있고, 자신이 이미 하고 있는 일에 해결책이 있다고 보는 일반적인 경향과는 대비된다. 만성적이고 복잡한 문제의 근본 원인을 밝혀내고 시스템 전반에 적용되는 레버리지가 높은 방안을 찾아낼 때 단단한 기반을 구축할 수 있다.

- 사람들이 지지하는 목표와 현재 시스템에서 얻는 보상을 더 잘 구별할 수 있게 한다. 두 가지의 차이를 구별하지 못하면, 현 상태를 계속 유지하고자 하는 각자의 강력한 동기를 제대로 파악하지 못하고 목표의 주변만 계속

[표 2-2] 컬렉티브 임팩트에 적용하는 시스템 사고

컬렉티브 임팩트의 성공 조건	시스템 사고를 적용했을 때의 이점
상호 보완적인 활동	• 의도치 않은 결과를 이해하는 과정을 통해 신뢰를 쌓고 취약한 부분을 보완한다 • 집단적 영향 및 개별적 영향에 대한 이해를 구축한다
공동의 어젠다	• 상호의존성, 지연적 결과와 의도치 않은 결과에 대해 소통하기 위한 공동의 언어 • 문제의 근본 원인과 이에 대한 사람들의 기여에 대한 공동의 이해 • 현상 유지를 통해 얻는 이익을 고려한 공동의 목표 • 공동의 시스템 변화 이론
공동의 평가체계	• 질적 데이터와 양적 데이터를 측정한다 • 여러 시간적 범위(time horizon)에 걸쳐서 진척 상황을 다르게 평가한다 • 의도된 영향과 의도치 않은 영향을 모두 찾는다 • 명시적이고 체계적인 변화 이론에 따라 성과를 추적하고 관찰한다 • 의식적으로 선택한 목적에 목표와 측정 기준을 맞춘다
지속적인 소통	• 개인의 책임이 증대되고, 공동의 어젠다를 중심으로 이해 당사자들이 더 밀접히 구성되고, 장기적 영향과 단기적 영향을 구별하는 능력이 강화될 때 소통의 질과 일관성이 개선된다 • 지속적인 소통의 기반인 지속적인 학습이 필요하다는 사실을 확고히 한다

맴돌게 된다. 변화로 얻을 수 있는 이점과 평소와 같은 상황이 유지될 때의 이점을 모두 인식해야만 그들이 품은 비전이 현실에 기반을 두게 된다. 여기에는 개인적으로 변화를 어렵게 만들 가능성이 있다는 것을 인정하는 과정도 포함된다. 마틴 루터 킹(Martin Luther King Jr.)은 '나에게는 꿈이 있습니다'라는 연설에서 현재의 어려운 상황을 묘사하는 데 연설 시간의 70퍼센트를 썼고, 꿈을 묘사하는 데는 30퍼센트만 할애했다.

- 이해 당사자들이 공동의 시스템 변화 이론을 만들 수 있게 해준다. 이 이론은 원하는 상태와 현재 상태 사이의 격차를 메우기 위해 지속적으로 확인해야 하는 핵심 성공 요인들을 통합할 방법을 담은 로드맵이다. 부유한 이민자 가정과 가난한 이민자 가정의 아이들이 섞여 있는 어느 학군의 커뮤니티 리더들은 모든 아이들이 사랑받고 있으며 잘 해나가고 있다고 느끼도록 만들고자 했다. 그들은 공동의 평가 기준을 마련하고 중추 조직을 가려내고 지지하는 것을 포함한 15가지 이상의 핵심적인 성공 요소에 합의했다. 또 성공의 격차를 메우기 위해 이런 요소들을 일관적인 전략과 통합할 방법에도 합의했다. (이에 관한 자세한 내용은 11장을 참조하라.)

셋째, 시스템 사고는 공동의 평가체계에 영향을 미친다. 슈미츠를 비롯해 여러 사람이 지적했듯이 단기적인 데이터와 쉽게 측정할 수 있는 결과가 장기적인 이익을 대변하지 않을 수도 있지만, 사람들은 그런 지표에 현혹되기 쉽다. 반면에 시스템 사고는 질적 데이터와 양적 데이터 모두에 주목하고, 여러 시간적 범위에 걸쳐서 진척 상황을 서로 다르게 평가하고, 의도된 결과와 의도치 않은 결과를 모두 살피고, 명시적이고 체계적인 변화 이론을 고려해서 성과를 추적한다. 적절한 지표를 선택하는 것에는 목표와 측정 기준을 현재의 목적이 아닌 의식적으로 선택한 시스템의 목적과 일치시키는 과정도 포함된다. 노숙 문제를 해결하려면 저렴주택 마련에 도움이 되도록 노숙인 쉼터의 수용 인원을 줄이는 기준이 필요하다. 하지만 이와는 대조적으로 일반적인 기준은 마련할 수 있는 자금을 모두 동원해서 노숙인 쉼터의 수용 인원을 늘리는 데 초점을 두고 있다.

넷째, 시스템 사고는 사람들이 자신과 타인에게 미치는 스스로의 행동에 대해 책임을 지고, 수정된 공동의 어젠다를 중심으로 역할을 구성하며, 장기적인 맥락에서 단기적인 결과를 해석하도록 하기 때문에 지속적으로 소통의 질과 일관성을 높인다. 또한 시스템 사고는 지속적인 소통의 기초로써 지속적인 학습의 필요성을 강조한다.

2장 정리

- 시스템 사고는 네 가지 변화 과제를 해결하는 데 도움이 된다. 변화의 동기를 부여하고, 협업을 촉진하고, 집중하게 하고, 지속적인 학습을 자극한다.
- 이해 당사자들이 같은 목적을 갖고 있음에도 서로 조율하기 힘든 만성적이고 복잡한 문제에 시스템 사고를 활용할 수 있다.
- 시스템 사고는 다양한 변화 관리 모델 내에서 사용될 수 있다. 사람들이 서로 영향을 주고받는 큰 그림을 볼 수 있게 도와서 상호보완적인 활동을 강화하고, 공동의 어젠다를 구축하고, 공동의 평가체계를 결정하고, 지속적인 소통을 촉진하는 네 가지 조건을 뒷받침한다.

03 시스템 스토리텔링

2006년 11월 열린사회연구소(Open Society Institute)의 미국 정의기금(US Justice Fund)에서 추진하는 '출소 후 계획(After Prison Initiative)' 프로그램 추진단이 뉴멕시코주 앨버커키에서 3일간 회의를 가졌다. 미국의 높은 교도소 수감률과 높은 수위의 법적 처벌을 종식시키는 과정에 박차를 가하기 위해서였다.[1] 문제의식을 적절히 반영하여 '우리는 어디로 가고 있는가?'라는 제목으로 열린 이 회의에는 활동가, 학자, 연구원, 정책 분석가, 변호사를 포함한 진보적 성향의 리더 백여 명이 모였다. 형기를 마치고 출소한 사람들이 사회에 성공적으로 복귀할 환경을 마련하고, 선진국 중 교도소 수감자 수가 가장 많은 나라인 미국의 근본적인 경제적, 사회적, 정치적 조건과 정책을 바로잡으려면 어떤 조치가 필요한지를 밝히기 위해서였다.

문제의 심각성을 가늠할 수 있게 덧붙이자면 미국에서 교도소에 수감된 사람은 1970년대에 20만 명이었던 데 비해 현재는 250만 명에 이르며, 매년 65만 명이 교도소에서 출소한다. 이 회의는 다음과 같은 인식을 바탕으로 했다. 미국의 형사사법 제도는 처음부터 인종차별적이었고, 이런 경향은 1970년대 이후로 가속화되어 왔다. 미국 사회는 캘리포니아 대학교 버클리 캠퍼스 법과대학원 교수인 조나단 사이먼(Jonathan Simon)의 말처럼 갈수록 "범죄에 지배되고 있다".[2] 참가자 대부분은 열린사회연구소 산하 프로그램의 특별 연구원이거나 재단에서 자금 지원을 받는 이들로, 형사사법 제도 개혁에 헌신하겠다는 뜻을 공유했다.

이런 회의나 비슷한 활동에서 이해 당사자들은 만성적이고 복잡한 문제와 그들이 하는 일의 연관성을 명확히 인식하지 못하는 어려움을 겪는다. 이런 도전적인 과제를 고려해서 다음과 같은 목표를 세웠다.

- 미국의 교도소 수감률과 재수감률이 높은 이유에 대한 인식을 공유한다.
- 과잉 수감 문제를 해결한다. 전과자의 사회 재진입을 막는 장벽을 없애고 새로운 기회를 만든다.
- 활동가 간의 작업 수행 관계와 협력을 강화한다.
- 다양한 활동 사이의 상호의존성(강화하는 측면과 잠재적으로 갈등을 유발하는 측면 모두)을 더 깊이 인식한다.
- 시민사회기관의 역할을 강화하고 시민과 정치계의 참여를 장려할 새로운 방법을 찾는다.

이 회의에서 새롭게 소개된 가장 급진적인 수단은 아마도 시스템 사고였을 것이다. 시드 시스템즈(Seed Systems)의 세라 슐리(Sara Schley)와 조 라우르(Joe Laur)도 회의의 주최자인 열린사회연구소의 보조금을 지원받는 연구자 중 하나였다. 세라와 조는 이전과 같은 사고방식과 전략으로 문제를 해결하려고 하면 대부분 이전과 같은 지지부진한 결과에 이를 것을 알고 있었다. 그들은 정체 상태에서 벗어나, 변화 이론을 이해하고 협력의 새로운 전략과 방법을 고안하는 데 시스템 사고가 도움이 될 수도 있다고 생각했다.

조와 세라는 참가자들이 오랫동안 교도소 수감률과 재범률이 높은 상태로 유지되는 이유에 관한 스토리를 만들고, 그 비율을 낮추기 위해 어떤 노력을 더 기울이면 되는지 알아내도록 시스템 사고와 시스템 지도 그리기(systems mapping)

03 시스템 스토리텔링

에 대해 설명해달라고 내게 부탁했다. 전체적인 그림에는 문제 해결에 이르는 데 필요한 모든 참가자들의 기여, 각자의 노력이 부족한 이유에 대한 설명, 자원은 제한되어 있고 변화가 긴급히 필요한 현실에서 참가자들이 할 수 있는 효과적인 일에 대한 이해가 포함되어야 했다.

사회 변화를 위한 스토리텔링

스토리텔링은 각자의 경험과 주변 세상을 이해하는 효과적인 방법이다. 스토리는 우리의 정체성을 형성하고, 우리가 누구이며 무엇을 중요하게 여기는지를 전달하고, 다른 사람들이 행동에 나서도록 이끈다. 스토리텔링은 정보를 기억할 수 있는 형태로 추출해서 부호화하는 주요한 방법이다. 리더는 사람들에게 동기를 불어넣는 데 스토리텔링을 이용한다. 평화를 만들어가는 사람은 내러티브가 갈등의 핵심 원천임을 인식하고(사람들은 역사적 사실을 아주 다르고 양립할 수 없는 방식으로 해석한다) 이해 당사자가 서로의 내러티브를 인정하고 각자 수정할 수 있게 돕는다. 상담사는 스토리텔링으로 과거의 경험을 새롭고 건설적인 내러티브로 만들도록 돕는 방식으로 사람들의 트라우마를 치유한다.

이와 마찬가지로 사회 변화를 위해 일하는 사람들은 그들이 성취하려는 것과 직면한 문제와 관련해 비슷한 스토리를 가진 경우가 많다. 스토리의 세 가지 핵심 요소는 이것이다.

- 독일 사상가 마르틴 부버(Martin Buber)의 말을 빌리면, 세상은 "우리의 도움이 필요하다". 그리고 우리는 곤궁한 처지에 있는 사람들을 돕는 데 우리가 가진 재능과 자원을 마땅히 제공해야 한다.
- 좋은 의도에도 불구하고 우리가 원하는 효과를 내지 못하고 있다.
- 제한된 자원과 시스템에 속한 다른 사람들의 행동은 성공을 가로막는 주요

장애물이다.

스토리의 처음 두 가지 요소는 유익하고 긍정적인 방식으로 행동하도록 사람들을 이끈다. 하지만 세 번째 요소는 사람들로 하여금 충분히 결과를 낼 수 있음에도 그렇게 행동하지 못하게 만든다. 사람들은 제한된 자원과 다른 사람들로 인해 변화가 이루어지지 않는다고 가정하고, 자신의 의도, 사고, 행동이 전체에 미치는 영향은 작다고 넘겨짚는 경향이 있다.[3] 위에서 살펴본 '출소 후 계획' 프로그램처럼 이해 당사자들이 제한된 자금을 얻기 위해 경쟁하는 경우가 많다. 자금을 확보하기 위해 그동안의 실패는 없는 셈 치고 성공 사례만 내세우며, 때에 따라 다른 기관과의 협력을 꺼리기도 한다.

전체 시스템의 성과를 최적화하려면 시스템의 일부 요소가 아닌 시스템 구성 요소들 간의 관계를 개선하는 것으로 전환해야 한다. 미국 형사사법 제도 개혁 사례의 경우, 현재 범죄를 다루는 방법, 현재 시스템의 의도치 않은 부정적 결과, 그리고 이런 결과를 완화하고 구조를 재설계하려는 개혁가들의 노력이 포함된다. 이와 관련해 다음과 같은 조치가 필요하다.

- 시스템 내에서 각자의 부분에만 초점을 맞추다 보면 전체 시스템에 도움이 되기 보다 시스템을 제한하는 결과에 이를 수도 있다는 것을 이해한다.
- 개혁을 추진하는 사람들이 서로, 그리고 시스템 내의 다른 사람과 연계되는 명확한 방식뿐 아니라 명확하지 않은 방식까지도 모두 주목한다.
- 그들의 의도, 사고, 행동이 그들 자신과 다른 사람에게 의도치 않은 영향을 끼칠 수 있다는 것을 인식한다.
- 이러한 인식을 시스템 내의 다른 사람과의 관계를 전환하는 데 적용한다.

현재 상황에 사람들이 어떤 식으로 기여하고 있는지 분명하지 않더라도, 제시 잭슨(Jesse Jackson)이 말했던 것처럼 "추락의 책임은 우리에게 없을지 모르지만, 다시 올라가는 데 대한 책임은 있다"고 스스로에게 말하는 것이 중요하다. 다시 말해 시스템에 대한 인식을 높여 그들 자신에게 더 많은 권한을 주는 것이 현실을 바꾸는 첫 단계다.

시스템 사고는 사람들이 더 새롭고 생산적인 이야기를 꺼내도록 돕는다. 그리고 개별적인 노력을 소중히 여기면서도 그들의 노력에 어떤 한계가 있는지를 드러낸다. 또 그들이 취하는 행동의 단기적 영향과 장기적 영향을 구별하며, 다양한 시각과 스토리를 더 큰 그림으로 담아내서 참여자들이 전체에서 각자의 역할을 볼 수 있게 해준다. 사람들은 큰 그림과 그 안의 각자의 역할을 보면서, 전체를 재설계하려는 마음을 더 강하게 품고 목표를 위해 함께 협력해 나갈 수 있다.

시스템 스토리 만들기

시스템 스토리를 만들기 위해서는 다음 세 가지 관점을 전환해야 한다.

- 시스템의 일부만 보는 것에서 시스템 전체를 보는 것으로(시스템이 왜, 어떻게 지금처럼 운영되는지, 그리고 이를 바꾸려면 무엇이 필요한지를 포함해서)
- 다른 사람이 바뀌기를 희망하는 것에서 스스로가 먼저 어떻게 바뀔 수 있는지 알아보는 것으로
- 개별적인 사건(예: 위기, 화재 등)에 초점을 맞추는 것에서 그런 사건을 불러일으킨 더 깊은 시스템 구조를 이해하고 재설계하는 것으로

큰 그림을 보기

장님과 코끼리에 관한 고대 수피교인의 이야기는 여러 이해 당사자가 큰 그림을 볼 수 있게 만드는 과제([그림 3-1] 참조)의 어려움을 묘사한다. 관계자들은 각자 코끼리의 다른 부분을 만지고, 자신이 경험한 것이 복잡한 실상의 한 부분이 아

[그림 3-1] 장님과 코끼리 모든 사람이 더 복잡한 현실의 일부를 보고서는, 각자가 본 것이 전체 그림이라고 추측하는 경향이 있다. 샘 그로스(Sam Gross), 카툰 뱅크(Cartoon Bank)

니라 그 자체가 코끼리라고 추측하는 경향이 있다. 더욱이 사람들은 현재 잘하고 있는 측면과 실행에 따른 보상이 나타나는 측면, 그리고 자원이 많으면 더 잘할 수 있다고 생각하는 측면에서 현실을 본다. 반면 다른 사람이 기여하는 가치에 관심을 갖거나 그 사실을 인정하는 데는 인색하다. 더 나아가 한층 복잡한 세계를 인식하고 의도, 생각, 행동이 다른 이해 당사자와 상호작용하는 방법을 모르는 경우가 많다.

'출소 후 계획'의 사례에서, 참가자들은 자연스럽게 과잉 수감과 사회 재진입 실패의 해법을 각자의 전문 분야에서 찾는 것으로 시작했다. 어떤 사람들은 형기와 복역 기간을 줄이는 양형 개혁, 사회 재정착을 돕고 지원하는 서비스와 관련된 제도적 작업, 혹은 가석방 및 보호 관찰 정책의 방향 전환에 초점을 맞췄다. 어떤 사람들은 현행 형사사법 제도에서 이익을 얻는 교도소의 로비에 이의를 제기하거나, 사회 재진입을 위한 더 효과적이고 혁신적인 방법에 대한 공무원들의 저항을 줄이는 데 초점을 맞췄다. 또 강경한 범죄 대처법은 정치적으로는 유리하지만 나쁜 정책이라는 사실을 선출직 공직자들에게 납득시키는 데 초점을 맞춘 사람들도 있었다. 그들은 각자 축적한 지식과 경험을 바탕에 두고 그 자리에 모였다. 이제 이들에게 각자의 성공은 사실 다른 사람(회의에 참석하지 않은 사람들을 포함해서)의 성공에 달려있음을 인식시켜야 했다. 또한 비용 대비 효율이 높고 지속 가능한 방법으로 공공의 안전을 개선하기 위해 서로 더 효과적으로 협력하도록 (이번에도 역시 그 자리에 참석하지 않은 사람을 포함해서) 동기를 부여하는 것이 관건이었다.

그 첫 단계는 사람들이 서로 다른 관점을 공유할 튼튼하고 안전한 그릇을 만드는 것이었다. 내가 '시스템과 관련된 사람들 모으기'라고 부르는 이 과정은 원래 마빈 바이스보르(Marvin Weisbord)가 "전체 시스템을 방 안에 넣기"라고 불렀던 단계다.[4] 이를 위해 형사사법제도 개혁을 위해 애쓰는 사람들이 직접 모여서 시스템을 제시한다. 이때 범죄를 강경하게 다스려야 한다고 주장하는 사람들의 관점도 그들의 정책, 추정, 행동을 담은 시스템 지도에 묘사한다. 퍼실리테이터인 조와 세라는 전문가의 프레젠테이션, 구체적인 쟁점들을 다룰 패널, 여러 참가자가 테스트하는 혁신에 관한 보고서, 대화, 월드 카페(World Café, 이런 방법과 같이 사람들을 소집하는 다른 방법들은 5장에서 더 자세히 다룬다), 시스템 지도 그리기를 포함해서 안건을 전달할 다양한 방법을 준비했다. 회의 참가자들을 위한 일종의 그릇을 만든 것이다.

그들이 시스템 지도를 도입한 것은 사람들을 체계적으로 소집하기만 해서는 사람들 간의 협력을 이끌어 내기에 충분하지 않다는 걸 깨달았기 때문이다. 이는 다음과 같은 몇 가지 이유로 뒷받침된다.

- '출소 후 계획' 회의에서처럼 사람들은 공동의 가치와 목표를 공유하더라도, 시스템을 최적화할 가장 좋은 방법은 각각의 부분을 최적화하는 것이라고 추측하는 경향이 있다. 그리고 그런 추측은 지금껏 해왔던 대로 계속하도록 부추기는 지표와 보상 때문에 흔히 더 강화된다.
- 참가자들은 그 방에 있는 다른 사람들의 진가를 인식하지 못하거나 그들을 은근히 비난할 수 있다.
- 이해 당사자 중에 회의 참가자들과 같은 열망을 공유하지 않거나, 그들 자신이 문제의 원인으로 여겨지거나, 접근하기 어려워서 이런 회의에 참여하지 못하는 사람들도 있다. 이때 회의 참가자들끼리 단합해 목소리를 낸다면 회의에 참석하지 않은 사람들은 이후의 개선되지 않는 상황에 대한 책임을 자신들에게 돌린다고 오해할 수 있다. '출소 후 계획' 참가자들은 회의에 참석하지 않은 참가자들과도 협력하기 위해 노력을 기울였다. 그리고 이 과정에서 시스템에서 발생하는 문제를 다른 이해 당사자들 탓으로만 돌리는 실수를 범하지 않는 것이 중요했다.

반면 1장에서 설명했듯이 시스템을 최적화하는 가장 좋은 방법은 각 부분을 개별적으로 최적화하기보다는 부분들 간의 관계를 개선하는 것이다. 그 안에는 특정 모임에 참석한 사람과 참석하지 않은 사람, 변화를 지지하는 사람과 거부하는 사람 모두가 포함된다. 모인 사람들이 시스템적으로 생각할 수 있게 도우면 모든 이해 당사자와의 협력을 유일한 선택지까지는 아니더라도 첫 번째 선택지로 고려하도록 이끌 수 있다. 이 때 시스템 지도가 있으면 이해 당사자 집단들이 시스템 전체의 성과에 각자 어떻게 긍정적, 부정적으로 기여하는지를 확인할 수 있다.

'출소 후 계획' 참가자들이 시스템 지도를 통해 이해하게 된 중요한 사실 중 하나는(이에 관해서는 7장에서 자세히 다룬다) 일반 국민과 국민이 선출한 대표자들이 근본적으로 우려하는 부분은 범죄율 자체가 아니라 자신이 범죄와 인종주의의 피해자가 될 수도 있다는 두려움과 관련이 깊다는 사실이었다. 실제로 1991년 이후 범죄율이 약 25퍼센트 감소했지만, 강력 범죄에 희생될지 모른다는 두려움은 계속해서 증가하고 있다. 아울러 유색인이 범죄를 저지를 가능성이 더 크다는 인식 또한 꾸준히 증가하면서, 인종과 관련된 공포도 높아지고 있다. 형사 사법 제도에 세금으로 거둔 막대한 돈이 투입되지만, 범죄자들의 대규모 교도소 수감 정책을 지속하는 공직자들은 유권자들의 표를 얻기 위해서 공포를 부채질하거나, 이러한 현상을 개선하려는 노력을 의도치 않게 방해한다. 예를 들어 수감 경력이 있는 사람들을 사회에 재정착시키는 혁신적인 접근법(재범률을 줄일 방법)을 거부하고, 범죄에 관대하다는 인상을 심어줄까봐 기술적 가석방 위반〔보호 관찰관과 정기적으로 만나는 시간을 지키지 않거나 약물 검사를 받지 않는 등 가석방 기간 동안 지켜야 할 조건을 따르지 않는 것—옮긴이〕을 실질적인 가석방 위반과 구별하지 못한다.

'출소 후 계획' 참가자들은 이런 통찰을 얻고서 협력을 새로운 방식에서 바라보고, 그날 회의에 참가하지 않은 시민들의 우려와 좋은 뜻을 가진 공직자들이 느끼는 두려움을 줄이는 일에도 최선의 노력을 기울였다.

자기 인식과 책임 높이기

자신의 기여를 타인의 기여보다 더 호의적으로 바라보는 일반적인 경향은 경쟁적인 환경에서 더욱 강해진다. 목표를 공유하는 사람들은 흔히 목표를 실현하는 데 필요한 자원을 얻기 위해 경쟁하는데, 그러다 보면 자신의 단점을 인정하거나 다른 사람의 기여를 가치 있게 평가하는 것을 더욱 꺼리게 된다.

이와 대조적으로 시스템 스토리는 사람들이 좋은 의도를 가지고 있음에도 불구하고 부지불식간에 그들이 직면한 문제를 불러일으키는 데 일조한다는 점을 보여 준다. 그러면 사람들은 자신 또한 그럴 수 있다는 것을 알게 되면서, 다른 사람이 바뀌기를 기대하기보다 자신부터 바꾸는 것이 시스템에서의 영향력을 더욱 높일 수 있는 방법임을 발견하게 된다. 자신의 의도, 생각, 행동에 책임을 지고 임하면 원하는 목표를 이루어 낼 수 있는 힘이 더 커진다는 사실을 깨닫게 되는 것이다.

'출소 후 계획'의 일부 참가자들은 서로가 어떻게 연결되어 있는지를 이해했을 때 그 자리에 있는 다른 사람들과 협력하려는 더 큰 의지를 보였다. 또 몇몇 참가자들은 교도소 유지 비용과 재범률을 줄이는 측면에서 형사사법 제도 개혁을 강조해 유권자들의 표를 얻을 수 있다는 프레임으로 선출직 공직자들에게 접근하면 개혁 운동에 도움이 될 수 있다는 사실을 깨달았다.

보다 심층적인 시스템 구조 이해하기

'코끼리'(즉 복잡한 시스템)의 대략적인 구상을 짜는 도구 중 하나는 빙산의 비유를 이용하는 방법이다. 빙산 모델로 불리는 이 방법은 문제 증상을 근본 원인과 분리하는 간단한 방법이다. [그림 3-2]처럼 통찰을 세 가지 수준으로 구별한다. 각각의 통찰은 정해진 질문으로 확인되며, 각각은 특정 유형의 행동이나 반응을 촉발한다.

더 구체적으로 설명하면, 빙산 모델에서는 사건 수준(가장 잘 보이는 부분)을

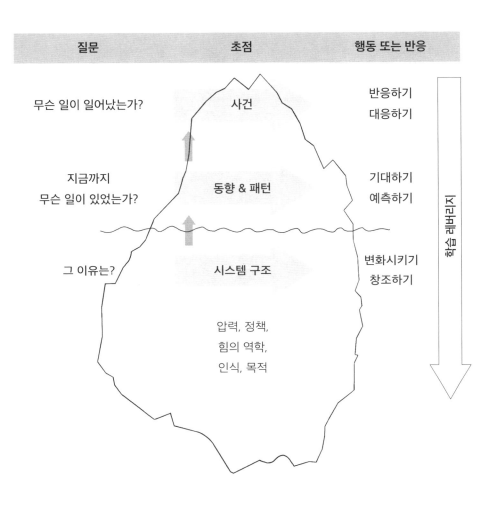

[그림 3-2] 빙산 모델 빙산 모델은 문제의 증상과 근본 원인을 구별하는 작업을 시작하는 데 도움이 된다. 이노베이션 어소시에이츠 조직학습

행동 패턴이나 동향과 구별한다. 행동 패턴이나 동향은 시간의 흐름에 따라 많은 사건과 연결된다. 그리고 이 두 가지 밑으로는 기저를 이루는 시스템 구조가 있다. 시스템 구조는 사건과 동향을 형성하기 때문에 피해를 유발하는 가장 근원적인 부분으로, 빙산의 감춰진 90퍼센트에 해당한다. 시스템 구조에는 압력, 정책, 권력 같은 유형적인 요소가 포함된다. 또 인식(사람들이 시스템에 대해 사실이라고 가정하거나 믿는 것)과 목적(행동을 이끄는 실제 의도 혹은 사람들이 지지하는 의도) 같은 무형의 요소도 포함된다. 사람들의 통찰 수준이 깊어질수록 시스템의 반응 방식을 바꿀 기회가 많아진다.

사람들은 흔히 개별 사건에 대응하는 데 관심을 두고 각자의 시간 대부분을 투자한다. 그들은 무슨 일이 일어나고 있는지를 파악해서 당면한 위기에 신속하게 대응하고 싶어 한다. 형사사법 제도 개혁을 지지하는(혹은 반대하는) 사람들은 최근의 범죄 통계나 재범, 기술적 가석방 위반, 새로운 법률, 교도소 시스템 운영 비용 등으로 인해서 최근 교도소에 재수감된 사람들 수에 관한 뉴스 보도를 접한다. 그런 후에 이들이 위기에 대응하는 방식에 따라 결과는 달라진다. 수감되는 사람들 중 95퍼센트는 결국에는 풀려나지만 그들 중 다수는 사회의 생산적인 일원으로 재정착할 준비를 갖추지 못한다. 그러다 보니 무거운 징역형은 재범률을 높이고, 더 나아가 지역사회를 불안정하고 안전하지 못한 곳으로 만들기도 한다. 더욱이 이 시스템을 유지하는 데는 상당한 비용이 드는데, 여기에 그 비용을 사용하지 않았다면 평균보다 재범률이 높은 지역의 환경 개선에 사용할 수 있었을 것이다.

때로 사람들은 개별 사건과 거리를 두고 상당 기간 진행되는 동향이나 패턴을 인식하려고 한다. 이들은 시간이 흐르는 동안에 어떤 일이 일어났는지 묻고, 과거를 바탕으로 미래를 예측하려고 노력한다. 파악된 동향은 놀랍고 충격적인 경우가 많다. '출소 후 계획' 참가자들은 범죄 발생 건수가 1991년 최고조에 달한 이후 현재까지 25퍼센트가 줄었는데도 불구하고 같은 기간 교도소 수감률은 60

퍼센트 가량 꾸준히 증가해 왔다는 사실에 주목했다([그림 3-3] 참조). 이로 인해 참가자들은 실제 범죄 발생 건수보다도 다른 인종에 대해 느끼는 공포가 현재의 형사사법 정책에 더 많은 영향을 끼친다는 결론을 얻었다. 일부 범죄학자들은 범죄 발생 건수 감소에 교도소 수감 정책이 미치는 영향은 25퍼센트 정도에 불과하다고 생각한다.[5] 반면 다른 이들은 범죄 발생 건수의 동향을 기록한 동일한 데이터를 통해 교도소 수감 정책이 범죄 발생 건수를 줄이는 데 유익한 영향을 주었다고 판단한다. 이러한 차이는 아래에서 살펴볼 시스템 구조의 또 다른 측면에서 인식과 멘탈 모델이 얼마나 중요한지 보여 주는 지점이다.[6]

만성적이고 복잡한 문제의 근본 원인은 시스템 구조에서 찾을 수 있다. 시스템 구조는 구성 요소들 사이의 순환적이고 상호의존적이며 때로는 시간 지연이 나타나는 관계다. 시스템 구조에는 쉽게 식별할 수 있는 요소(현재의 압력, 정책, 힘의 역학 등)와, 이런 유형의 요소들이 행동에 영향을 주는 방식을 좌우하는 무형의 요소(인식과 목적 혹은 목표, 의도)가 포함된다.

시스템 구조의 요소

사람들은 언어를 통해서, 그리고 보통은 이야기를 통해서 의사소통을 한다. 이 책에서 소개하는 접근법을 개척한 사람 중 한 명이자 내 오랜 동료인 마이클 굿맨은 시스템 사고를 언어, 더 자세히는 우리가 일상 언어와는 다른 방식으로 세상을 이해하고 말할 수 있게 도와주는 시각 언어로 볼 수 있다고 설명한다. 언어의 은유는 중요하다. 언어는 우리의 인식을 형성하고, 결과적으로 행동도 형성하기 때문이다. 마법의 주문인 '아브라카다브라(abracadabra)'의 뿌리는 '말하는 대로 창조할 것이다'라는 뜻의 아람어(셈 어족 서북셈 어파에 속한 언어로, 기원전 8세기 이후 국제 통상 용어 및 외교 용어로 고대 페르시아에서 아프가니스탄까지 사용됐다-옮긴이)나

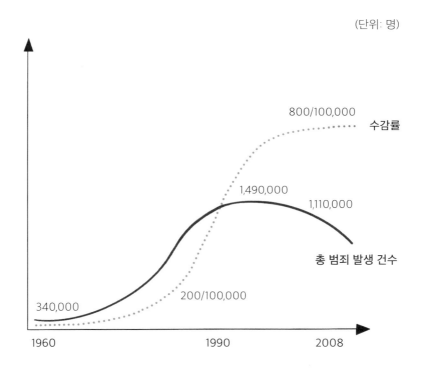

(단위: 명)

800/100,000 ······ **수감률**

1,490,000   1,110,000

총 범죄 발생 건수

340,000   200/100,000

1960   1990   2008

[그림 3-3] 미국 총 범죄 발생 건수 대 교도소 수감률 증가하는 수감률과 감소하는 범죄 발생 건수 사이의 격차가 갈수록 벌어지고 있다는 사실은 이 둘 사이의 관계에 대한 심각한 의문을 제기한다.

범죄 발생 건수 동향은 DisasterCenter.com의 자료를, 수감률 동향은 브루킹스연구소(Brookings Institution) 해밀턴 프로젝트(The Hamillton Project)의 자료를 이용했다.

03 시스템 스토리텔링

'말한 결과가 발생했다'라는 뜻의 히브리어에서 유래한 것으로, 말과 행동의 힘과 관련이 있다.[7] 두 언어 중에 어디에서 유래했든 시스템 사고는 일상 언어보다 복잡성을 더 정확히 설명하는 언어이며, 그래서 사회 시스템을 더 효과적으로 다루는 데 도움이 된다.

이 언어의 가장 기본적인 요소는 명사, 동사, 부사(시간 지연)다. 여기에 더해 사회 시스템을 더 깊이 들여다볼 때, 우리는 다양한 쟁점(교육, 형사사법 제도, 노숙인 문제 등)과 시스템의 다양한 수준(가정, 조직, 지역사회 등)에 걸쳐서 나타나는 특정한 줄거리가 있다는 사실을 발견하게 된다.

가장 기본적인 줄거리는 증폭(강화 피드백)과 수정(균형 피드백)에 관한 스토리다. 이 두 가지가 결합하면 복잡해지지만 일반적인 경험 속에 내재된 전형적인 이야기들로 어렵지 않게 인지할 수 있다. 기본적인 스토리와 시스템 원형을 알아두면 만성적이고 복잡한 문제를 다루는 초기 단계에서 문제를 보는 눈을 키울 수 있다. 그리고 시스템 원형을 수정하고 결합하면서 더 깊이 있고 포괄적인 식견이 생기는 경우가 많다. 이는 역사책이나 소설에서 줄거리의 변형이나 상호작용하는 다양한 줄거리들을 밝히는 것과 비슷하다.

마지막으로 빙산의 밑부분을 살펴보면서, 복잡계 이론에서 끌개(attractor)로 묘사했던 것을 밝혀 낼 것이다. 끌개는 한정된 수의 가능한 상태로 시스템의 행동을 만들고 안정화하는, 끌어당기는 힘이다. 이런 심층의 구조는 사회 시스템에서 사람들이 입증하고 싶은 믿음이나 추정, 그리고 실현하려고 애쓰는 근본적인 의도나 목적이다. 각자 어떻게 평가하는지에 따라 시스템의 현재 성과를 긍정적이거나 부정적으로 받아들이게 된다. 끌개는 시스템의 균형과 변화에 대한 저항, 두 가지 모두를 불러일으키는 근본 요인이다.

시스템 사고의 기본 언어

명사

시스템 사고의 명사는 변수로, 시스템 내에서 작용하는 힘이나 압력이다. 변수는 시간의 흐름에 따라 '달라진다'. 즉 증가하거나, 감소하거나, 오락가락 할 수 있다. 변수들은 질적일 수도, 양적일 수도 있으며, '~의 수준'이라는 틀에 쉽게 넣을 수 있다. 마이클 굿맨과 내가 찾은 일반적인 변수로는 사람들이 가치 있게 생각하는 것(예: 기대치나 목표 수준), 시스템에 대한 요구(예: 필요나 압력 수준), 그런 요구를 충족하기 위한 자원(예: 투자 혹은 역량 수준) 실제 결과(예: 성과나 효과성 수준) 등이 있다. 또 사람들의 느낌이나 생각을 표현하는 지각 요소(예: 두려움의 정도나 위험 감수를 혐오하는 것)도 변수에 포함된다.

변수는 시스템 스토리의 기본적인 구성 요소이기 때문에, 이를 정의하는 것이 핵심적인 과제다.[8] 어떤 것이 변수이고 어떤 것이 아닌지를 명확히 밝히면서 중요한 통찰을 얻기도 한다. '출소 후 계획' 참가자들에게 돌파구가 되었던 중요한 통찰은 범죄의 희생자가 되는 것에 대한 두려움이 실제 범죄율 자체보다도 형사사법 제도의 향방에 더 큰 요인으로 작용할 수 있다는 사실이었다. 이와는 아주 다른 상황의 예도 있다. 브루나이가 1990-1994년에 내전을 겪은 뒤 시민사회 재건을 위해 노력하던 때, 비정부기구들은 내전에 대한 시스템 분석을 내놓았다. 전쟁을 불러일으킨 요인은 그들이 가장 처음에 생각했던 것처럼 투치족과 후투족 간의 자원 다툼이 아니라, 엘리트 집단과 일반 시민 사이의 힘의 갈등이었다. 이와 같은 결론은 후투족이 투치족에게서 권력을 빼앗으면서 후투족 지도자들이 새로운 엘리트가 된 사실을 파악하면서 알게 됐다. 투치족 지도자들이 자신들의 권력을 유지하기 위해 분투했던 것처럼, 후투족 지도자들도 마찬가지로 인구 대다수를 희생해서 자원을 축적하려는 경향을 보였다. 이런 통찰은 또 다른 요소, 두 집단의 엘리트들이 유권자들을 희생시켜 가면서 권력을 얻고 유지하기 위

해 민족적인 요소를 교묘히 이용했다는 인식에 이르게 했다.[9]

'출소 후 계획' 사례에 작용했던 또 다른 주요 변수 중에는 출소자의 수, 기술적 가석방 위반, 현재 시스템에서 이익을 얻는 부문, 교도소 유지 관리 비용, 재정착을 위한 자금 부족 문제 등이 있다. 그 밖에도 개인의 안전에 대한 두려움, 정치적 위험 요인, 혁신에 대한 정치적 저항 같은 질적 요소들도 포함됐다.

동사

시스템 사고에서 설명하는 기본 작용은 한 가지 변수의 증가가 다른 변수 한 가지 이상의 증가 혹은 감소를 유발한다는 것이다. 이 작용은 그림으로 다음과 같이 표현된다.

$$A \longrightarrow B$$

A의 변화가 B의 비슷한 변화를 유발할 때(A의 증가가 B의 증가를 유발하거나 A의 감소가 B의 감소를 유발할 때) 우리는 화살표 끝에 '비슷한(similar)'이라는 단어의 첫 글자 s를 붙일 수 있다.

$$A \xrightarrow{\text{s}} B$$

혹은 A의 변화가 B의 정반대의 변화를 유발한다면(A의 증가가 B의 감소를 유발하거나 그 반대의 경우), '반대(opposite)'라는 단어의 첫 글자 o를 화살표 끝에 붙일 수 있다.

$$A \xrightarrow{\text{o}} B$$

이런 명명법은 스토리를 만들 때 유용하지만 일반적으로 최종 그림에서는 이런 표기를 생략하고 대신에 시스템 지도에 설명문을 활용해서 말로 인과관계의 방향을 설명한다. 이렇게 말로 풀어서 설명하면 시스템 사고에 익숙하지 않은 사람들이 도표를 이해하는 데 도움이 된다.

시간 지연

A의 변화가 B의 변화를 일으키는 데 걸리는 시간은 시스템 사고에서 매우 중요한 요소다. 1장에서 알아봤듯이 어느 한 가지 행동의 장기적, 단기적 영향이 정반대인 경우가 많기 때문이다. 이를테면 단기적인 개선은 장기적으로는 눈앞에 보이는 이익을 무력화하거나 저해하는 장기적인 결과를 초래하기도 한다. 역으로 나중에까지 유지되는 이익을 얻기 위해서 단기적으로 시간, 돈, 노력을 투자해야 하는 경우도 흔하다. 시간 지연은 다음과 같이 표시된다.

$$A \quad \longrightarrow\!\!/\!\!/\!\longrightarrow \quad B$$

마이클 굿맨과 나는 복잡한 사회 시스템에 존재하는 지연의 유형을 최소 네 가지로 분류했다. 그 네 가지 유형의 지연은 다음과 같은 두 시기 사이의 차이에서 비롯된다.

- 조건의 변화 ↔ 상황이 바뀌었다는 인식
- 상황이 바뀌었다는 인식 ↔ 행동하기로 한 결정
- 행동하기로 한 결정 ↔ 실행
- 실행 ↔ 그에 뒤따르는 조건의 변화

당면한 문제이자 갈수록 심각해지는 기후변화를 사례로 생각해 보자. 대기 중 이산화탄소 수치는 지난 200년 동안 45퍼센트 이상 증가해 왔다. 하지만 대부분의 사람들은 비교적 최근에서야 날씨의 변화를 체감하고 해수면이 상승하는 것을 보면서 탄소 배출량 증가의 위험성을 인식하게 됐다. 그럼에도 생활 방식은 여전히 에너지 집약적이고 탄소 연료에 대한 의존도가 높다 보니 새로운 에너지 정책 도입을 위한 사람들의 동의를 얻기가 힘들다. 또한 어려운 결정을 내릴 준비가 되더라도, 에너지를 보존하고 완전히 탄소 중립적인 방법으로 에너지를 생산하게 되려면 여전히 많은 시간이 걸릴 것이다. 이런 변화를 실행하더라도, 탄소 배출량을 필요한 수준으로 낮추기까지는 추가적으로 시간이 필요하다. 이미 빙하가 녹으면서 해수면이 상승하기 시작했기 때문에 어떤 변화는 되돌리기에 너무 늦었을지도 모르지만 말이다.

'출소 후 계획'의 사례로 돌아가서 생각하면, 형벌 제도와 형사사법 제도 개혁과 관련해서 최소한 네 가지 중요한 시간 지연이 있다.

- 사람들이 교도소에 수감되고 출소할 때까지의 시간(즉 형을 선고받고 교도소에서 보낸 시간). 과거보다 더 무거운 형이 선고되고 있어서 수감자들이 사회로 돌아가기까지 수년이 걸릴 수도 있다. 형기를 마치고 출소한 수감자의 95퍼센트가 사회에 재진입하기 힘든 장벽에 직면한다. 그리고 긴 수감 기간이 장벽을 만드는 부분적인 이유로 작용한다.
- 대중이 범죄에 대한 두려움을 갖는 것과 실제로 감소한 범죄율을 인식하는 것 사이의 지연
- 수감된 사람들의 수가 증가할 때는 인식하지 못했지만 이후에 형벌 제도 비용이 증가하면서 그제서야 높은 비용을 우려하게 되는 사이의 지연. '출소후 계획' 회의가 열린 뒤로 이 비용은 훨씬 증가해 한해 850억 달러라는 사상 최대치를 기록했고 정부 관계자들이 수감 정책 개혁을 진지하게 고민하게 만들었다.
- 대규모 교도소 수감 정책에 드는 높은 비용이 가진 한계를 인식한 것과, 실제로 교도소 유지에 드는 돈을 교육, 의료, 고용처럼 지역사회를 더 안전하

고 잘 사는 곳으로 만들기 위해 힘쓰는 기관에 대한 투자로 전환하는 것 사이의 지연

    정책 입안자는 여론, 예산 주기, 투자자의 기대, 선거 주기 같은 요인으로 인해 즉각적인 결과를 보여 주어야 한다는 압박을 받고 있어, 시간 지연을 고려하며 일을 하기가 힘들 수도 있다. 그러나 리더들이 단기적인 작은 성공과 임시방편적인 정책을 구별하는 법을 배운다면, 이런 압박에 더욱 효과적으로 대응할 수 있다. 임시방편은 단기적인 이점은 있지만, 일반적으로 그 조치에 따른 장기적인 결과로 단기적인 이점이 무효화되거나 약화된다. 물론 단기적인 작은 성공은 장기적인 측면을 염두에 두고 처음부터 계획된 개선점으로, 지속적으로 추진력을 유지하기 위해 꼭 필요하다. 이를 구별하는 방법은 뒤에서 레버리지 포인트와 전략적 계획에 대해 자세히 살펴보면서 더 명확히 확인할 것이다. 지금은 이 정도로만 이해해도 다음 장에서 시스템 줄거리를 배우는 데 도움이 된다.

3장 정리

- 최선을 다했음에도 불구하고 복잡한 문제가 지속될 때 사람들은 대개 한 정된 자원을 탓하고, 자신의 성공은 내세우면서 실패는 대단치 않게 생 각하며, 시스템 안에 있는 다른 사람들을 경쟁적인 시선으로 보는 경향이 있다.
- 시스템 사고는 개개인의 노력을 존중하고 노력의 한계를 표면화하여 사 람들이 전체적인 이익을 위해 기꺼이 협력하고 큰 그림을 볼 수 있는 새 롭고 생산적인 스토리를 이야기하도록 돕는다.
- 빙산의 비유는 사람들이 사건과 동향, 그리고 그 밑바탕을 이루는 근본적 인 시스템 구조를 명백하게 구별할 수 있게 해준다.
- 시스템 구조는 시스템의 주요 요인이 무엇인지, 그런 요인들이 시간의 흐 름에 따라 잘 보이지 않는 방식으로 서로 어떻게 영향을 끼치는지를 보여 준다.

시스템 원형 구별하기

나는 애거사 크리스티(Agatha Christie) 같은 영국 작가들의 작품으로 유명해진 추리물과 장기간 방영 중인 CSI 같은 유명한 TV 시리즈 장르를 좋아한다. 이런 작품들은 '누가 그랬을까?'라는 본질적인 질문을 던져, 독자나 시청자들이 질문의 답을 알아내겠다는 일념으로 끝까지 긴장감을 내려놓지 못하게 한다. 하지만 시스템 스토리를 이끄는 질문은 이런 질문과는 종류가 다르다. 시스템 스토리는 '최선을 다했음에도 불구하고 어째서 만성적이고 복잡한 문제를 해결하거나 의미 있는 목표를 달성하는 데 실패하는 걸까?'라는 질문을 던진다. 이에 답하려면 식별할 수 있는 줄거리의 특징을 인식하는 것이 도움이 된다. 이런 줄거리는 대체로 사회 시스템에서 사람들이 행동하는 바탕을 이룬다.

특히 이런 줄거리 중 다수는 비슷하면서도 도전적인 특성을 공유한다. 사회 시스템은 놀라울 뿐 아니라, 도넬라 메도즈의 말을 빌리면 '삐딱하다(perverse)'.[1] 나는 사회 시스템이 갖가지 타당한 근거를 들어 우리가 잘못된 행동을 하도록 몰아가는 경향이 있다는 점에서 유혹적인 특성이 있다고도 본다.

사회 시스템의 줄거리들은 너무 비슷해서 시스템 원형이라고 부른다. 시스템 원형을 잘 이해할수록 시스템의 피해자가 될 가능성이 줄어든다. 이런 스토리에 끌려 잘못되는 상황을 예견하거나 예방하는 법을 배울 수 있기 때문이다. 혹은 궁지에 빠졌을 때, 레버리지 포인트라고 불리는 접근할 수 있는 경로를 따라가서 궁지에서 빠져나올 수 있다.

기본적인 시스템 원형

여러 해 전에 있었던 시스템 사고 워크숍에서 어느 참가자는 오랫동안 해결하려고 애썼던 문제를 분석했다. 그는 이야기 중에 "제가 이 문제를 놓고 몇 년 동안이나 빙빙 돌고 돌았다는 걸 생각하면"이라고 말했다. 그 순간 나는 그가 '빙빙 돌고 돌았다는' 사실이 아니라, 자기 자신이 그러고 있었다는 것을 몰랐다는 것이 문제임을 깨달았다. 그가 그때까지 문제를 해결하기 위해 시도했던 방법들은 단기적으로는 누가 봐도 일리가 있었고 효과도 있었지만 장기적으로는 의도치 않은 결과를 유발해서 상황을 악화시켰다. 더욱이 그는 문제가 재발했을 때 이전에 시도했던 해결 방법이 어떻게 문제를 유발했는지 보지 못했다. 자신이 이러한 순환 고리에 갇혀 있었고, 순환 고리를 만드는 데 일조한 사람이 바로 자기 자신이라는 사실을 자각하게 되면서, 이에 벗어나서 더 생산적인 길을 찾을 수 있었다. 이 사례처럼 우리는 자기도 모르게 자신이 만든 순환 고리를 빙글빙글 돌고 있다.

시스템 줄거리는 순환하며 전개되므로, 기존의 줄거리를 밝혀내서 새롭고 더 효과적인 스토리를 만드는 것이 우리의 목표다. 이번 장에서는 시스템 스토리의 원형을 설명하는 데 중점을 두지만(시스템 원형을 바꾸는 방법은 10장에서 자세히 다룰 것이다), 순환 고리를 인식하는 행위가 그것을 바꾸기 위한 첫 단계임을 깨닫는 것이 중요하다. 스스로의 인식을 높이는 것은 그 자체로 시스템 변화의 시작이자, 다른 모든 변화에 선행하는 단계다.

강화 피드백과 균형 피드백은 장기간에 걸친 시스템의 진화를 설명하는 두 가지 기본적인 순환 구조다. 이 두 가지 피드백 구조가 조합되면 한층 복잡한 원형이 만들어진다.

강화 피드백: 증폭의 과정

강화 피드백은 선순환과 악순환의 기본 원리다. 이 원리는 성장 엔진(engines of growth) 또는 플라이휠, 그리고 연쇄적 하락이 어떻게 작동하는지를 설명한다. 짐 콜린스(Jim Collins)는 저서 《좋은 기업을 넘어 위대한 기업으로》에서 소개한 플라이휠* 개념을 적용해서 사회적 부문의 조직들이 자체적인 성공 동력을 만들 방법을 제안했다.[2] 그는 사회적 부문의 성공은 많은 지지를 받을 수 있는 브랜드를 만들고, 입증할 수 있는 성과로 브랜드를 더 강력하게 만들어, 조직을(단순히 프로그램이 아니라) 성장시키는 능력에 달려 있다고 믿었다. 아울러 콜린스는 어떤 강화 작용은 정반대의 효과를 낼 수 있다는 점을 지적했다. 가령 실적이 저조한 조직이 브랜드의 명성마저 훼손시킨다면, 자원을 동원하기 더 힘들어지고 실적도 더 나빠지게 된다.

강화 피드백의 불안정한 성질은 2008년 경제 위기를 촉발했던 주택 시장 거품처럼 호황과 불황의 순환에서 극도로 명확하게 드러난다. 당시 안전하지 못한 비우량 주택담보대출이 주택 가격과 대출 수요를 부채질하자 결국 주택담보대출이 더 이상 버티지 못하면서 주택 시장이 붕괴하기에 이르렀다.[3]

강화 작용은 자기충족적 예언에서도 나타난다. 예를 들어 피그말리온 효과는 한쪽 당사자(가령 교사)의 기대로 인해 다른 쪽 당사자(학생)가 상대의 기대를

---

* 플라이휠(flywheel)은 기계나 엔진의 회전 속도를 조절하기 위한 바퀴로, 크고 무거워서 처음에는 돌리기 어려우나 일단 가속이 붙으면 쉽게 돌아간다. 짐 콜린스는 위대한 조직을 만드는 과정을 플라이휠을 돌리는 과정에 빗대어 플라이휠이 스스로 돌아갈 때까지 추진력을 쌓기를 강조한다.

04 시스템 원형 구별하기

강화하는 행동을 하도록 만드는 현상을 나타낸다. 예를 들어 교사는 얌전하고 말 잘 듣는 행동은 칭찬하고, 시끄럽고 반항적인 행동은 억제하여 학생이 자신의 기대를 충족하게 만든다. [그림 4-1]은 액션 디자인(Action Design)에서 만든 상호작용 지도로, 상호작용이 더 자세히 묘사된다.

사람들 대부분은 성장을 순차적인 과정으로 생각한다. 하지만 강화 피드백은 사회 시스템과 경제 시스템에서 흔히 나타나는, 증가율이 일정한 비율로 증가하는 기하급수적인 성장 과정을 만든다. 기하급수적인 성장의 익숙한 예로는 저축과 인구 증가 등이 있다. 사회적 투자를 통해 장기적인 이익을 얻고자 하는 재단과 기업들은 사회 시스템에서 지속 가능한 추진력을 형성하는 데 필요한 임계질량[핵분열 물질이 연쇄 반응을 할 수 있는 최소의 질량으로, '바람직한 결과를 효과적으로 얻는 데 필요한 양'이라는 뜻으로 쓰임—옮긴이] 또는 티핑포인트[작은 변화들이 어느 정도 기간을 두고 쌓여서 작은 변화가 하나만 더 일어나도 갑자기 큰 영향을 초래할 수 있는 상태—옮긴이]를 만듦으로써 효과를 낸다.[4]

기하급수적인 성장에 관한 중요한 의미를 보여주는 프랑스에서 유래한 수수께끼가 있다.[5] 어느 연못에 수련 한 송이가 자라고 있는데, 수련이 날마다 두 배로 커져서 30일 뒤에는 연못이 수련으로 완전히 덮여 버린다고 하자. 이 경우 연못의 절반이 수련으로 뒤덮이는 시점은 언제쯤일까? 놀랍게도 29일째이다. 연못의 절반이 채워지고 단 하루 뒤에 연못은 완전히 수련으로 뒤덮인다. 그렇다면 15일이 지난 뒤에는 연못의 얼마만큼이 수련으로 채워질까? 0.0025퍼센트다. 다시 말해서 30일 중 처음 15일 동안은 수련의 양이 거의 눈에 띄지 않을 정도로 성장이 더디다.

사회적 부문에서 활동하는 의사 결정자들에게 유기적 성장(orangnic growth)의 기하급수적인 특성은 몇 가지 중요한 지점을 시사한다. 첫째, 사람들은 대체로 각자 만들어낼 수 있는 것보다 더 빨리 상황이 개선되기를 기대한다. 하지만 시스템이 빨리 바뀌기를 기대하다 보면 성장에 대한 비현실적인 요구를 하게 돼서

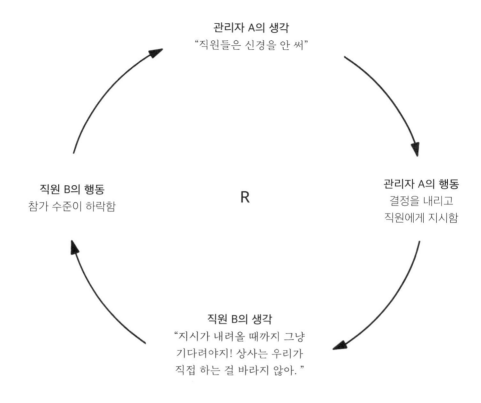

[그림 4-1] 상호작용 지도(The Interaction Map) A와 B가 서로에 대해 생각하고 행동하는 방식은 상호적으로 강화된다. 액션 디자인에서 만든 지도를 수정함.

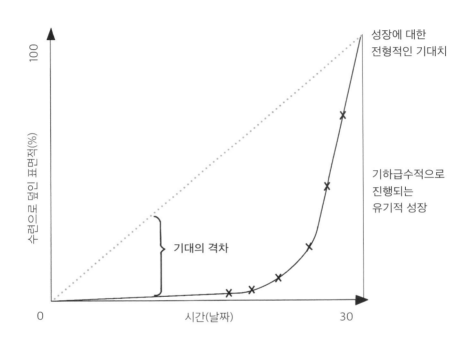

[그림 4-2] **수련 연못의 교훈** 사람들은 성장이 실제보다 더 빨리, 그리고 선형적으로 나타난다고 생각하는 경향이 있다. 기대와 현실 사이의 괴리를 줄이는 것이 중요하다. 브릿지웨이 파트너스 (Bridgeway Partners) & 이노베이션 어소시에이츠 조직학습

결국에는 개선 속도를 늦추거나 완전히 성장을 중단시켜 버릴 수도 있다. 혹은 작은 규모의 성장을 알아보지 못하거나 잘못 해석하고, 변화가 드러나기까지 기다리지 못해 너무 일찍 포기할지도 모른다. [그림 4-2]는 유기적 성장의 기하급수적인 특성이 선형적으로 성장해야 한다고 믿는 일반적인 기대와 얼마나 차이가 나는지 보여 준다.

　둘째, 성공 동력이나 플라이휠에서는 성장에 기여하는 개별 요소들뿐 아니라 그런 요소들이 장기적으로 상호작용해서 서로 강화하는 방식도 마찬가지로 중요하다. 예를 들어 성공적인 소액 대출 프로그램은 지역사회의 참여, 동료 지원, 금융 투자, 경제적 성과, 일자리 창출, 지역사회 재투자가 결합된 지속적인 확장 과정이다. 사회적 부문 투자자에게는 구조적인 설계의 명확성과 건전성을 바탕으로 자금 지원 계획을 평가하는 것, 즉 개별적인 요소 자체보다는 각각의 요소가 어떻게 다 같이 어우러지는지를 확인하는 것이 중요하다는 함축적 의미를 시사한다. 시스템 사고가 변화의 설계나 이론에 어떻게 기여하는지는 11장에서 더 자세히 알아볼 것이다. 우선 여기에서는 시간의 경과에 따라 시스템의 부분들이 직간접적으로 상호작용하는 방식을 이해하는 것이 변화 이론의 효과성을 높이기 위한 접근법 중 하나임을 알아 두고 넘어가도록 하자.

　셋째, 기하급수적인 성장은 사소해 보이는 문제들이 시간이 지나면서 상당히 악화하는 경우에도 적용되기 때문에, 그런 문제가 사라지기를 바라면서 기다릴 게 아니라 조기에 추적 관찰하고 신속히 해결할 방법을 고안하는 것이 중요하다. 수십 년 전, 작은 문제들이 더 큰 문제를 부채질한다는 인식에서 영감을 받아 '깨진 유리창 이론(broken windows theory)'이 나왔다. 깨진 유리창 이론은 지역사회의 불안정성이 주변의 무질서한 환경에 의해 촉발될 수 있다고 설명한다.[6] 이 이론이 나오면서 미국 각 주의 경찰은 쓰레기 투기에서 공공기물 파손에 이르는 경미한 부정행위를 단속하고, 깨끗한 환경을 유지해서 주요 범죄를 예방하고자 했다.[7] 이 이론을 비판하는 사람들은 도시 빈곤층이 밀집된 곳에서 사소한 범죄가 발생하기 때문에, 빈곤층의 삶의 질을 개선해야만 범죄율을 큰 폭으로 줄이고 유지할 수 있다고 주장한다. 하지만 어느 쪽이 됐든, 눈에 보이는 작은 문제부터 해결하면 그 문제가 기하급수적으로 악화되는 것을 방지할 수 있다.

이와 반대로 기후변화를 적시에 대처하는 데 실패한 지금의 상황은 추이 데이터에만 의존해서 문제의 심각성을 과소평가한 사례를 보여 준다. 그동안 정부와 민간 부문에서 중요한 결정권을 쥔 사람들은 이산화탄소 배출량을 급격히 줄이라는 권고를 거부해 왔다. 화석 연료에 대한 의존성이 높아서이기도 하고, 문제의 전개 속도가 워낙 느려서(전 세계의 기온 변화 추이 데이터 바탕으로 측정했을 때) 비로소 그 영향을 실제로 겪게 된 최근에서야 경각심을 갖게 됐다. 이런 동향을 만들어낸 자연의 악순환(〈부록 A〉 참조)을 이해하고 인식했다면 일찍이 기후변화에 대처하려는 정치적 의지가 더 커졌을지 모른다. 실제로 최근의 날씨 패턴과 해수면 상승 수치를 보면 많은 과학자들이 경고해 왔던 대로 이미 증가 곡선의 정점에 도달했을 가능성이 크다. 이제 우리에게 남은 최선의 방책은 더 이상의 환경 파괴를 막고 한정적인 자원을 공평하게 분배할 평화적 방법을 찾기 위해 적극적으로 나서는 것이다.

강화 피드백의 이러한 특성을 이해하면 기관, 비영리부문의 리더, 정책 입안자들이 다음과 같이 대처할 수 있다.

- 성장 동력을 서서히 구축할 인내심을 기른다.
- 동향이 아니라 기본 시스템 구조를 바탕으로 결정을 내린다.
- 잠재적인 악순환의 고리를 재빨리 끊는다.

균형 피드백: 상쇄의 과정

성장과 쇠퇴의 과정은 많은 이들이 당연하게 받아들이지만, 안정성과 평형의 역학관계는 자주 나타나면서도 구별하기가 훨씬 더 어렵다. 균형 루프(balancing loop)는 사회 시스템을 개선하는 원동력이자(우리는 현재의 환경과 바라는 환경 사이의 격차를 없애고자 한다), 변화에 대한 시스템의 저항을 이해하는 열쇠다. 현재의 시스템은 이미 성취된 목표를 중심으로 균형 상태에 있기 때문이다.

　균형 피드백이 무엇인지는 일상적인 경험을 통해서도 알 수 있다. 가령 방 온도를 20도로 유지해 주는 온도조절기나 체온을 36.5도로 유지하기 위해 땀을 흘리거나 덜덜 떠는 우리 몸의 작용이 그 예다. 강화 피드백 루프는 기존의 조건을 증폭시키는 데 비해 균형 피드백은 실제 성과와 바라는 성과 사이의 간격을 메워서 현재 상태를 수정하거나 되돌리려고 한다. 예를 들어 어느 재단에서 졸업률을 높이기 위해 멘토링 프로그램이나 10대 임신을 줄이기 위한 상담 프로그램을 후원할 수 있다. 균형 피드백으로 바라는 목표가 성취되면 이후 수정 과정은 보통 눈에 잘 들어오지 않는다. 우리가 음식을 잘 먹고 잠도 충분히 잘 잘 때는 먹고 자는 것을 당연하게 생각하듯 말이다.

　반면 시스템이 우리가 명시했던 목표를 달성하지 못하고 있을 때는 균형 피드백을 더 잘 인식하게 된다. 그래서 균형 피드백은 시스템을 개선하기 위해 최선을 다했음에도 불구하고 시스템이 변하지 않는 이유를 설명하는 데 도움이 된다. 그저 단순하게 수정해서는 최소 세 가지 측면에서 의도한 기능을 제대로 수행하지 못한다.

　첫 번째로 사람들은 문제가 해결되면 대체로 그 해결책에 대한 투자를 중단한다. '압박을 덜어주는' 이런 조치는 문제를 재발시키고 문제를 해결하고자 애썼던 사람들에게 큰 좌절을 안겨준다. 1990년 초에 보스턴의 청소년 범죄는 심각한 문제였다. 정치가와 지역사회 지도자들은 힘을 모아서 지역 순찰에서 방과 후 프로그램에 이르는 다양한 조치로 구성된 해결책을 마련했다. 그 결과로 청소년 범죄가 줄어들자, 정치가들은 이 문제에 투입했던 자금을 더 긴급한 다른 문제들에 전용해야 한다고 느꼈다. 그러나 범죄 예방 프로그램을 줄이기 시작하면서 문제가 재발했다.[8]

　두 번째는 실제 변화가 나타나기까지 필요한 시간을 인식하지 못하는 경향이다. 4만 6,000명이 거주하는 매사추세츠의 어느 지역에서 십대 청소년의 음주와 약물 남용을 억제한 성공 사례는 조직화된 개선 방안이 11년에 걸쳐서 어떻게 점진적으로 효과를 발휘했는지를 보여 준다.[9] 그런 인내와 끈기가 발휘된 사례는 드물다. 시간 지연이 나타날 때 보통 사람들은 조급한 마음에서 섣부른 방안을 밀어붙이거나 아니면 너무 빨리 포기하는 식으로 반응한다.

세 번째는 시스템의 목표에 대한 합의나 현재의 성과 수준과 원동력에 대한 합의가 부족할 때, 혹은 그 양쪽 모두가 나타날 때다. 볼 재단(Ball Foundation)의 후원으로 작성된 보고서에 따르면, 연구 대상이었던 미국의 학교와 학군을 분석한 결과 충분한 교육 혁신이 진행되고 있었다.[10] 그렇지만 이런 혁신 사례를 더 크게 확대하고 싶었던 교육자들은 K-12 교육의 목표와 현재의 성과 수준 사이의 심각한 불일치에 직면했다. 일부 학군은 시험 점수를 기준으로 목표를 세웠지만, 일부 학군은 졸업, 취업, 지속적인 학습을 위한 동기와 역량을 바라는 결과를 기준으로 삼았다. 마찬가지로 학군들은 시험 점수, 졸업 후의 성과, 창의성과 자기주도학습 지표 등 서로 다른 기준으로 학생들의 현재 성과를 평가했다. 바라는 미래, 시스템의 목표, 현재 조건에 대한 인식이 모호하거나 상충할 때 특정 전략을 정의하고 보급한다는 건 매우 어려운 일이다.

기관, 비영리 부문의 리더, 정책 입안자들은 균형 루프의 이러한 비효율성을 이해하여 전략을 수립하고 실행해야 한다.

- 어느 정도 성과를 얻었을 때 효과적인 해결책을 철회하기보다는 더 강화하고 장기간 유지되도록 한다.
- 시간 지연을 고려해서 사회적 투자에 대한 인내와 끈기를 갖는다.
- 전략을 세우기 전에 명확하고 강력한 공동의 비전과 목표, 현실에 대한 공동의 이해를 확립한다. 이것은 5장에서 소개할 변화 모델의 기초다.

[그림 4-3]은 시스템 스토리의 핵심 요소를 요약한 것이다.

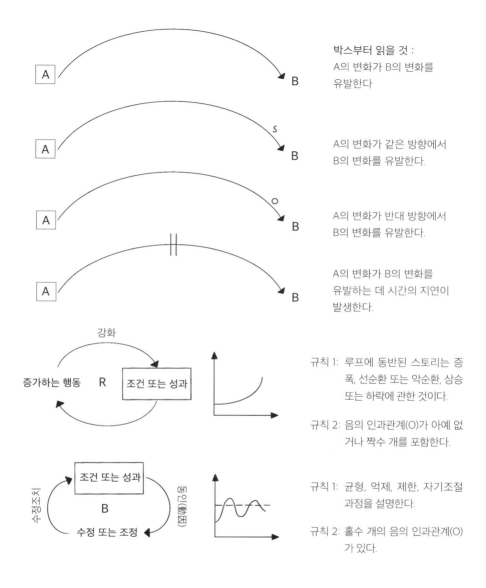

박스부터 읽을 것 :
A의 변화가 B의 변화를
유발한다

A의 변화가 같은 방향에서
B의 변화를 유발한다.

A의 변화가 반대 방향에서
B의 변화를 유발한다.

A의 변화가 B의 변화를
유발하는 데 시간의 지연이
발생한다.

규칙 1: 루프에 동반된 스토리는 증
폭, 선순환 또는 악순환, 상승
또는 하락에 관한 것이다.

규칙 2: 음의 인과관계(O)가 아예 없
거나 짝수 개를 포함한다.

규칙 1: 균형, 억제, 제한, 자기조절
과정을 설명한다.

규칙 2: 홀수 개의 음의 인과관계(O)
가 있다.

[그림 4-3] 시스템 스토리의 핵심 요소 시스템 스토리 구조는 시간이 지나면서 변하는 변수들 사이의 순환적인 인과관계로 구성된다. 이노베이션 어소시에이츠 조직학습

복잡한 시스템 원형

대부분의 복잡한 문제는 강화 피드백과 균형 피드백 프로세스가 두 가지 이상 조합해서 발생한다. 그나마 다행인 것은 이런 시스템 원형 또는 전형적인 스토리 열 가지를 익혀 두면 더 넓은 범주의 역학을 사전에 파악할 수 있다. 시스템 원형은 이해하기 쉽고, 다른 시스템의 맥락에 쉽게 적용할 수 있으며, 흔히 그보다 더 복잡한 시스템 역학을 구별하고 파악하기 위한 촉매 역할을 한다.[11] 여기서는 사회 시스템의 많은 문제를 묘사하고 있는 다섯 가지를 집중 조명하고, 알아 두면 도움이 되는 나머지 다섯 가지도 간략히 소개하고자 한다.

역효과를 낳는 해결책

'역효과를 낳는 해결책(Fixes That Backfire)'은 의도치 않은 결과에 관한 이야기다. [그림 4-4]는 역효과를 낳는 해결책의 핵심 역학과 이로 인해 발생하는 행동 패턴을 보여 준다. 사람들은 문제 증상을 줄이려고 단기적 효과가 있는 임시방편을 도입한다([그림 4-4]의 B1). 그러나 임시방편은 장기적으로 의도치 않은 결과를 불러일으켜서 시간이 지나면서 문제 증상을 악화시킨다([그림 4-4]의 R2). 더욱이 시간 지연 때문에 사람들은 이런 부정적인 결과가 임시방편에서 비롯된 것임을 인식하지 못한다. 따라서 증상이 다시 나타날 때 긴급한 해결책을 더 많이 도입해야 한다는 잘못된 추측을 하게 된다. '처음에 효과가 있었잖아. 그저 우리가 그 방법을 충분히 쓰지 않았을 뿐이야'라고 생각하면서 임시방편으로 다시 돌아가면, 순환이 저절로 반복된다. 단기적 이익은 장기적으로 부정적인 결과를 가져와 상황을 악화시킨다.

역효과를 낳는 해결책은 현실에서 어떤 식으로 나타날까? '출소 후 계획' 사례로 돌아가 보자. 엄중한 징역형을 선고하는 방법은 단기적으로는 범죄율과 범죄에 대한 두려움을 줄인다. 하지만 장기적으로 고려하면, 수감자들은 수감 경

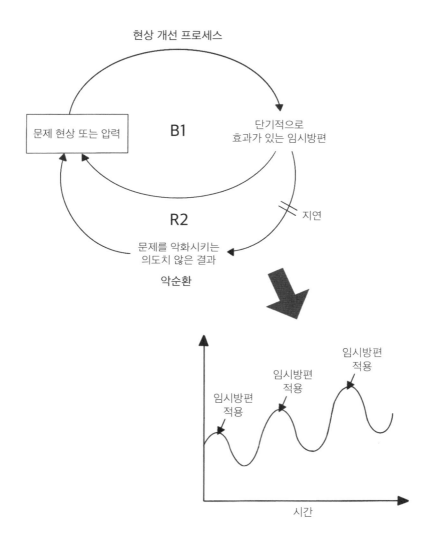

현상 개선 프로세스

문제 현상 또는 압력

B1

단기적으로
효과가 있는 임시방편

R2

지연

문제를 악화시키는
의도치 않은 결과

악순환

임시방편
적용

임시방편
적용

임시방편
적용

시간

[그림 4-4] **역효과를 낳는 해결책** 역효과를 낳는 해결책은 임시방편이 의도치 않은 결과를 초래하여 시간이 지남에 따라 점차 문제 현상을 악화시킨다. 이노베이션 어소시에이츠 조직학습

험으로 범죄 성향이 더욱 굳어지거나 사회에 적응할 준비를 하기가 어렵다. 결국 사회의 생산적인 일원이 될 능력을 법적으로 제한 받은 채로 교도소에서 출소한다. 평균적으로 수감 경험이 있는 사람의 약 절반은 3년 이내에 재범의 유혹에 굴복하거나 가석방 지침을 위반해서 교도소에 재수감된다. 이와 관련된 다른 사례도 있다. 마약단속반이 길거리에서 범죄자들을 불시에 단속하면 단기적으로 마약 관련 범죄가 감소한다. 하지만 이런 조치는 유통되는 마약을 줄여서 결과적으로 마약의 가격을 올리고, 장기적으로는 마약 중독자가 마약을 구입하기 위해 강도나 절도 범죄를 더 많이 저지르게 만든다.[12]

보건 부문에서는 의료 비용이 증가함에 따라 입원 기간을 줄여야 한다는 압박이 있다. 하지만 퇴원을 너무 서둘러서 병원에 재입원해야 하는 경우가 자주 생기면 의료 비용은 훨씬 더 증가한다.

저널리스트 린다 폴먼(Linda Polman)은 저서 《위기의 캐러밴(The Crisis Caravan)》에서 비영리단체와 선진국들이 내전으로 황폐화된 가난한 나라에 보낸 선의의 자금이 수많은 문제를 일으킨다고 설명한다. 구호 자금은 아무리 좋은 의미로 보내더라도 재앙을 장기적으로 심화시키는 여러 의도치 않은 결과를 초래한다. 예를 들어 참전하는 병사들의 건강이 개선되어 전투를 이어 가고, 권력을 유지하려는 폭군이나 엘리트 계층이 구호 물자를 빼앗고, 자기 이익만 밝히는 지도자들이 원조를 더 많이 받기 위해 지속적으로 문제를 일으키기도 한다. 게다가 구호 단체들이 더 많은 기금을 얻어 내기 위해 경쟁하는 시장을 만든다.[13]

구호 활동 중에는 재해로 초래된 기아로 고통받는 사람들에게 식량을 보내는 활동 유형도 있는데, 이런 구호 활동 역시 다른 측면에서 역효과를 일으킨다. 식량 구호는 아동에게 가장 큰 혜택이 돌아간다. 혜택을 받은 아동이 시간이 흘러 자녀를 낳게 되면서 인구는 증가하게 된다. 그러나 증가한 인구 수와는 달리 경제적 자원은 늘지 않았기 때문에 식량 구호를 받았던 나라는 구호를 받은 시점으로부터 10년에서 15년 뒤에 기아로 인한 고통에 다시 직면하게 된다.

구호와 식량 원조 같은 사례는 선행을 베풀고자 하는 사람들에게 특히 더 가슴 아프고 힘든 도전적 과제를 제기한다. 단기적으로 타인의 고난을 덜어 주기 위해 사람들이 할 수 있는 일이 있지만, 이런 해결은 일정 시간이 지난 뒤 오히려 상황을 악화할 수 있다. 도우려는 사람들은 그들의 행동에 따른 의도치 않은 결과가 발생할 수 있음을 충분히 고려하고 그런 상황을 줄여야 한다.

역효과를 낳는 해결책의 경향을 극복하기 위한 일반적인 방법은 임시방편의 적절성에 의문을 갖고, 대안은 없는지 찾아보고, 대안이 없을 경우에는 임시방편에 따른 부정적인 결과를 완화하기 위해 노력해야 한다. 그 밖의 방법에 대해서는 10장에서 더 자세히 살펴볼 것이다.

부담 떠넘기기

대부분의 경우 해결책에서 역효과가 발생할 가능성을 줄이는 가장 좋은 방법은 현상을 유발하는 근본적인 문제를 해결하는 것이다. 사람들은 더 근본적인 해결책을 찾는 것이 바람직하다는 사실을 잘 알지만, 정작 실행하는 데는 어려움을 겪는다. 문제의 근원을 해결하려면 시간이 더 걸리고, 비용도 더 많이 들며, 위험과 불확실성이 더 크기 때문이다.

임시방편과 보다 근본적인 해결책 사이의 줄다리기는 이른바 많은 자선 단체가 처한 도전적인 상황의 핵심적인 문제다. 당장의 문제를 해결해야 할까 아니면 오랜 시간에 걸쳐 도움을 주어야 할까? 시스템 용어로 임시방편에 의존하는 것은 '부담 떠넘기기(Shifting the Burden)'로 알려져 있다. 부담 떠넘기기는 역효과를 낳는 해결책과 비슷하게 문제가 간헐적으로 감소해서 점차적으로 악화되고 있음을 보지 못하는 행동 패턴을 보인다. 그러나 아래와 같은 몇 가지 중요한 차이점도 있다.

- 부담 떠넘기기에서는 사람들은 대체로 무엇이 더 근본적인 해결책인지를 알고 있지만, 그것을 실행하는 데 필요한 동기와 투자를 이끌어 내지 못한

다. 반면에 역효과를 낳는 해결책에서는 문제 현상에 대한 명확하고 근본적인 대안이 없기 때문에 신속한 처방만이 유일한 대응책으로 느껴진다.

- 단기적으로 임시방편이 효과를 내기 때문에 보다 쉬운 방법이다. 임시방편이 현상을 일시적으로 개선하면서 더 근본적인 해결책을 시행하려는 사람들의 의지가 약화한다.
- 임시방편을 장기적으로 시행할 경우 의도치 않은 결과가 나타나서 근본적인 해결책을 시행할 능력이 실제로 약화된다. 예를 들어 문제를 영구적으로 해결하는 데 쓸 수 있었을 자원(사람, 시간, 자본)을 임시방편을 시행하는 데 소비하는 경우가 있다.
- 그 결과 시간이 흐르면서 사람들은 임시방편에 점점 더 의존하게 되고, 핵심적인 해결책에 대한 투자는 줄어든다. 임시방편에 대한 이런 의존성은 중독으로도 알려져 있다. 사람들은 더 현명한 판단을 내릴 수 있는데도 임시방편에 중독된다.

이러한 시스템 구조와 그에 따른 행동 패턴은 [그림 4-5]에 나와 있다. 상단의 루프(B1)는 임시방편을 나타내고, 하단의 루프(B2)는 근본적인 해결책을 나타낸다. B2는 문제 현상에 의해 활성화되어야 하지만 현실은 그렇지 않다. 사실 현상은 장기적이고 비용이 많이 드는 해결책을 구현하려는 동기가 사람들에게 충분하지 않은 경우 임시방편으로 완화된다. B1과 B2의 조합은 시간이 흐르면서 임시방편의 활용도가 높아지는 동시에 근본적인 해결책을 사용할 동기는 감소하는 악순환을 만들어 낸다. 그 옆에 있는 R3 루프는 임시방편을 사용하는 빈도가 증가하면, 시간이 흐르면서 근본적인 해결책을 구현하는 시스템의 능력이 저하되는 부작용이 발생해서 문제 증상이 더욱 악화되는 현상을 보여 준다.

앞서 예로 든 식량 원조와 '출소 후 계획'의 사례는 부담 떠넘기기와 역효과를 낳는 해결책 양쪽 모두에 해당한다. 식량 원조 분야의 활동가들은 일반적으로

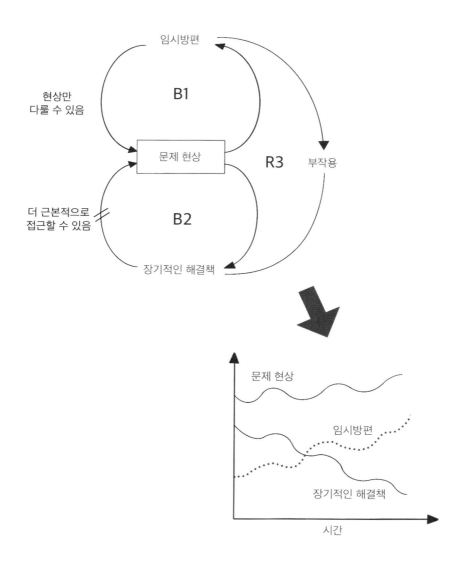

[그림 4-5] 부담 떠넘기기 부담 떠넘기기는 더 근본적인 해결책을 시행할 의지와 능력을 감소시키는 임시방편에 의도치 않게 의존하게 되는 경향을 설명한다. 이노베이션 어소시에이츠 조직학습

해당 지역의 농업을 발전시키는 것이 기아의 근본적인 해결책이라고 생각한다. 하지만 식량 원조는 지역의 사회 기반 시설을 개발하려는 의지를 약화시킨다. 무상으로 제공되는 식량은 식품 가격을 하락시키고, 농부들이 식량을 재배하고 분배하기 힘들게 만들어서, 결과적으로 지역 농업은 발전하기 어려워진다.

형사사법 제도 개혁과 관련해서 과도한 징역형 선고 방침은 공무원과 일반 시민들이 범죄 문제가 해결되었다고 믿게 만들어 범죄 문제를 해결할 수 있는 다른 방법에 투자하려는 동기를 감소시킨다. 형기가 높은 징역형을 내리면 범죄자들은 길거리에서 사라지겠지만, 부담은 뒤로 밀린다. 교도소에 복역했던 사람들은 사회에 재정착하는 데 필요한 수고로운 과정을 감당할 능력이 부족하다. 게다가 현재의 형벌 제도에 막대한 비용이 투입되다 보니 지역사회의 발전과 재정착 프로그램에 사용할 자금은 적어진다. 사실 이런 프로그램이 더 지속 가능한 방식으로 범죄와 범죄에 대한 두려움을 줄일 수 있는 방법임에도 불구하고 말이다. 지역사회 발전과 재정착 지원에 충분히 투자하는 데 실패하면 범죄 가능성과 그에 수반한 두려움은 증가하게 된다.

보건 부문에서는 일반적으로 병을 예방하거나 전반적인 건강을 개선하는 것보다는 병을 치료하는 데에 더 많이 투자한다. 그런데 투입 자금을 그런 식으로 배분하면 장기적으로 몸과 마음을 건강하게 만드는 근본적인 요소를 증진시키는 데 사용할 예산은 줄어든다.

근본적인 해결책을 가로막는 임시방편의 예는 국제개발 영역에도 있다. 경제학 교수이자 수상 경력이 있는 뉴욕대학교 개발연구소(Development Research Institute) 공동 연구소장인 윌리엄 이스털리(William Easterly)는 개발도상국의 빈곤을 줄이기 위해 노력하는 사람들에게, 독재자에 의해 운영되는 관료주의[technocracy; 과학 기술 분야 전문가들이 권력을 행사하는 정치 및 사회 체제, 테크노크라시라고도 불림-옮긴이]적인 해결책을 지원하는 상황을 경계해야 한다고 말했다.[14] 그는 소규모의 관계자들이 행하는 상향식(bottom-up) 개발이 훨씬 효과적이라고 설명했다. 하향식(top-down)으로 이루어지는 관료주의적 해결책도 가난한 사람들에게 일시적인 도움이 되거나 최소한 구호 활동의 모습을 띨 수 있지만, 그런 해결책은 더 근본적인 해결책에 쓸 수 있는 자금을 소진한다.[15]

부담 떠넘기기 모델은 기업의 지속 가능성 영역에도 나타난다. 국제산업생태학회(International Society for Industrial Ecology) 학회장인 존 에렌펠드(John Ehrenfeld)는 이렇게 설명한다. "환경 경제 효율성(eco-efficiency) 또는 환경적 부담이 적은 방식으로 더 많은 가치를 제공하는 것은 지속 가능성을 달성하기 위한 주요 도구로 홍보되어 왔다. 사회적으로 책임 있는 투자도 마찬가지다. … 문제는 이런 자선 행위들이 진정한 지속 가능성을 전혀 만들지 못한다는 것이다. 기껏해야 지속 불가능한 상태로 흘러가는 지속적인 추이를 일시적으로 늦출 뿐이다. 최악의 경우, 실제로는 환경을 저하하고 오염시키며 소비자의 요구를 의미 있게 만족시키는 데 실패한 제품이나 서비스를 좋아 보이도록 마케팅하는 역할을 한다."[16] 에렌펠드는 더 효율적인 소비를 부추기는 임시방편과 현재 널리 퍼져 있는 소비 중심의 경제 모델을 다른 경제 모델(삶의 질에 중요한 비물질적인 요소들의 중요성을 강조하고 소비자의 만족을 위해 자원을 고갈시키는 제품에 의존하지 않는 모델)로 전환하는 근본적인 해결책은 서로 별개라고 지적한다.

워런 버핏(Warren Buffett)의 아들이자 노보 재단(NoVo Foundation)의 이사장인 피터 버핏(Peter Buffett)도 현재의 상황을 '자선적 식민주의(philanthropic colonialism)'라고 부르며 삶의 질을 재정의해야 한다고 요청한다.[17] 그는 비영리 부문이 소득 불평등 문제를 다루는 임시방편을 통해 성장했다고 지적한다. 기부자들이 자본주의에 인간적으로 접근할 방법을 개발하는 더 깊은 차원의 작업에 관심을 두지 않도록 만들기 때문이다. 버핏은 모두를 위한 번영이라는 의미 깊은 경험 대신에 가난한 사람들에게 어느 정도 돈만 쥐어 주는 이러한 구호 논리에 의문을 제기한다. 사회 문제를 해결하려는 비영리 부문에서 발생하는 이런 의도치 않은 결과는 많은 민관 영역의 리더들이 불평등한 시스템 자체를 고치려고 하지 않고, 부의 일부만 가난한 사람들에게 돌려줌으로써 기존 시스템에서 그들이 얻어낸 부와 자원을 정당화하기도 한다.

부담을 떠넘기는 상황으로 흘러가는 것을 극복하기 위해서는 임시방편의 적절성에 의문을 갖고, 근본적인 해결책에 대한 투자를 저해하는 생각을 뒤집고, 이런 근본적인 해결책을 시행하도록 동기 부여하는 장기적인 비전을 세워야 한다. 그 밖의 방법들에 대해서는 10장에서 다룰 것이다.

성장의 한계

성장의 한계(Limits to Growth)는 예상치 못한 제약에 관한 스토리다([그림 4-6] 참조). 이 스토리의 중심 메시지는 영원히 성장하는 것은 없다는 사실이다. 모든 성장 엔진 혹은 성공 엔진(도표의 왼쪽에 있는 R1 루프)은 일정 기간 동안은 효과적일 수 있어도, 외부 및 내부 요인에 의한 제약(도표의 오른쪽에 있는 B2 루프를 형성)에 의해 불가피하게 영향을 받게 된다. 외부적 제약 요인으로는 자금 조달 가능성, 목표 대상에 대한 접근 가능성, 천연자원의 질 등이, 내부적 제약에는 관리 능력, 운영 능력, 다른 조직과의 협업 의지 또는 협업 능력 등이 포함될 수 있다.

대부분의 사회 혁신이 직면해 있는 한 가지 제약은 스케일 업(scale-up; 성공한 결과를 현실적이고 시장적인 측면에서 성장시키기 위해 그 규모를 확대하는 것—옮긴이)의 문제다. 일단 혁신이 입증되면 더 광범위한 고객층으로 영역을 확장하는 과제가 남는다. 이때 내부적 제약은 조직의 역량, 자금, 실질적인 파트너십을 만들어 내는 능력의 형태로 나타나기도 한다.[18] 외부적 제약의 사례는 우리가 지금과 같은 삶을 지속한다면 자원의 고갈로 지구가 더 이상 인류를 수용할 수 없다고 이야기한, 1972년에 발표된 선구적인 책 《성장의 한계》에서도 확인할 수 있다.[19]

성장의 한계에 직면했을 때 리더들이 취할 수 있는 주요 단계는 기존의 성장 엔진에 더 많이 의존하려는 유혹을 떨치고, 한계를 찾아내거나 적절히 예측하고, 현재의 엔진이나 외부 자원에서 얻은 자원을 활용해서 한계 극복에 투자하는 것

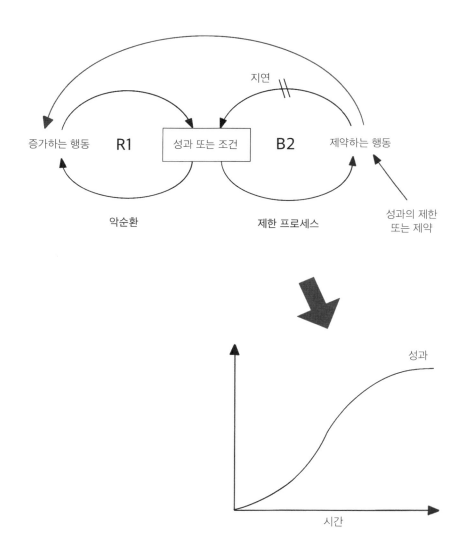

[그림 4-6] 성장의 한계 성장의 한계는 성공을 지속하기 위해서 반드시 극복해야 하는 한계들로 인해서 성장도 불가피하게 제약받는 스토리다. 이노베이션 어소시에이츠 조직학습

이다. 10장에서는 성장의 한계 줄거리를 염두에 두고 비영리 단체의 역량을 키우고 성공적인 사회 혁신을 확대하는 많은 전략을 다룰 것이다.

성공한 쪽에 몰아주기

부와 성공이 소수의 손에 집중되는 경향은 사회 시스템에서 흔히 나타난다([그림 4-7] 참조). 고정 자원을 가진 시스템에서 A가 B보다 초기에 이점을 얻었다면 A는 그 이점을 이용해서 더 많은 자원을 획득할 수 있다(A의 선순환인 R1). 한편 당사자 B는 불리한 상태에서 시작해서 시간이 지나면서 자원을 추가로 창출하기가 점점 힘들어진다(B의 악순환인 R2). 달리 말해서 기회가 성공을 낳고, 성공은 기회를 낳는다. 그리고 역으로도 마찬가지로 성립한다.

특히 프랑스 경제학자 토마 피케티(Thomas Piketty)는 저서 《21세기 자본》에서 이미 부를 획득한 사람들에게 생긴 혜택은 단순히 더 많은 재화의 형태가 아닌 점점 더 많은 부를 축적하는 자본의 형태로도 나타난다고 지적했다.[20] 자본에는 주식, 토지, 양질의 교육, 더 나은 의료 서비스, 영향력 있는 사람들에게 접근할 기회처럼 소득을 창출하는 투자로 연결되는 저축과 상속된 부가 포함된다. 그에 반해서 사람들이 재화를 취득하는 데 쓰는 돈은 더 큰 안락을 가져다줄지 몰라도 그것이 더 큰 부를 창출하는 데 필요한 생산 요소에 접근할 가능성을 증가시키지는 않는다.[21]

부자들을 더 부유하게 만드는 역학이 있는가 하면, 빈곤층과 특히 소수자 집단에 직간접적으로 작용하는 역학이 있다. 아스펜연구소의 지역사회 변화에 관한 원탁회의(Aspen Institute Roundtable on Community Change) 공동 의장인 키스 로렌스(Keith Lawrence) 같은 전문가들은 이를 '구조적 인종차별(structural racism)'이라고 부르며, "일상적으로 백인에게 유리하고 유색인종에게는 만성적이며 누적되는 특성이 있는 다양한(역사적, 문화적, 제도적, 대인관계적) 역학의 정규화와 정당화"로 규정한다.[22]

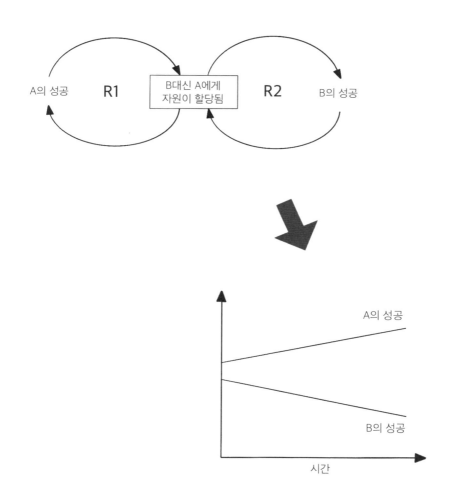

[그림 4-7] 성공한 쪽에 몰아주기 성공한 사람들의 성공 스토리는 한쪽 당사자의 성공과 다른 쪽 당사자의 실패가 어떻게 긴밀히 연결되어 있는지를 설명한다. 이노베이션 어소시에이츠 조직학습

04 시스템 원형 구별하기

구조적 인종차별의 예로는 게리맨더링[특정 정당이나 특정 후보에게 유리하도록 부당하고 기형적으로 선거구를 획정하는 것—옮긴이]과 소수자 집단 유권자에게 부과되는 다른 제한들이 있다. 교도소에 수감된 경험이 있는 사람은 대부분 흑인으로, 출소 후 사회에 재진입할 때 잠재적인 고용주들이 탐탁지 않게 여길 범죄 전과를 포함해 여러 난관에 직면한다. 빈곤 가정에서 태어난 아이는 더 불리한 상태로 인생을 시작한다. 부모가 경제적으로나 정서적으로 막대한 스트레스를 겪고, 양질의 의료 서비스와 유아 교육 서비스를 이용하지 못하는 경우가 많기 때문이다. 최근의 연구들은 이런 가정에 일찌감치, 빠르게는 아이가 태어나기 전부터 도움을 주는 것이 불평등에 맞서는 가장 좋은 방법이라고 보고한다.[23]

성공한 쪽에 몰아주기(Success to The Successful) 원형과 자본주의를 연관 짓는 것이 솔깃하게 느껴질 수 있지만, 이런 경향은 자본주의, 공산주의, 전통적인 사회를 비롯한 대부분의 사회에 존재한다. 그러나 지속 가능한 사회는 모든 구성원이 상대적 균형을 이루며 살 수 있도록, 다양한 재분배 메커니즘을 통해서 이런 경향을 적절히 조절해 나간다.

뜻하지 않은 적수

앞에서 아이오와주 아이들의 교육 사례에서 알아보았듯, 뜻하지 않은 적수는 점차적으로 그리고 의도치 않게 서로 적이 되는 두 기관에 관한 스토리다. [그림 4-8]에서 볼 수 있듯이 A와 B는 상대에게 이득이 되는 행동(R1의 바깥쪽 루프)을 통해서 서로의 성공에 이상적으로 기여한다. A가 개인적인 이유로 원하는 것보다 성과가 좋지 못할 때, 자신의 성과를 개선하는 해결책을 독자적으로 채택한다(B2). 하지만 그 해결책은 의도치 않게 B의 성공을 가로막는다. B가 원하는 것보다 성과가 좋지 못할 때, B도 자신의 성과를 개선하는 해결책을 채택한다(B3). 하지만 B의 해결책 역시 의도치 않게 A의 성공을 저해한다. 독립적으로 선택한 해결책의 조합이 의도치 않게 서로의 성과를 가로막는 이런 상황은 악순환을 형성

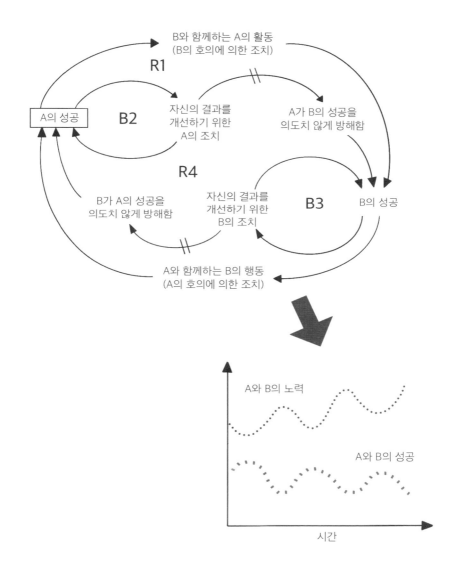

[그림 4-8] 뜻하지 않은 적수 뜻하지 않은 적수는 발전할 가능성이 있는 관계가 어떻게 자신도 모르는 사이에 적대적인 관계로 악화될 수 있는지를 설명한다. 이노베이션 어소시에이츠 조직학습

한다(R4). 본질적으로 A와 B는 잠재적으로 그들 자신에게 도움이 될 수 있는 파트너의 삶을 더 어렵게 만듦으로써, 스스로 역효과를 낳는 해결책을 만든다.

아이오와주의 사례는 중앙 조직과 지역 대표자들 사이에 의도치 않은 갈등이 빚어진 예다. 이해 당사자들은 이 갈등을 지역교육지원청과 교육부와 사이의 시스템적인 갈등으로 인정했다. 그들은 마찬가지로 이 갈등을 지역교육지원청과 개별 지역교육청 사이, 개별 지역교육청과 지역 학군 사이, 지역 학군와 교육부 사이의 시스템적인 갈등으로 인정했다.

이와 똑같은 원형이 지역 전문대학으로 구성된 커뮤니티 컬리지 그룹(community college district)과 그 그룹을 구성하는 다섯 개 대학 사이의 긴장을 조성했다. 이 경우 새로 선출된 총장이 대학 그룹 전체의 효율성을 높이기 위해 대대로 각 대학들이 개별적으로 운영해 왔던 기능을 중앙 집권화하려고 했다. 하지만 대학들은 중앙 집권화를 거부했다. 그런 기능에 대한 통제력을 잃으면 각 대학 학생들 고유의 특성과 상황에 맞는 서비스를 제공할 능력이 줄어들 것이기 때문이었다.

이와는 아주 다른 별개의 예를 들면 선출직 공직자들과 일반 공무원들 사이의 갈등을 들 수 있다.[24] 선출직 공직자들은 계획을 시행하기 위해 일반 공무원들을 필요로 하며, 일반 공무원들은 선출직 공직자들이 정책과 제도를 만듦으로써 정치적 영향력을 얻고 여기에서 이득을 얻는다. 그러나 정권이 바뀌면 선출직 공직자들은 선거 주기를 고려하지 않고 공무원의 임무 수행을 어렵게 만드는 변화를 시행하고, 공무원들은 임무 수행에 필수적인 업무를 유지하려고 한다.

조지 H. W. 부시(George H. W. Bush) 행정부에서 미국 환경보호청(US Environmental Protection Agency)의 청장이 된 윌리엄 라일리(William Riley)는 환경보호청이 단순한 규제 업무를 넘어 환경 오염 방지와 환경 보전에 더 집중하게 하고자 했다. 이를 달성하기 위해 환경에 미치는 결과에 대한 전체 시스템 차원의 접근법이나 장소에 기반한 접근법으로 환경보호청의 프로그램을 통합하고자 했다.

그러려면 수년간의 입법 정책에 의해 만들어진 문제적인 판단 기준과 고립된 구조에서 벗어나야 했다.

그로부터 4년 뒤, 클린턴 행정부에서 〈대기 오염 방지법〉의 대기환경 기준을 강화하는 데 앞장서기도 했던 캐롤 브라우너(Carol Browner)가 환경보호청의 수장을 새로 맡았다. 브라우너가 이끄는 환경보호청은 당시 〈정부 업무 수행성과법〔Government Performance and Results Act; 미국에서 정부의 업무수행 관리를 개선하기 위해 1993년에 제정된 법―옮긴이〕〉이 통과되면서 다른 방식을 시도할 기회가 상당히 많았음에도, 본래의 문제적인 판단 기준과 고립된 구조로 되돌아갔다. 그러나 같은 기간에 환경보호청 산하의 보스턴 사무소 고위 공무원들은 라일리 전 청장의 통합적인 접근법을 유지하고, 사무소 조직을 개편해서 생태계 보호 부서와 환경오염 및 집행 보호 부서를 만들어 환경오염 방지 접근법을 살렸다. 또 환경에 미치는 결과에 대해 장소를 기반으로 하는 통합적인 접근법을 반영한 성과 관리 시스템을 만들고 도입하여, 필요한 프로그램과 개별적인 성과 측정 기준을 재설계했다. 그들은 워싱턴과 보스턴에 있는 일부 상급자들과 동료들의 강력한 저항에도 불구하고, 단순히 허가와 집행의 수단이 아니라 그 기관의 목적인 환경에 미치는 결과에 초점을 맞추는 것이 공익에 가장 큰 도움이 되는 길이라는 강한 믿음을 품고 이런 활동을 추진했다. 이상적인 상황이라면 두 집단이 단편적이고 시대에 뒤떨어진 법과 정책을 통합 혹은 개선하거나 폐기하고, 장단기적인 공동의 전략 계획과 목표를 수립하며, 사명과 전략적 목표를 위해 기존의 모든 자원을 활용하기 위해 협력했을 것이다.

일반적으로 뜻하지 않은 적수들의 파트너십을 강화하는 열쇠는 양쪽 당사자들에게 파트너십의 잠재적인 이점을 명확히 밝히고, 양측에 의해 유발된 문제들이 의도적인 것이 아니라는 사실을 강조하는 데 있다. 또한 양측이 상대방 집단을 약화시키지 않는 방식으로 각자의 문제를 해결할 수 있게 지원해야 한다.

그 밖의 시스템 스토리

다양한 사회 문제에서 쉽게 확인할 수 있는 그 밖의 다섯 가지 스토리는 표류하는 목표(Drifting Goals), 경쟁하는 목표(Competing Goals), 단계적 확대(Escalation), 공유지의 비극(Tragedy of the Commons), 성장과 투자 부족(Growth and Underinvestment)이다.

표류하는 목표는 의도치 않게 성과가 낮은 쪽으로 흘러가는 상황의 스토리로 부담 떠넘기기의 특별한 사례라 할 수 있다. 장기적으로 근본적인 해결책을 시행하는 것의 가장 쉬운 대안은 시스템의 목표를 낮추는 것이기 때문에 결과적으로 대대적인 투자의 필요성이 줄어든다. 예를 들면 최근 몇 년 동안 극심하게 양극화되는 미국 정치로 인해 연방정부의 기능 자체가 위협을 받는 결과를 한 번 이상 경험했다. 사람들은 돈과 선거 과정이 정치적으로 영향력을 미치는 상황에 이의를 제기하지 않았고 위와 같은 상황을 허용했다. 좀 더 개인적인 의견을 표명하자면, 이 과정에서 잘못된 정치적 언어와 표현들이 만들어 내는 가치에 의문을 품기보다 아이들이 쉽게 듣고 볼 수 있는 음악과 동영상에도 무례한 언어와 상당히 성적인 표현이 쓰이는 현실을 용인하게 됐다(개인적으로 현재 아들이 열 살이어서 이 문제가 특히 절실히 다가온다).

경쟁하는 목표는 두 가지 형태로 나타난다. 상충하는 목표와 다수의 목표다.[25] 상충하는 목표의 경우, 어느 한 가지 조치로 두 가지 서로 다른 목표를 성취한다는 건 불가능하다. 뿌리 깊은 갈등의 경우 적을 물리치겠다는 목표와 평화공존의 목표를 동시에 달성할 수는 없다. 가령 평화적인 두 국가 해법(two-state solution)을 선호하는 이스라엘과 팔레스타인의 목소리는 상대국이 사라지고 대신 자국에 예속되기를 바라는 양국의 극단주의자에 의해 점차 희미해진다.[26] 한편 다수의 목표의 경우는 과부화된다. 너무 많은 목표를 달성하려고 애쓰다 보니 그 어떤 목표도 달성하기 어려운 상태가 된다.

단계적 확대는 의도치 않은 확산에 관한 스토리다. 더 강하게 밀어붙일수록 적수는 더 강하게 반격한다. 흔히 상대방을 지배하거나 상대방에게 복수하려는 노력으로 보기 때문이다. 무력으로 상대방보다 우위에 서려고 하는 군비확장 경쟁과 전쟁은 이런 역학의 예다. 아이러니하게도 단계적 확대는 양측이 상대방의 공격으로 더 많은 피해를 입었다는 것을 증명하기 위한 정체성 기반 갈등에서 발견되는 '희생 의식 경쟁'의 이유가 되기도 한다.[27] 심리학자 테렌스 리얼(Terrence Real)은 사람들이 각자의 공격성을 정당화하기 위해 '피해자의 입장에 서서 압박하는' 경향이 있다는 점을 들면서, 공격성과 피해 의식은 동전의 양면과 같다고 설명한다.[28]

공유지의 비극은 당사자들 중 그 누구도 개인적인 책임을 느끼지 않아서 결과적으로 공동 자원이 고갈되는 것에 관한 스토리다.[29] 이런 스토리는 삼림 자원과 수산 자원을 남용하거나, 물과 공기를 오염시키거나, 귀중한 표토층을 고갈시키는 등의 천연 자원 파괴에서 가장 흔히 나타난다. 이보다 포착하기가 힘든 미묘한 형태로는 조직 내의 한 부서가 중앙에서 관리하는 IT와 같은 특수한 자원을 과도하게 요구해서 이후에 자원의 효율성이 저하하는 경향을 들 수 있다.

성장과 투자 부족은 스스로 만들어 낸 한계에 관한 스토리다. 조직이 모험적으로 충분히 투자하지 않아서 증가하는 수요를 맞추는 데 필요한 생산 능력을 제대로 갖추지 못하는 경우로, 조직의 생산 능력이 새롭게 늘어나는 수요를 따라가지 못해 수요 자체가 증가하지 못할 뿐만 아니라 실은 감소한다. 더욱이 그 조직은 수요가 제한된 상황을 잘못 해석해서, 장기적인 성장을 위해 생산 능력을 확충하는 데 충분히 투자하는 것보다 기존의 보수적인 투자가 타당하다는 신호로 받아들인다. 예를 들어 새로운 소셜 벤처에 자금이 제대로 공급되지 못하는 경우, 꼭 필요한 조직 역량을 키우지 않고 그 대신 직접 서비스를 확장하는 데 투자하는 식으로 투자를 제한하는 경우를 들 수 있다.

1부를 마무리하기 전에, 그 밖의 줄거리를 한 가지 더 짚고 넘어가는 것이 좋겠다. 바로 욕조 유추법으로 알려진 스토리다. 욕조 유추법은 지금까지 소개했던 피드백 관계와 비축량(stock), 혹은 수위(level)나 변수(variable)의 개념에 흐름(flow)의 개념을 덧붙인다. 욕조 유추법은 욕조에 담긴 물의 수위(혹은 대기 중 이산화탄소 수치, 도시의 노숙인의 숫자, 그 지역 내에 있는 감당할 수 있는 수준의 주택 개수 등)가 욕조에 유입되고 유출되는 물의 상대적인 흐름에 의해 조절된다고 설명한다. 욕조에 담긴 물의 수위를 바꾸려면 [그림 4-9]에 나오는 것처럼 물이 들어오고 빠지는 상대적인 속도를 바꿔야 한다.

　욕조 유추법은 〈내셔널 지오그래픽〉에서 2009년 올해의 아이디어로 선정되어 전국적인 주목을 받았다.[30] 이 아이디어를 처음 제시하고 탄소 욕조(Carbon Bathtub)라고 이름 붙인 MIT의 존 스터먼(John Sterman) 교수는 이렇게 설명한다. "사실 단순한 개념이다. 우리가 자연이 배출하는 것보다 많은 이산화탄소를 더 빨리 대기에 쏟아붓는 한 지구의 온도는 상승한다. 그리고 그렇게 유입된 여분의 이산화탄소는 욕조 밖으로 유출되는 데 오랜 시간이 걸린다." 대기 중 이산화탄소 농도를 낮추려면 이산화탄소의 유입을 줄이고 유출을 늘려야 하는데, 지금도 계속되는 경제 성장과 열대 우림 파괴는 그와 반대의 효과를 유발하고 있다. 이 비유는 어처구니 없을 정도로 명백해 보이지만, 스터먼은 비축량(또는 수위)과 흐름을 혼동하는 경향이 "인간의 추론에 만연한 중대한 잘못"이라고 지적했다.

　지금까지 살펴보고 [표 4-1]에 정리된 12가지 시스템 원형(강화 피드백과 균형 피드백을 포함해서)과 욕조 유추법은 더 복잡하고 완전한 스토리의 종점이 아니라 기초를 이룬다. 그러나 쉽게 알아볼 수 있는 이런 흔한 줄거리는 더 복잡한 이슈에 대단히 의미 있는 통찰을 가져다줄 수 있다. 그리고 이렇게 얻은 통찰로 제 기능을 못하는 역학을 바꾸는 데 꼭 필요한 자기 인식을 얻을 수 있을 것이다.

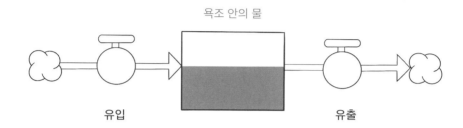

욕조 안의 물

유입   유출

[그림 4-9] 욕조 유추법 욕조 유추법은 시스템 행동을 분석할 때 비축량과 흐름을 이해하는 것이 얼마나 중요한지를 강조한다. 이노베이션 어소시에이츠 조직학습

[표 4-1] 시스템 원형 정리

선순환/악순환	증폭과 강화: 성공이나 재앙을 낳는 과정
균형 프로세스	상쇄: 격차를 줄이려고 노력하는 과정
역효과를 낳는 해결책	의도치 않은 결과: 임시방편의 장기적인 부정적 결과
부담 떠넘기기	의도치 않은 의존: 임시방편에 대한 중독
성장의 한계	예기치 않은 제약: 성장에서의 제한적인 메커니즘
성공한 쪽에 몰아주기	승자독식: 어느 한쪽의 성공으로 인한 다른 쪽의 실패
뜻하지 않은 적수	적이 된 파트너: 당사자들 간의 협력 의지와 관계없이, 어느 한쪽이 다른 쪽의 성공을 저해하는 상황
표류하는 목표	의도치 않은 낮은 성과: 실제 수준과 기대하는 성과 수준의 점진적 감소
경쟁하는 목표	상충하는 목표 또는 다수의 목표: 상충하는 목표를 충족하거나 너무 많은 목표를 성취하려고 애쓰다가 아무것도 성취하지 못하는 상황
단계적 확대	의도치 않은 확산: 어느 한쪽이 더 강하게 밀어붙일수록 다른 쪽이 더 강력히 반발하는 상황
공유지의 비극	전체를 해치는 각 부분의 최적화: 모든 사람이 그 누구의 것도 아닌 자원에서 혜택을 얻는 상황
성장과 투자부족	자기가 만든 한계: 성장하도록 밀어붙이지만, 성장 역량에는 충분히 투자하지 않는 상황

브릿지웨이 파트너스 & 이노베이션 어소시에이츠 조직학습

스토리 배후의 시스템

위의 스토리에서 설명된 원형은 두 가지 핵심 요소인 '어떻게 작용해야 하는지에 대한 사람들의 생각과 추측' 그리고 '어떤 일에 대한 근본적인 의도 또는 목적'에 의해 끊임없이 연속된다. 다르게 말하면 시스템은 사람들이 인식하거나 인정하지 않을지도 모르는 목표를 성취하려고 애쓰고, 그들이 믿는 가정을 입증하려고 애쓰기 때문에 부분적으로는 이런 방식으로 돌아간다.

아이오와주 학생들을 위해 협력했던 사례에서, 각 조직은 해당 범위(주 전체 또는 해당 도시 또는 해당 지역)의 K-12 교육을 개선하기 위해 최선을 다하고 있으며, 교육 성과의 미진함은 각 조직이 아니라 시스템에 있는 다른 조직들 때문에 유발되었다는 근본적인 믿음을 품고 있었다. 각 조직의 목적은 담당하는 지역별 성과를 향상하는 것이었는데, 그렇게 하면 주 전체의 모든 아이들의 성과가 향상될 것이라고 잘못 추측하고 있었다.

교도소 수감자들의 출소 후 적응 문제를 다룬 '출소 후 계획' 사례에서, 활동가들은 범죄율이 줄어드는데도 불구하고 구조적인 인종차별 때문에 범죄자들의 수감률이 계속해서 증가하고 있다고 믿는다. 다른 사람들은 높은 교도소 수감률이 실제로 범죄의 수준을 떨어뜨렸다고 말하면서도 교도소의 수를 계속 늘리는 것의 한계 효과를 고려하면 타당하지 않을 수 있다는 사실에도 주목한다.[31] 활동가들은 엄한 형벌의 근본적인 목적이 유색인과 소수자 집단을 소외시키는 것에 있다고 주장하지만, 많은 선출직 공직자들은 엄한 형벌 덕분에 공공의 안전이 지켜지고 있는 것이라고 주장한다.

시스템 스토리의 이런 줄거리들을 인식할 수 있으면, 다음 단계인 4단계 프로세스를 통해 변화를 관리하는 과정을 알아볼 때 큰 도움이 된다.

4장 정리

- 시스템 구조는 다양한 사회적 이슈에서 반복되는 인식 가능한 줄거리로 요약할 수 있다.
- 시스템 스토리의 주요 동인은 사람들이 사실이라고 추정하는 것과 이에 대한 근본적인 의도다.
- 이런 역학을 바꾸는 방법은 여러 가지가 있다. 첫 단계는 자신이 하는 일이 시스템을 어떻게 지속시키고 있는지 인식하는 것이다.

The Four-Stage
Change Process

4단계 변화 프로세스의 개요

2006년 여름, 마이클 굿맨과 나는 인구가 10만 명인 미시간주 칼훈 카운티의 리더들이 노숙 문제 해결을 위한 10년 계획을 수립하는 과정을 지원했다.[1] 연방·주·시 정부 관료과 기업 경영자, 사회 서비스 제공자, 노숙인에 의해 만들어진 이 합의문은 문제 해결을 위해 필요한 조치를 둘러싼 갈등과 무력한 대응이 수년 동안 이어진 끝에 나왔다. 이 계획은 지역사회가 앞으로 임시 보호소나 다른 긴급 대응 정책의 역할을 어떻게 볼 것인가에 대한 패러다임 전환을 예고했다. 이제 사람들은 임시방편을 노숙 문제 해결책의 일부가 아닌 노숙을 뿌리 뽑는 데 방해가 되는 주요한 걸림돌 중 하나로 보게 됐다.

주 정부의 자금을 기반으로 사무처장과 여러 부문에 걸친 위원회가 구성됐다. 이전에는 독립적으로 업무를 추진하고 재단과 정부의 자금을 받기 위해 서로 경쟁했던 여러 기관들이 새로운 방식으로 일하기 위해 힘을 모았다. 예를 들어 위원회는 노숙인들에게 임시 주거지를 제공하는 기관의 프로그램에 배정된 미국 주택도시개발부(Housing and Urban Development) 자금을 다른 기관의 영구 지원 주택 프로그램에서 사용할 것을 만장일치로 결정했다. 기획 과정을 주재한 제니퍼 벤틀리(Jennifer Bentley)는 "이 경험을 통해 시스템의 어느 한 부분을 바꾸는 것과 시스템 전체적인 변화를 이끄는 것에 어떤 차이가 있는지를 배웠다"고 말했다. 이 계획의 첫 6년인 2007년부터 2012년 사이에, 칼훈 카운티는 노숙인을 위한 지원주택을 확보하는 놀라운 일을 해냈다. 2008-2009년의 경제 침체가 있었는데도 말이다. 이 기간에 실업률은 34퍼센트나 증가하고 강제 퇴거가 7퍼센트나 증가했음에도, 노숙은 14퍼센트가 줄었다(1,658명에서 1,419명으로 감소했다).[2]

　시민들의 삶의 질 향상을 목표로 하는 공공 계획의 대다수가 기대에 미치지 못하는 현실에서 이 계획은 어떻게 그토록 큰 성공을 거뒀던 걸까? 지역 재단들과 협력 기관들은 실행을 위한 두 가지 중요한 개입 지점을 하나로 합했다. 노숙인과 관계를 맺는 주요 세 분야의 리더들이 이를 해결하기 위한 상황을 주도하는 적극적인 공동체를 구축하는 것과, 이해 당사자들이 노숙이 지속되는 이유와 이를 해결하기 위한 레버리지 포인트를 이해할 수 있도록 시스템을 분석하는 것이었다. 이 접근법에는 사람들이 체계적으로 회의하도록(convening) 촉진하는 일반적인 과정(이를테면 전체 시스템에 관련된 사람이 한데 모이는 것)에 더해 이해 당사자들이 당장의 이익만을 따지는 것을 넘어 전체 시스템을 체계적으로 생각하게 하는 도구가 결합되어 있었다.

시스템적으로 회의하고 생각하기

이 책의 2부는 시스템적으로 회의하고 생각하는 과정을 4단계 변화 프로세스로 통합하는 법을 다룬다. 마이클 굿맨과 나는 시스템 사고는 처음이지만 이를 활용하여 시스템 변화를 이끌 수백 명의 조직 리더와 실무자들과 작업한 경험을 바탕으로 이 접근법을 개발했다. 또한 이 접근법은 실무나 성과 개선 차원에서 시스템 사고를 접목하는 데 관심이 있는 사람도 활용할 수 있다.

　사회 변화를 꿈꾸는 리더들은 비영리, 공공 및 민간 부문을 대표하는 여러 이해 당사자를 소집하고, 문제를 해결하는 데 있어 당사자들 모두에게 영향을 끼치는 쟁점을 중심으로 해결책을 모색한다. 지난 25년 동안 분야 전반에 걸쳐서 이해 당사자 간의 커뮤니케이션을 증진하기 위한 퓨처 서치(Future Search), 오픈 스페이스 테크놀로지(Open Space Technology), 월드 카페(World Café)와 같은 회의 기법이 새롭게 개발되었다.[3] 이런 방법은 개별적인 행사에서 일회적으로 조직되는 경우가 많았다. 그 밖에도 2장에서 언급했던 컬렉티브 임팩트, U 이론(Theory U), 소셜 랩스(Social Labs), 지속 가능한 환경을 만들기 위한 협업 파트너십 등의 새로운 프로세스도 등장했다.[4]

마이클과 나는 시스템 사고가 이와 같은 여러 접근법을 강화하는 역할을 한다는 사실을 알게 됐다. U 이론을 만든 오토 샤머(Otto Scharmer)가 '집단 감지 메커니즘(collective sensing mechanism)'이라고 부른 원리 덕분에 이해 당사자들은 각자의 부분을 넘어 시스템의 더 큰 그림을 볼 수 있게 됐다. 그리고 이를 통해 각자가 시스템에 보탬이 되기만 하는 것이 아니라 자기도 모르게 시스템의 성과를 저해할 때도 많다는 사실을 깨닫고 더 효과적으로 생각하고 행동할 수 있다.

4단계 변화 프로세스

우리는 피터 센게의 《학습하는 조직》에서 소개한 '창조적 긴장(creative tension)' 모델을 기반으로 4단계 변화 프로세스를 만들었다.[5] 이 4단계 모델은 사람들이 원하는 것과 현재 처한 상황 사이의 차이를 설정해서 변화에 필요한 에너지를 동원해야 한다고 제안한다([그림 5-1] 참조). 사람들이 각자 원하는 것에 대한 비전을 품은 채로 자신이 현재 있는 위치를 명확히, 솔직하게 인식한다면, 원하는 것과 현재 상황 사이의 긴장은 그들이 원하는 쪽으로 해소될 수 있다. 이 원칙은 개인 차원과 집단 차원 모두에서 적용된다.

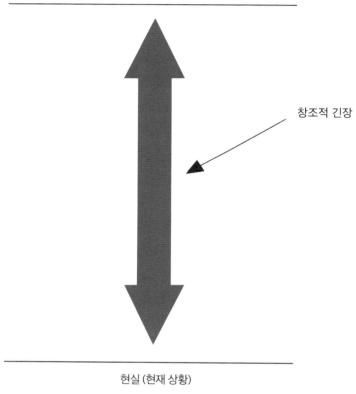

[그림 5-1] 창조적 긴장 설정하기 변화에 필요한 에너지는 원하는 것과 현재 상황 사이의 긴장에서 만들어진다. 이노베이션 어소시에이츠 조직학습

집단 차원에서는 공동의 열망(공유하는 비전, 사명, 가치관으로 나타난다)과 현재 처한 상황, 그리고 상황이 만들어진 이유에 대해 공동의 이해를 갖게 된 사람들이 창조적 긴장을 형성해 목표를 실현하는 방향으로 문제를 해결하려고 한다. 이해 당사자는 그들이 빙산 꼭대기에 있다는 사실(예: 노숙자 보호소를 더 만들어야 한다는 압박감을 느끼는 것)에는 보통 동의하지만, 모든 이해 당사자에게 영향을 주고 또 영향을 받는 근본적인 시스템 구조(노숙 문제를 임시 보호소만으로 해결하려고 하는 것)는 잘 알아보지 못한다. 문제를 해결하기 위해서는 지금과 같은 현실이 왜 존재하는지에 대한 공동의 이해를 반드시 발전시킬 필요가 있다.

사람들이 원하는 것에 대한 전망뿐 아니라 현실에 대한 심층적 수준의 전망을 다 같이 공유하면 이해 당사자들은 단순히 각자의 역할이 아닌 전체 시스템에 대한 그들의 책임을 알 수 있다. 그렇게 되면 사람들이 '내 몫을 다하고 전체의 목표를 이룰 수 있도록 하겠다'고 거리낌 없이 약속하는 정돈된 마음가짐을 얻게 된다. 예를 들어 그들은 노숙인 보호소를 새로 만드는 데 투자하는 것이 과연 옳은지 의문을 품고, 그 대신 영구적이고, 안전하고, 저렴한 지원주택에 대한 투자를 늘리는 데 힘을 실을 수 있다.

그래서 우리는 창조적 긴장 모델을 다음과 같은 4단계 변화 프로세스로 확대했다. 이 과정에서 이해 당사자들은 다음과 같은 과정을 밟는다.

1. 변화의 기반을 닦고, 변화를 위한 준비가 어느 정도 되어 있는지 확인한다.
2. 빙산의 모든 단계에서 현재 상황을 명확히 하고, 지금의 상황에 대한 각자의 책임을 이해하고 수용한다.
3. 이루고자 하는 공동의 목표에 도움이 되는 명확한 선택을 내린다.
4. 영향력이 큰 개입 지점에 집중하고, 필요한 이해 당사자들을 지속적으로 참여시키고, 실행을 통해 배우면서 목표와 현실의 격차를 해소해 나간다.

이 과정은 [그림 5-2]에 정리되어 있다.

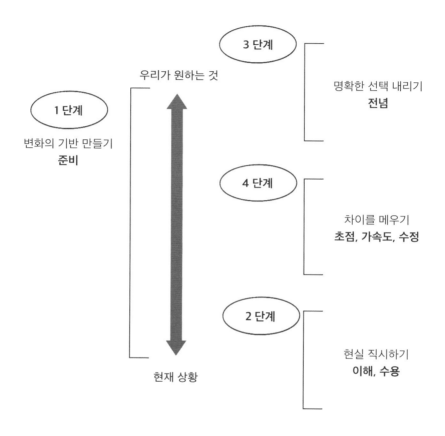

[그림 5-2] 시스템 변화를 이끄는 4단계 4단계 모델은 시스템 변화를 이끄는 명확한 절차를 제시
한다. 브릿지웨이 파트너스 & 이노베이션 어소시에이츠 조직학습

1단계

1단계는 변화의 기반을 다지는 데 목적을 둔다. 이 단계에서 도출하고자 하는 결과는 변화에 필요한 집단적 준비를 갖추는 것이다. 1단계에는 다음 세 가지 과정이 포함된다.

- 주요 이해 당사자를 참여시킨다. 이해 당사자의 범위를 파악하고, 그들을 개인적으로나 집단적으로 참여시킬 전략을 설계하는 과정이 포함된다.
- 성취하려는 목표와 현재 상황에 대한 그림을 가장 처음으로 그려 보면서 공동의 기반을 세운다. 이 시점에서 이상적인 결과에 대한 초기의 비전, 그리고 현재 어떤 활동이 효과가 있고 효과가 없는지를 개괄적으로 정리해 두면 유용하다.
- 협업 능력을 키운다. 어려운 문제에 대해 체계적으로 생각하고 생산적인 대화를 이끌어가는 능력과 현실에 책임지는 능력을 개발하는 과정이 포함된다.

칼훈 카운티 프로젝트에서는 노숙 문제 해결을 위한 10년 계획을 세우면서 노숙인들뿐만 아니라 공공, 민간, 비영리 부문의 리더들을 한데 모았다. 모인 사람들은 공동의 비전을 정하는 데 참여했고, 프로세스 초반에 생산적인 대화와 시스템 사고 도구를 접했다.

2단계

2단계는 현실을 직시하도록 돕는 데 목적을 두며 무슨 일이 왜 일어나고 있는지에 대한 인식을 공유하고 (비록 전혀 의식하지 못하고 행한 일이더라도) 이런 현실을 만든 데 대한 책임을 이해 당사자가 받아들이도록 한다. 이 정도 시점에서 이상적인 미래를 한층 명확하고 구체적으로 그려야 하는 건 아닐까 싶겠지만, 마이클과 내가 연구와 경험을 통해 발견한 것은 그와 다르다. 이 단계에서 현실을 더 깊이 파고들어 조사할수록 우선 현재의 위치를 이해하고 이해 당사자들의 바람을 더 정확히 반영할 수 있다. 오토 샤머는 MIT 명예교수 에드 샤인(Ed Schein)과의 공동 연구 결과를 바탕으로, "리더십의 주요한 역할은 사람들이 직면하고 규정하는 현실을 이해하고 충실히 이를 처리하도록 개별 구성원과 시스템의 능력을 강화하는 것"이라고 말했다.[6]

2단계의 과제는 다음과 같다.

- 현재 상황에 도달하기까지의 과정을 알아보기 위해 누구를 인터뷰해야 할지, 그리고 어떤 질문을 해야 할지 정한다.
- 정보를 체계화하고 정보의 질을 개선해 나간다.
- 여러 요인이 장기간에 걸쳐 상호작용하면서 목표를 어떻게 뒷받침하거나 저해하는지 확인하는 사전 시스템 분석을 진행한다.
- 사람들이 각자의 분석을 최대한 많이 내놓을 수 있도록 참여시킨다.
- 사람들의 행동 방식에 영향을 주는 멘탈 모델을 표면화한다.
- 인식, 수용, 대안을 촉진하는 대화를 조성한다.

마이클과 나는 노숙인들과 세 부문(비영리, 공공, 민간 부문)의 리더 50명을 인터뷰하고, 소규모 설계 위원회와 함께 내용을 점검하면서 초기 시스템 지도를 개발한 뒤에 수정 과정을 거쳐서 분석 결과를 더 넓은 범주의 운영 위원회와 공유했다.

3단계

3단계는 진정으로 원하는 것을 위해 명확한 선택을 내릴 수 있도록 사람들을 이끄는 데 목적을 둔다. 이 단계에서 도출하고자 하는 결과는 사람들이 이익뿐 아니라 치러야 할 비용에 대해서도 충분히 인식한 상태에서 원하는 목표에 의식적으로 전념하는 것이다. 이런 결과를 얻기 위해서는 이해 당사자가 다음과 같이 행동하도록 도와야 한다.

- 2단계에서 밝혀진 현재의 상태를 옹호하는 목소리(예: 효력 있는 긴급 지원 같은 단기적 이득과 그런 조치의 시행으로 얻는 즉각적인 만족감)가 무엇인지 확인하고, 변화에 필요한 비용(예: 시간, 돈, 노력에 장기적으로 투자해야 할 필요성)은 무엇인지 알아본다.
- 이것을 1단계에 묘사된 변화 옹호론(변화에 따른 이득과 변화에 필요한 비용)과 비교한다.
- 양쪽의 이익을 모두 달성하는 해결책을 만들거나, 어렵겠지만 두 가지 사이를 절충하겠다는 의지를 만들어 낸다.
- 사람들은 근원적으로 이루기를 바라고 원하는 비전이 현실이 되도록 하기 위한 명확한 선택을 내리고 그것을 구현한다.

칼훈 카운티 10년 계획의 중대한 전환점은 현재의 시스템이 노숙 문제에 대처하는 사람들에게 도움이 되도록 완벽히 설계됐지만 실제로 그들이 시스템을 운영하는 방식은 노숙 문제를 해결하겠다는 명백한 목표를 오히려 저해하고 있다는 사실을 깨달은 순간이었다.

4단계

4단계는 사람들의 열망(3단계에서 선언한 목표)과 그들이 현재 처해 있는 상황(2단계에서 명확히 파악한 현실) 사이의 격차를 메우도록 돕는 데 목적을 둔다. 마지막 단계인 4단계에는 레버리지 포인트를 찾고 지속적인 학습과 참여 확대를 위한 프로세스를 확립하는 과정이 포함된다.

구체적으로 다음과 같은 과제를 수행한다.

1. 공동체의 조언을 받아 효력이 큰 방안을 제안하고 개선한다. 그 안에는 다음과 같은 활동이 포함된다.

a. 현재 시스템이 작동하는 방식에 대한 사람들의 인식 높이기

b. 인과적 피드백 관계의 '배선 바꾸기(rewire)'

c. 멘탈 모델 바꾸기

d. 업데이트된 목표와 계획, 측정 기준, 인센티브, 지휘 구조, 자금 지원을 통해 선택된 목적 강화하기

2. 다음과 같은 활동을 포함한 지속적인 학습과 지원 프로세스를 확립한다.

a. 지금껏 참여했던 이해 당사자들을 꾸준히 참여시키기

b. 시범 사업을 장기적인 로드맵의 일부로 통합하는 시행 계획을 세우기

c. 새로운 목표와 측정 기준에 기초해서 모은 자료를 다듬기

d. 기존의 이해 당사자들에게서 조언을 받아서 계획을 정기적으로 평가하고 수정하기

e. 추가 자원을 이용하고 효과 있는 부분을 확대해서 이해 당사자의 참여를 확대하기

칼훈 카운티의 사례에서는 함께 찾은 레버리지 포인트를 10년 계획의 목표로 삼았고 실행에도 함께 참여했다. 노숙 문제 해결을 위해 더 넓은 범주의 사람들을 참여시킬 때, 경제 개발, 적정 가격의 주택, 위탁 보호, 형사사법 제도를 담당하는 사람들이 이해 당사자로 참여했다.

전체 프로세스가 네 단계로 나뉘고 각 단계에 수행할 과제들에 번호가 붙어 있지만, 그렇다고 프로세스 자체가 꼭 선형적인 것은 아니다. 이에 대해서는 각 단계의 과제를 계획하는 후속 장에서 자세히 알아볼 것이다. 4단계에서 얻은 교훈은 지속적이고 순환적인 과정에서 새로운 1단계의 피드백을 제공한다. 프로세스에 충분한 시간을 들이는 것이 아주 중요하다. 이 경우 두 지점은 원형으로 연결된다.

5장 정리

- 시스템으로 사고하는 데 도움이 되는 도구와 다양한 이해 당사자를 모을 방법을 통합하여 시스템 변화를 주도하는 능력을 개선할 수 있다.
- 이 두 가지를 결합하는 검증된 접근법 중 하나는 시스템 사고의 힘을 명시적으로 활용하는 4단계 변화 프로세스이다.
- 4단계 변화 프로세스는 변화의 기반 만들기, 현실 직시하기, 명확한 선택 내리기, 격차 메우기를 포함한다.
- 이 단계들에 대해서는 6장에서 10장에 걸쳐서 자세히 설명할 것이다.

변화의 기반 만들기

노숙 문제를 해결하고, K-12 교육을 강화하고, 지역 주민들의 건강을 개선하는 것과 같은 중요한 사회 문제를 해결하기 위해 지역사회의 이해 당사자들을 참여시킨다고 상상해 보자. 누구를 어떻게 불러모을지 파악하고, 참가자들 사이의 공동의 기반을 확립하고, 서로 협력하도록 지원하고 싶어진다.

이제는 첫 모임에서 사람들이 서로 다른 두 가지 의제를 가지고 나왔다고 상상하자. 하나는 문제를 다루는 공동의 의제이고, 다른 하나는 시스템에서 각자가 속해 있는 부분을 최적화하는 개별적인 의제다. 노숙 문제 해결을 위한 활동인 '당신의 빈곤을 우리에게(Give US Your Poor)'의 존 맥가(John McGah)와 나는, 일반적인 노숙인 지원 연합 회의 참가자들을 위한 두 가지 의제를 구별하기 위해 [표 6-1] 을 만들었다.

서로 다른 관심사와 관점을 갖고 있는 상황에서 어떻게 하면 변화의 확고한 기반을 구축할 수 있을까? 처음부터 적합한 사람들을 초대하고, 공동의 기반을 확립하고, 함께 일할 능력을 키우기 위해서는 어떻게 해야 할까?

[표 6-1] 노숙인 지원 연합 회의 참가자

역할	추구하는 목적	숨은 우선순위
선출직 공직자	지원 서비스 및 일자리와 더불어 지원주택을 제공하는 것이 중요하다	시간이 오래 걸리고 비용이 많이 든다; 지역사회에는 더 긴급한 다른 쟁점들이 있다; 얼마 안 남은 선거에서 재선되어야 한다
비즈니스 리더	노숙인 모두에게 쉼터가 제공되어야 한다	우리의 주된 관심은 비즈니스에 방해가 되는 시내의 노숙인들이다
노숙인 쉼터 책임자	비와 추위를 피할 곳을 제공하는 것은 인도적인 행위다	노숙인 쉼터의 수용 인원이 늘어날수록 지원받는 돈이 더 많아진다
노숙인 보건서비스 책임자	노숙인에게는 응급실 이외의 기본적인 보건서비스가 필요하다	자금은 제한되어 있고, 지원을 받기 위해서는 다른 서비스 제공자들과 경쟁해야 한다
지원주택 옹호자	모든 사람에게는 영구적으로 거주할 수 있는 주택이 우선적으로 필요하다	주택 비용을 감당할 수 있고 복잡한 요구 사항은 없는 사람들을 끌어들여야 한다
자금 제공자	노숙인을 돕는 데 전념한다	이사회에서는 결과를 당장 보여 주고 싶어 한다
관심 있는 시민	노숙인이 되는 사람이 생기지 않아야 하며, 쉼터는 인도적인 해결책을 제공한다	노숙인이 우리 집 근처에 사는 건 싫다; 세금은 더 긴요한 문제에 사용되어야 한다
노숙인	지원주택은 지속적인 안전을 준다	내가 사는 곳은 노숙인들이 모여 사는 동네; 내가 과연 주류 사회에 편입될 수 있을지 모르겠다

브릿지웨이 파트너스 & 당신의 빈곤을 우리에게

주요 이해 당사자를 참여시키기

주요 이해 당사자란 해당 문제에 영향을 주고 받는 사람과 조직을 말한다. 해당 활동에 특정한 역할로 기여할 수 있는 사람, 혹은 그가 참여하지 않으면 일의 방향이 틀어질 수 있는 사람이 이해 당사자에 포함된다. 넓게 생각하면 지역사회나 특정 범위의 주민들의 관심을 대변하는 비영리단체, 사회 정책 개발이나 시행을 담당하는 정부 기관, 사법 기관, 의료 서비스 제공자, 학교, 경제 개발에 미치는 영향에 관심 있는 기업체, 언론, 문제의 당사자 등이 참가자에 포함될 수 있다. 시스템의 혁신은 다양성에 달려 있기 때문에 다양성이 핵심이다.

핵심 이해 당사자를 참여시키려면 재단이나 지역사회 차원의 위원회 등 소집 기관이나 단체가 적극적으로 참여해야 할 사람을 명확히 한 뒤, 그들이 함께 일할 수 있는 전략을 세워야 한다. 다음과 같은 집단의 핵심 구성원들이 포함되면 좋다.

- 관련 쟁점과 기회에 관심이 많은 주요 유권자를 대표하는 주요 의사 결정자 및 후원 기관의 임원
- 관련 쟁점에 개인적인 열정이 있는 활동가
- 환자, 학생, 노숙인 등 현재 시스템에서 발언권이 거의 없거나 아예 없는 최종 수혜자
- 전문 컨설턴트나 퍼실리테이터

이해 당사자 지도(stakeholder map)는 참여 프로세스를 안내하고 참여를 확대하기 위해 사용하는 간단한 도구다([표 6-2] 참조). 예를 들어 노숙 문제를 해결하기 위해 이 도구를 사용한다면, 첫 번째 세로 칸(이름)에는 이 쟁점에 영향을 주거나 받기 때문에 포함해야 할 단체나 개인을 적는다. 두 번째 칸(현재 지지도)에는 각 이해 당사자가 새로운 현실을 만드는 데 얼마나 보탬이 되고 있는지를 잘 생

[표 6-2] 핵심 이해 당사자 분석

이름	현재 지지도 (-3 to +3)	희망 지지도 (-3 to +3)	동기 부여 요인	당신이 할 수 있는 일

브릿지웨이 파트너스 & 이노베이션 어소시에이츠 조직학습

각한 뒤에 -3에서 +3 사이의 점수를 매긴다. -3은 노숙 문제를 해결하려는 노력을 가로막을 동기가 크다는 것을, 0은 중립을, +3은 노숙 문제를 해결하는 데 앞장설 의욕이 충만하다는 것을 보여 준다.

세 번째 칸(희망 지지도)에는 노숙 문제를 해결하는 과정에 각 이해 당사자가 어떻게 참여하기를 바라는지 적는다. 가령 사람들을 현재 -3(노력을 가로막음), -2(강력하게 반대함) 또는 -1(약간 반대함)에서 조금 더 중립적인 0의 위치로 움직이게 하고 싶을지 모른다. 혹은 현재 중립적인 위치에 있는 집단이 +1(약간 지지함) 또는 +2(강력하게 지지함) 기여자가 되도록 동기를 부여하고 싶을 수도 있다. 공식적인 리더의 역할을 맡을 조직은 여러 부문의 리더들이 참여한 이사회 형태의 기관이나 그룹 중 하나로 정하는 것이 도움이 된다. +3의 역할을 하는 이해 당사자 단체 중에서 이런 기관이 있는지 찾아본다.

네 번째 칸(동기 부여 요인)에서는 이해 당사자를 세 번째 칸에서 적은 수치만

큼 지지하도록 만드는 동기 부여 요인을 명확히 밝힌다. 어떤 요인은 대다수의 이해 당사자에게 적용되지만, 어떤 요인은 특정 집단에만 적용된다. 그리고 변화에 저항하는 요인이 기술적, 정치적, 문화적인 특성 중 어떤 것에 해당하는지 명확히 밝힌다. 다섯 번째 칸(당신이 할 수 있는 일)에는 각 이해 당사자의 동기 부여 요인에 따라 이들을 어떻게 참여시키고자 하는지를 적는다. 어떤 집단은 개인적인 지원 활동을 통해 참여하는 것이 최선이지만, 어떤 집단은 지역사회 규모의 연합을 통해 참여하는 것을 더 반길 수도 있다. 사람들이 변화에 저항하더라도 여전히 몇 가지 방법이 있다는 사실을 염두에 두자. 그들이 걱정하는 부분을 직접 다루면서 정당성을 부여할 수도 있고, 다른 사람들을 통해 그들에게 영향을 미칠 수도 있고, 그들을 프로세스의 핵심적인 단계에 참여시키거나 아니면 그들을 피하면서 일할 수도 있다.

단체 모임의 형태는 쟁점의 성격에 따라 달라진다. 아이오와주 아이들을 위한 프로젝트의 경우, 교육부와 지역교육지원청의 핵심 리더들은 양쪽 기관이 모인 더 큰 집단의 대표자 집단을 소집하고, 나중에 새로운 협업 프로세스를 개발하는 과정에 지역 학군이 참여해야 한다는 사실이 명확해지자 지역 학군의 대표자들도 불러들였다.

노숙 문제 해결을 위한 활동 사례에서는 주택도시개발부가 해당 지역의 노숙인 문제를 해결하기 위해 규정한 조정 기구인 COC(Continuum of Care)를 구성하는 개인과 단체도 논의의 장에 참여할 가능성이 높다. 쉼터와 주거뿐 아니라 노숙 문제에 영향을 미치고 영향을 받는 관련 서비스(예: 아동복지, 형사사법, 보건, 교통, 교육)를 제공하는 사람들도 반드시 고려해야 한다. 곧바로 눈에 들어오지 않을지 모르지만 이 과정에서 대단히 중요한 사람들이 있다. 사업가들이다. 이들은 지역사회의 경제적 건전성과 영향을 주고받으며, 경제적 건전성은 노숙에 영향을 미친다. 또 도시, 카운티, 주, 연방 차원의 공무원도 마찬가지로 중요하다. 노숙과 관련된 자금의 흐름과 정책에 영향을 주기 때문이다. 그리고 대상자인 노숙인 스스로도 중요하다. 그리고 언론을 어떻게 참여시키고 이 쟁점에 대한 시민들의 의견을 어떻게 담아낼 것인가를 고려하는 것도 매우 중요하다.

주최자는 이렇게 넓은 차원의 이해 당사자 집단에서 발생하는 여러 복잡한 문제를 해결해야 한다.

- '출소 후 계획'에서 진행했던 회의와 같은 일회성 모임은 장기적인 프로세스에 비해 대체로 효과가 덜하다. 대면 활동 프로세스는 관리하는 데 돈이 많이 들며, 특히 사람들이 전국적으로나 세계적으로 흩어져 분포할 때는 더욱 그렇다. 하지만 발전된 통신 기술을 활용한 온라인상의 활동으로 보완할 수 있다. 기술로 전반적인 비용을 절감하고, 대면 활동에 통신을 이용한 온라인상의 협력 작업을 결합하면, 집단 전체의 관심을 유지하는 이점이 생긴다.

- 사람들에게 기존 시스템에 대한 개혁안을 제안하라고 요구하면 결과적으로 스스로가 문제의 일부가 아니라고 생각하게 만든다. 시스템 사고는 각자가 어떻게 문제의 일부인지를 인식하게 만들어서 역설적으로 효과적인 해결책을 만드는 능력을 키운다.

- 개혁을 원하는 사람들은 영향력은 있지만 현 상태를 대변하고 무능함으로 변화를 만들지 못하는 이해 당사자들을 종종 탓한다. 일부는 실제로 변화에 저항하기도 한다. 그런 저항을 받아들이며 작업해 나가는 방법은 여러 가지가 있다. 예를 들어 그들이 걱정하는 부분을 직접 다루고 정당화하며, 다른 사람을 통해서 압박하고, 프로세스의 가장 중요한 부분에 그들을 참여시키는 등의 방법을 들 수 있다. 대안적인 방법으로는 비록 이 책에서 중점을 두는 부분은 아니지만, 그들을 피해가면서 활동하거나 아니면 정치적 지지, 적극적인 이의 제기, 수정 법안의 법제화와 같은 더 많은 행동주의적 전략을 사용해야 할지도 모른다.

공동의 기반 마련하기

공동의 기반 마련하기에는 한자리에 모이는 이유에 대한 사람들의 초기 인식, 나아갈 방향에 대한 공동의 의식, 당면한 현실의 몇 가지 주요 측면에 대한 합의를 진전시키는 과정이 포함된다.

아이오와주 교육 사례에서 사람들이 한데 모이게 된 계기는 공동의 우려 때문이었다. 지난 10년간 개혁 정책을 시행했지만 학생들의 학업 성취도는 아이오와주의 높은 기준이나, 다른 주와 다른 국가 학생들의 성취도와 비교했을 때 상대적으로 상승하지 않았다. 한편 열린사회연구소는 형사사법 제도를 개혁하려는 활동가들의 대대적인 노력에도 불구하고 교도소 수감률과 재범률이 계속해서 그토록 높게 유지되는 이유를 명확히 알아내기 위해서 '출소 후 계획' 회의을 소집했다. 칼훈 카운티에서는 지역사회에서 노숙 문제를 해결하기 위한 10년 계획에 주 정부의 자금 지원을 받을 수 있는 기회를 활용하기 위해 지역의 리더들이 모였다.

모여야 하는 이유를 일치시키고 확고히 하는 데 유용한 도구 중 하나는 초점 질문(focusing question)을 찾는 것이다. 초점 질문은 시스템 분석의 경계를 규정하는 데 도움이 된다. 모든 것은 궁극적으로 다른 모든 것과 연결되어 있기 때문에 초점 질문이 있으면 복잡하고 만성적인 문제의 근본 원인과 관련해서 다채로우면서도 손에 잡히는 수준의 통찰을 얻을 수 있다. 초점 질문은 '어째서 최선을 다했음에도 불구하고 특정 목표를 달성하지 못하거나 특정 문제를 해결하지 못하는 경우가 그렇게 많은가?'라고 묻는다. '어째서(why)'라는 질문은 본질적이다. 근본 원인을 파헤치도록 이끌기 때문이다. 반면 '어떻게(how to)'라는 질문은 보통 제대로 이해하지 못하는 문제에 대한 해결책을 실행하도록 유도한다.

초점 질문은 시스템 지도의 역설을 드러낸다. 시스템 지도의 목적은 전체 시스템의 구조를 알아내는 것이 아니라 초점 질문에 답하는 것에 있다. 전체 시스템의 구조를 알아내는 과정은 포괄성이라는 이름으로 혼란과 마비를 일으키는 무한한 작업이 될 수도 있지만, 초점 질문에 답하는 과정은 실행 가능한 통찰을 이끌어 내는 한정된 목표를 제시한다.

공유할 방향성을 만드는 데는 이해 당사자들을 대표해서 소집된 사람들이 집단의 임무, 비전, 가치를 명확히 밝히는 과정이 포함된다. 예를 들면 내 동료인 캐서린 저커는 '아이오와주 아이들을 위한 협력' 프로젝트를 위해 모인 집단이 '파트너십의 특징'과 '함께 만들어 갈 미래'를 규정하도록 도왔다.[1] 그 특징은 함께하는 사람들의 임무와 핵심 가치였다. 그들은 원하는 미래를 비전 선언문과 최종 결과에 대한 상세한 그림을 그리는 것으로 설명했다. 그들이 그린 자세하고 다채로운 그림은 '비전을 달성하면 아이오와주에는 어떤 변화가 생기고, 그 변화는 어떤 결과를 가져올 것인가?'라는 두 가지 질문에 대한 답을 담고 있었다.

칼훈 카운티의 노숙 문제를 해결하기 위한 10년 계획에 참가한 사람들은 그들의 비전을 이렇게 요약했다.

- 칼훈 카운티에서 만성적인 노숙 문제를 줄이기 위한 포괄적이고 통합적인 실행 계획을 수립한다.
- 봉사자, 노숙인, 후원자, 지역사회 리더들이 노숙 문제를 해결하기 위한 지역사회 전반의 노력과 힘을 합하는 강력히 연합을 구축한다.
- 노숙 문제를 해결하기 위한 협력과 팀 접근 방식을 촉진하는 시스템을 개발한다.

첫 번째 단계에서 비전을 그리는 데 드는 시간에 영향을 미치는 요인에는 여러 가지가 있다. 캐서린은 이해 당사자 사이의 관계가 아주 허술하거나 사람들이 현재 상황을 너무 버겁게 느껴서 창의력을 발휘하지 못할 때, 상황을 더 깊이 조사하기 위해 비전을 확고히 정하는 시간을 사전에 할애하는 것도 도움이 될 수 있다고 지적한다. 반면 사람들이 현재 벌어지는 일들과 단절되어 있다고 느끼거나 '당연한' 해결책을 실행하지 못하는 것에 좌절해 있으면, 2단계로 빨리 넘어가는 편이 좋다.

공동의 기반을 마련하는 마지막 단계는 비전과 대비되는 현실의 주요 측면을 집중 조명하는 것이다. 칼훈 카운티의 지역사회 리더들은 그들의 비전을 당시의 상황과 대조해서 다음과 같은 사실을 확인했다.

· 여러 중요한 측면에서 작업 중인 단체들이 많지만 조금 더 강력한 조직적 접근 방식이 필요하다.
· 노숙에 관한 내용을 알릴 대중적인 교육 기회가 많지 않다.
· 현재의 연합은 관련된 주요 서비스를 제공하는 사람들로 구성됐을 뿐, 지역사회, 주민, 자금과 관련된 지원은 연합에 포함되어 있지 않다.
· 다른 단체들이 제공하는 서비스를 모든 사람이 알고 있는 것은 아니다.

빙산 모델을 활용해서 현실을 여러 수준에서 조명할 수 있다.
· 1단계 수준: 사람들이 단합하려는 욕구를 불러일으켰던 중요한 이벤트(예: 칼훈 카운티가 노숙 문제를 해결하기 위해 한때 주 정부로부터 일회적으로 자금을 지원받았던 것).
· 2단계 수준: 장기적으로 나타나는 핵심 요인의 상대적 변화(예: 범죄율이 감소하는데도 불구하고 교도소 수감률이 증가하는 것)
· 3단계 수준: 쟁점이나 문제에 영향을 미치는 중요한 압력, 정치, 힘의 역학 (예: 형사사법 제도를 개혁하려는 노력에 구조적 인종차별이 미치는 영향)
· 4단계 수준: 근본적인 추측이나 멘탈 모델(예: '사람들이 노숙인이 되고 싶어 한다', '시스템이 아니라 개인이 문제다')

처음부터 공동의 방향과 대조적인 현실을 진술하면 협력을 위한 맥락을 만들고, 창조적 긴장을 확립해 변화의 강력한 기반을 마련하는 데 도움이 된다.

협업 역량 구축하기

튼튼한 기반을 쌓기 위한 마지막 요소는 사람들이 서로 협력하는 역량을 기르는 것이다. 이 단계에서는 이런 역량을 도입하는 것이 중요하다. 시스템을 최적화하려면 추측하는 것처럼 각 부분을 최적화할 것이 아니라, 각 부분 사이의 관계를 개선해야 하기 때문이다. 또 시스템 전체를 개선하려면 가능한 시의적절하고, 정확하고, 완전한 정보를 사람들이 부담 없이 공유할 수 있어야 한다.

개발해야 하는 역량 중에는 시스템적으로 생각하는 능력도 있다. 시스템 사고 언어를 사용하면, 더 큰 그림을 보는 능력과 그런 그림을 염두에 두고 말하는 능력이 향상된다. 책 앞부분에서 다뤘던 다음과 같은 원칙과 도구들을 이 단계에서 도입하면 특히 큰 도움이 될 수 있다.

- 좋은 의도만으로는 충분하지 않다
- 실패한 해결책의 특성
- 관습적인 사고 대 시스템 사고
- 빙산 모델
- 강화 피드백과 균형 피드백
- 시간 지연
- 흔히 나타나는 시스템 원형

사람들이 어렴풋하게라도 흔히 역효과를 내는 방식으로 서로 연결되어 있다는 것을 이해하면, 단순히 각자가 맡은 부분이 아니라 더 큰 그림을 인식하기 시작한다.

두 번째 역량은 어려운 쟁점을 중심으로 생산적인 대화를 발전시키는 능력이다. 장님과 코끼리의 비유에서 보았듯이 협력하려고 모인 사람들은 현실에 대해 아주 다른 관점을 가진 경우가 많다. 게다가 이 장 첫머리에 언급한 노숙 문제 해결을 위한 협력의 예는 열망하는 바가 같은 사람들조차 서로 완전히 다른 부차적인 의제에 관심을 가질 수 있음을 보여 준다. 사회를 변화시키려는 사람들은 참여하는 법과 차이점을 절충하는 법을 배울 필요가 있다.

생산적인 대화를 나누는 데 필요한 핵심 기술은 세상이 생각보다 훨씬 더 복잡하다는 사실을 인식하는 것이다. 추정이나 멘탈 모델은 유용한 동시에, 제한적이면서 더 정확해질 수 있다. 예를 들면 '노숙인은 길거리에서 지내는 것을 더 좋아한다'라고 추정하는 것은 지원주택에서의 생활에 적응하는 데 어려움이 있을지 모른다는 것을 인정한다는 점에서는 유용할 수도 있다. 하지만 이런 추정은 제한적인 생각이다. 노숙이 생활로 굳어진 사람들에게 지원 서비스와 함께 저렴주택에 거주할 기회를 주었더니 대부분이 그 기회를 활용했다. 그중 한 사례에서는 지원주택을 지원받은 노숙인의 96퍼센트가 1년이 지난 뒤에도 여전히 같은 곳에 살고 있었다.[2] 따라서 대부분의 노숙인은 안전하고, 비용적으로 감당할 수 있고, 공동체가 제공될 경우 지원주택 거주를 선호한다고 말하는 것이 증거에 기반해서 내린 더 정확한 추정이다.

추론의 사다리(Ladder of Inference, [그림 6-1] 참조)는 사람들이 생각하는 것과 이를 둘러싼 더 큰 현실을 구별하는 데 도움을 주는 훌륭한 도구다. 이 도구는 사람들이 어떻게 거의 무한에 가까운 가용 데이터 집합에서 특정 데이터를 선택하고, 그 데이터를 바탕으로 추정하여 결론을 도출하며, 그 결론을 토대로 권고하고 실행에 나서는지를 보여 준다.

그 밖의 유용한 도구 중에는 피터 센게가 '주장(advocacy)과 질문(inquiry)의 균형'이라고 묘사한 방법이 있다.[3] 사람들 대부분은 질문하는 것보다는 주장하는 것에 더 익숙하다. 그래서 질문부터 시작하는 것이 도움이 될 때가 종종 있다. 그러려면 세상을 어떻게 보는지 남들에게 묻고, 그들의 말을 귀 기울여 듣는 기술이 필요하다. '사람들이 당신이 아는 것에 관심을 두기 전에, 당신이 관심 두는 것을 알릴 필요가 있다'라고 내 동료인 브라이언 스미스(Bryan Smith)가 여러 해 전

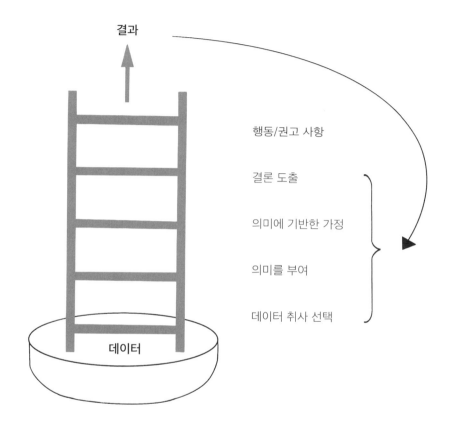

결과

행동/권고 사항

결론 도출

의미에 기반한 가정

의미를 부여

데이터 취사 선택

데이터

[그림 6-1] 추론의 사다리 추론의 사다리는 사람들이 어떻게 무의식적으로 데이터에서 결론으로 갑작스럽게 이동하는지를 보여 준다. 크리스 아지리스(Chris Argyris)와 돈 숀(Don Shon)의 연구에 기초함.

에 내게 말했듯이 말이다. 다른 사람들에게 이렇게 질문해 보자.[4]

- 무엇이 보이는가(관찰 가능한 데이터는 어떤 것인가)?
- 데이터를 보고 나니 기분이 어떤가?
- 데이터의 결과로 당신은 어떻게 생각하거나 다짐하는가?
- 무엇을 원하는가?

그런 다음 진심으로 듣는다. 오토 샤머는 듣기를 네 단계로 나누는데, 그 네 단계는 이미 아는 내용 듣기, 놀라운 사실 듣기, 타인의 경험에 공감하며 듣기, 자신과 타인의 진실을 포용하는 깊은 차원에서 듣기다.[5]

일단 타인의 견해를 중시한다는 것을 확고히 하면 자신이 말하려는 바를 더 효과적으로 제시할 수 있다. 우리 각자는 한층 복잡한 세계의 일부를 보기 때문에, 자신의 견해를 공개적으로 표출해서 사람들이 상황을 더 잘 이해하는 데 기여하는 것도 중요하다. 당신의 주장이 남들에게 전달되고 더 효과적으로 사용되기 위해 주장하는 법을 배우는 것이 도움이 된다. 그렇게 되면 당신이 알고 있는 것을 공유하고 아울러 여기에 답변할 수 있는 다른 사람을 초청하여 잠재적으로는 당신의 지식을 향상시킬 수 있기 때문이다. 효과적인 주장을 하려면 당신만의 추론의 사다리를 이해하고 투명하게 만드는 과정이 포함되어야 한다. 그래야 도출한 결론, 추론, 데이터를 개선하고 더 많은 내용을 덧붙일 수 있다.

주장과 질문의 균형을 유지함으로써 현재 상황을 분석하고 작업의 방식에 대한 더 정확한 그림을 만들 수 있을 뿐 아니라, 다른 사람으로부터 효과적인 조치를 시행하는 데 대한 더 많은 지지를 얻을 수 있다.

세 번째 역량은 책임의 관점을 함양하는 것이다. 시스템적으로 생각하고 생산적인 대화를 나누는 것 모두, 단순히 문제를 해결하는 것에 대한 책임이 아니라 현재 존재하는 상황에 자신이 어떤 책임이 있는지를 이해하는 심층적인 능력을 키운다. 현재 상태 그대로의 문제에 책임을 지는 것은 스스로를 비난하는 것을 의미하지 않는다. 오히려 자신에게 권한을 부여하는 것에 가깝다. 당신은 자신의 의도, 추측, 행동이 당신이 해결하려는 문제에 어떻게 의도치 않게 기여해 왔는지를 보게 된다. 시스템에 있는 다른 사람들을 바꾸려고 애쓰기보다 당신이 생각하고 행동하는 방식을 바꾸는 것이 궁극적으로 더 쉽다.

비록 문제에 대한 책임이 없더라도 이런 관점을 이용해서 문제를 해결하려는 자신의 노력이 의도치 않게 자신의 역량을 저해할 수 있는지 스스로에게 질문을 던질 수 있다. 만일 당신의 의도가 다른 사람들이 틀렸으며 그들이 바뀌어야 한다는 사실을 입증하는 것이라면, 적대적인 관계를 불러일으키거나 형성해 문제를 해결하기가 더 어려워질지 모른다. 뛰어난 심리치료사 테런스 리얼(Terrence Real)의 말을 빌리면, "피해자의 입장에서만 주장할 때" 당신은 불필요한 저항을 만든다.[6] 존중, 질문, 공감은 사회 변화의 문을 열기 위해 가장 먼저 사용할 수 있는 최고의 방법임을 기억해 두면 좋겠다.

6장 정리

- 주요 이해 당사자를 파악하고 참여시켜서 변화의 기반을 구축해 나간다.
- 변화를 지지하는 사람뿐만 아니라 변화에 저항하는 사람도 참여시킬 다양한 방법이 있다는 것을 인식한다.
- 이해 당사자들이 모일 공동의 동기를 확립하고, 공통된 방향을 정하고, 현실에 대한 초기 그림의 윤곽을 잡아 공동의 기반을 확립한다.
- 시스템적으로 생각하고 서로 간의 차이를 좁히는 대화를 나누기 위한 기술과 도구를 도입하여 사람들의 협동 능력을 키운다.
- 자신이 선택한 해결 방법에 대한 책임을 인식하는 능력을 기른다.

07

현실 직시하기 :
시스템 지도 그리기를 통해 구성원의 이해 도모하기

선구적인 사회 심리학자인 쿠르트 레빈(Kurt Lewin)은 "무언가를 진정으로 이해하고 싶다면, 그것을 바꾸려고 노력하라"고 말했다. 이해와 실질적인 사회 변화 사이의 관계는 매우 중요하다. 그런데도 사람들은 현재의 시스템이 작용하는 방식과 이유에 대한 깊이 있는 인식 없이 해결책을 주장하는 경우가 너무 많다. 그러다 보니 제안된 해결책으로는 궁극적으로 아무런 변화를 낳지 못하거나 오히려 상황을 악화시키는 경우가 비일비재하다.

이 장은 4장에서 소개한 스토리텔링 장치를 여섯 가지 사례에 적용해서 시스템에 대한 이해를 심화하는 데 목표를 둔다. 여기서 다루는 여섯 가지 사례는 앞에서 소개했던 사례들(주 차원에서 K-12 교육의 역할을 재조직하기, 형사사법 제도 개혁, 노숙 문제 해결)과 새로운 사례들(시골 주택 개선, 유아 발달과 교육 시스템 재설계 등)를 중심으로 한다.

이 장에서 주목하는 부분은 현실을 직시하기 위한 첫 번째 세 가지 과제다.

1. 현재 상황이 있기까지의 역사를 알아보기 위해 누구를 인터뷰해야 할지, 그리고 어떤 질문을 해야 할지 정한다.
2. 정보를 체계화하고 정보의 질을 개선해 나간다.

3. 여러 요인이 장기간에 걸쳐 상호작용하면서 목표 달성을 어떻게 뒷받침
   하거나 저해하는지 확인하는 사전 시스템 분석을 진행한다.

시스템 지도를 그리기 위한 인터뷰

해당 쟁점에 대해 다양한 관점을 가진 이해 당사자들을 잘 파악한다면 시스템이
작동하는 방법과 이유를 자세하고 폭넓게 이해해 첫 번째 과제를 더 성공적으로
수행할 수 있다. 여기에서 가장 중요한 점은 평소 같으면 무시하고 넘어갔을 이
해 당사자들의 견해에서 배워야 한다는 점이다. 시스템 지도를 그릴 때 사람들은
'윗사람'들의 생각을 이미 잘 안다고 여기거나, 나이와 경력이 많은 사람들의 의
견에 접근하기 힘들어서 이를 흔히 배제한다. 또 행정 업무 담당자들(통제하기 힘
든 과정과 절차에서 영향을 받는 사람), 해당 쟁점이 업무와 관련 있는 사람들, 최종 수
혜자들도 배제되는 경우가 많다. 우리가 앞으로 살펴볼 사례에서는 노숙인, 환
자, 학생들이 그런 수혜자에 해당한다. 또한 다양한 이해 당사자 집단의 의견을
포함하면 시스템 운영 방식을 전환하는 데 필요한 관계가 형성된다.

　노숙 문제 해결을 위한 10년 계획을 세우는 칼훈 카운티 프로젝트에서, 마이
클 굿맨과 나는 인구 10만 명을 대표하는 50명을 인터뷰했다. 그 50명 중에는 다
음과 같은 사람들이 포함됐다.

- 카운티의 사회 경제적 건전성을 책임지는 지도자들(공식·비공식적 오피니언
  리더들, 주 정부와 지방 정부의 대표자, 비즈니스 및 시민 부문의 리더)
- 노숙 문제의 발생 원인과 해결책에 영향을 미치는 정책을 좌우하는 사람들
- 노숙인들과 교류하고 그들을 도우려고 애쓰는 사람들
- 노숙인

인터뷰 대상자의 수와는 상관 없이 인터뷰는 사람들의 생각뿐 아니라 그들이 내린 결론에 이르기까지의 추론 과정을 밝힐 수 있어서 설문 조사보다 선호된다. 또 인터뷰는 한층 직접적인 관계를 형성한다. 필요하다면 인터뷰 결과를 토대로 설문조사를 시행해서 더 넓은 범주의 이해 당사자 표본에게서 정보를 수집할 수 있다.

우리는 체계적인 인식을 형성하기 위한 인터뷰 질문 목록을 오랜 시간에 걸쳐서 개발했다. 이 목록은 어떤 쟁점에든 맞게 바꿀 수 있으며, 프로세스에 시동을 거는 데 사용할 수 있다.

- 우선 탐구하려는 문제를 중심으로 지금껏 어떤 일이 일어났는지 생각해 본다. 그에 관해 알려진 장기적인 행동 패턴이 있는가?
- 만일 그렇다면 그 패턴을 설명해보자. 장기적으로 다음과 같은 핵심 변수 중 한 가지 이상이 나타나는가?
    - 증가와 감소의 반복
    - S자 성장
    - 가파른 성장
    - 성장 없는 정체
    - 급격한 기복
- 다음 문장을 완성해서 문제의 정의를 진술한다. '다른 목표를 달성하기 위해 최선을 다했음에도 왜 ○○이 계속되고 있는가?' '어떻게'가 아닌 '왜'라는 질문은 해결책을 진술하는 것을 넘어서게 해준다. (예: '어떻게 해야 범죄 발생을 더 줄이기 위해 형량을 강화할 수 있을 것인가?'와 같은 질문보다는 '왜 도시의 청소년 범죄가 시간이 흐름에 따라 꾸준히 감소하는 것이 아니라 증가와 감소를 반복하는가?'와 같은 질문을 던진다.)
- 문제와 관련해 가장 먼저 발생한 사례는 무엇인가? 아울러 문제를 해결하기 위한 이전의 모든 시도를 설명한다. 누가 어떤 방법을 시도했으며, 어떤

결과가 나왔는가?

- 어떤 부분이 순조롭게 진행되고 있는가? 지금과 같은 시스템에서 사람들은 어떻게 성공하는가(또는 생존하는가)?
- 고위 의사 결정자의 관점에서는 이 문제가 어떻게 보이는가? 어떤 요인이나 요소가 보이는가? 이 문제에 대해서 그들은 어떻게 생각하는가?
- 최종 수혜자를 포함한 다른 의사결정자들은 이 문제를 어떻게 보는가? 각자에게는 무엇이 중요한가? 그들은 그에 대해 어떻게 생각하는가?
- 이 시스템에 영향을 미치는 다른 원인에는 어떤 것이 있는가? 시스템이 만들어 내는 다른 영향(특히 관련성이 멀거나 의도치 않은 영향)에는 어떤 것이 있는가?
- 내가 속한 조직은 이 문제의 어느 부분에 접근할 수 있는가? 내 위치와 관련해서 다룰 수 있는 부분은 어떤 것인가?
- 나 또는 내가 속한 조직은 말하고(혹은 말하지 않고), 실행하고(혹은 실행하지 않고), 생각하는 것을 통해서 어떻게 문제를 유발하거나 문제 발생에 일조하는가?
- 이 시스템의 분명한 목적은 무엇인가? 다시 말해, 이 활동의 결과는 무엇인가? 이런 결과는 사람들이 진정으로 원하는 바와 어떻게 다른가?

해결하려는 문제에 맞춰서 질문을 조절하는 것도 도움이 될 수 있다. 〈부록 B〉에는 출소 후 계획, 노숙 문제 해결을 위한 칼훈 카운티 10년 계획, 시골 주택을 개선하기 위한 노력, 아이오와주 아이들을 위한 협력 프로젝트에 대해 자세히 알아보기 위해 사용한 질문들이 나와 있다. 특히 아이오와주 프로젝트에 사용한 질문은 뜻하지 않은 적수 관계를 묘사하는 사례로, 파트너십의 어려움을 파악하기 위해 사용했다.

때로 인터뷰로는 충분하지 않은 경우가 있다. 그런 경우에는 서면 보고서와

회의록 같은 자료에서 추린 제3의 보고서를 활용해서 시스템 지도의 초안을 만들 수 있다. '출소 후 계획' 회의에서 제시된 시스템 지도 초안은 형사사법 개혁에 대한 기존의 분석을 기본 줄거리로 하고 그 위에 몇 가지 후속 인터뷰를 보충해서 만든 것이다. 또 부룬디 내전의 근본 원인에 대한 사전적 통찰은 거의 전적으로 문서 자료를 통해 얻었다.

정보 체계화하기

다음은 수집한 정보를 체계화하는 네 단계 절차다.
- 인터뷰 대상자 간에 궁금해 하는 부분, 혼란스러워 하는 부분, 의견이 상반된 부분을 들어보기
- 측정 가능한 데이터와 데이터를 해석하는 방식 구별하기
- 중요한 성공 요인이나 핵심 지표로 받아들여지는 핵심 변수 파악하기
- 인식 가능한 줄거리와 시스템 원형 찾기

첫 번째 단계는 사람들이 염려하거나 놀랍게 느끼는 것이 무엇인지를 알아차리는 과정이다. '왜 최선을 다했음에도 우리는 ○○하지 못했던 걸까?'라는 초점 질문은 그 자체로 관심과 호기심을 불러일으킨다. 칼훈 카운티 리더들은 노숙 문제를 해결하려고 노력하는 과정에서, 어떻게 노숙인과 빈 주택이 함께 존재할 수 있는지 이해하고자 했다. 시골 주택을 개선하는 프로젝트에서는 해당 주와 지역사회 리더들이 다른 마을에 비해 일부 마을에서 주택 공급이 원활한 이유를 알아내려고 했다. 아이오와주의 사례에서 K-12 교육의 개선이라는 공동의 목표를 위해 전념하던 두 집단은 힘을 합해 노력하는 것이 왜 어려운지 의문을 가졌다.

두 번째 단계는 사람들이 무슨 생각을 하는지 뿐만 아니라 그렇게 생각하는

이유를 알아가는 과정이다. 다시 말해 사람들이 실행과 관찰을 통해 도출한 추론과 이로 인한 결과를 밝히는 것을 의미한다. 이 과정에서 사람들의 행동으로 인해 발생하리라고 예상하는 결과와 실제로 발생한 결과 사이에서 불일치가 드러난다. 예를 들어 정책 입안자들은 마약 단속이 범죄를 줄인다고 생각하지만 실제로는 마약 단속으로 공급량이 줄면서 유통되는 마약의 가격이 더 비싸져서 사람들이 범죄를 저지를 가능성이 오히려 커진다. 사람들은 코끼리의 비유에서처럼 같은 데이터를 서로 다르게 해석하기도 하는데, 다른 상황에서는 각각의 해석이 타당할 수 있다는 점을 지적해 더 깊이 있고 다채로운 그림을 만들 수 있다. 노숙에 관한 사례를 보면 지역에서 노숙인 쉼터를 제공하는 사람들은 즉각적인 혜택에 주목하지만, 노숙 문제를 해결하기 위한 바람직한 방법을 아는 다른 사람들은 노숙인 쉼터에 의존할 때 발생하는 장기적인 비용을 고려했다. 이들은 문제를 더 근본적으로 해결하기 위해서는 영구 거주가 가능한 지원주택을 마련하는 쪽으로 자원을 재배치해야 한다는 사실을 이해하고 있었다.

세 번째 단계에서는 중요한 성공 요인이나 주요 지표를 식별한다. 시스템 사고는 여러 가지 방법으로 이 과정을 확장한다. 가령 우선순위를 매기기 힘든 요인을 나열한 긴 목록을 만드는 것이 아니라, 이런 요인들 간의 상호의존성을 찾는다. 또 사람들이 생각이나 느낌 같은 질적 요인과 측정 가능한 양적 요인을 통합한다. 그리고 장기적으로 추적하기 힘든 모호한 요인은 다른 것으로 바꾸어 해석한다. 예를 들어 식량 원조 사례에서는 기아를 종식하기 위한 '전략'이라는 모호한 요인을 지역 농업에 사람들이 투자한 규모와 같은 추적 가능하고 측정 가능한 요인으로 변환할 수 있다.

네 번째 단계에서는 수집한 정보 중에서 확인 가능한 스토리를 시스템 원형이나 욕조 유추법을 토대로 찾아낸다. 스토리를 찾아내 확인하면 포괄적인 시스템 분석의 기반을 다질 수 있다. 스토리가 모든 일에 대한 설명을 제공하지는 못하지만, 스토리가 더 확장되고 수정되면 다채롭고 복잡하며 모순된 것처럼 보였던 정보가 인식 가능한 정보로 전환되기도 한다.

하지만 수집한 정보에서 필요하거나 원하는 모든 내용을 찾을 것이라고 기대해서는 안 된다. 정보가 불완전해도 많은 것을 알아낼 수 있다는 사실을 기억하자. 원하는 모든 데이터가 수중에 들어오는 경우는 거의 없고, 어떤 경우에든 결정을 내리고 행동에 나서야 한다. 정보가 부족할 때의 두 가지 대처 방안을 제안한다. 첫 번째로 학습자의 태도로 시스템 변화에 접근하는 것은 늘 도움이 된다. 실제로 사람들은 가설을 세우고, 실행해 보고, 경험에서 배우면 다음번에는 더 나은 선택을 내리려고 노력한다. 두 번째로 부족한 정보가 가치 있는 연구를 시작하는 계기가 되기도 한다. 아직 알려지지 않은 사실을 어떻게 찾아야 하는가라는 의문은 새로운 행동을 취하기 전이나 행동을 취하면서 답할 수 있는 중요하고 강력한 질문이다. 물론 위험을 부담하고 시간 지연을 감수할 수 있는지에 따라 그 영향은 달라진다.

적합한 시스템 스토리 원형 찾아내기

지금부터는 다양한 쟁점을 해결하기 위해 노력하는 사람들이 최선을 다했음에도 불구하고 성공하지 못하는 이유를 더 자세히 알아보기 위해서 시스템 원형과 욕조 유추법 시스템 도구를 사용하는 방식을 알아보려고 한다. 이에 관해 이해하면 문제의 본질과 이를 극복하기 위해 무엇을 할 수 있는지에 관한 의미 있는 대화가 촉발된다.

이러한 도구들은 보다 포괄적이고 정확한 스토리를 도출하는 데 효과적인 구성 요소의 역할을 한다. 사람들이 경험하는 현실을 더 포괄적으로 담은 줄거리를 통해 전체적인 줄거리를 더 풍성하게 발전시키는 여러 방법이 있다. 특히 다양한 관점을 수용할 수 있을 만큼 포괄적이면서도, 이해하고 실행에 옮길 수 있을 만큼 단순해야 한다고 생각하는 사람들을 위해 다양한 접근 방법을 모색해야 한다.

　이 단원에서는 다섯 가지 주요 스토리 원형이나 4장에서 소개한 욕조 유추법 중 최소한 하나에 해당되는 예시들을 다뤄보려고 한다. 이를 통해 사람들을 한 가지의 목표로 모이게 하고, 시스템에 대한 더 깊은 이해로 인도하는 지혜에 대해 배워 나갈 것이다.

역효과를 낳는 해결책

역효과를 낳는 해결책은 예기치 않은 결과에 관한 이야기다. 이 스토리는 3장에서 소개한 '출소 후 계획' 프로그램의 핵심 주제 중 하나였다. 이 프로그램에는 활동가, 학자, 연구원, 정책 분석가, 변호사를 포함한 진보적인 리더 백 명이 참여해서 3일간 회의를 진행했다. 교도소 수감자들이 형기를 마친 뒤 사회에 성공적으로 재진입하도록 돕고, 미국을 선진국 중에서 교도소 수감자가 가장 많은 나라로 만든 근원적인 경제적, 사회적, 정치적 조건을 바로잡기 위해 어떤 다른 조치를 취할 수 있을지 고민했다. 이 회의는 열린사회연구소가 소집하고 시드 시스템즈의 세라 슐리와 조 라우르가 조직했다. 시드 시스템즈는 열린사회연구소가 그 지역에서 자금을 더 효율적으로 운용할 방법을 찾도록 도왔던 기관이다. 참가자들 대부분은 열린사회연구소 산하 프로그램의 특별연구원이거나 재단에서 자금 지원을 지원받는 이들로, 사법제도를 개혁하자는 목표를 공유했다.

　참가자들은 대규모 교도소 수감 정책의 주요 동인은 강력 범죄 발생률이 아닌, 타인(특히 유색인)에 대한 두려움이며, 이 두려움이 구조적 인종차별과 유색인에 대한 권리를 부정하는 행태로 나타난다는 사실을 인식했다. [그림 7-1]의 균형 루프 1(B1)에 나타난 것처럼 대규모 교도소 수감은 일시적으로 사람들의 두려움을 완화할 수는 있다. 하지만 시간이 흐르면서 교도소를 출소하는 사람(입소자들의 약 95퍼센트다)이 점점 더 많아지고, 이들은 교육, 주거, 실업, 사회적 지원 같

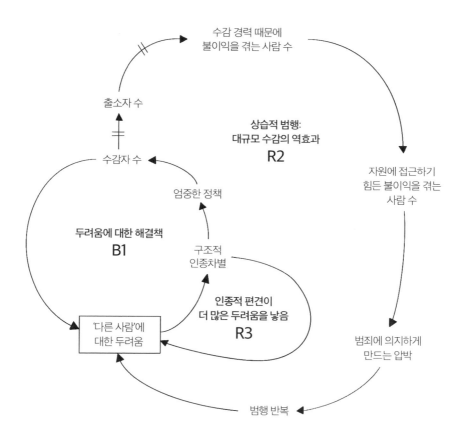

수감 경력 때문에
불이익을 겪는 사람 수

출소자 수

상습적 범행:
대규모 수감의 역효과
R2

수감자 수

자원에 접근하기
힘든 불이익을 겪는
사람 수

엄중한 정책

두려움에 대한 해결책
B1

구조적
인종차별

인종적 편견이
더 많은 두려움을 낳음
R3

'다른 사람'에
대한 두려움

범죄에 의지하게
만드는 압박

범행 반복

[그림 7-1] 인종 차별과 대규모 수감 정책은 두려움을 유발한다 유색인종에 의한 범죄에 대한 사람들의 두려움을 해소하기 위해 범죄자를 대규모 수감하지만, 이는 장기적으로 이런 두려움을 증가시키는 의도치 않은 결과를 초래한다. 열린사회연구소의 의뢰로 시드 시스템즈에서 제작한 다이어그램을 수정했음

07 현실 직시하기: 시스템 지도 그리기를 통해 구성원의 이해를 도모하기

은 자원에 접근할 기회가 줄어들어 상당한 불이익을 받는다. 이에 따라 3년 이내에 다른 범죄를 저질러서 교도소로 돌아올 가능성이 높아진다. 이런 현상은 [그림 7-1]의 강화 루프 2(R2)에서 확인할 수 있다. 미국 법무통계국은 "2005년에 23개 주에서 석방된 재소자 중 49.7퍼센트가 가석방이나 보호관찰 위반, 3년 이내 범죄를 다시 저질러 징역형을 선고받았으며, 55.1퍼센트는 5년 이내에 가석방이나 보호관찰을 위반하거나 체포되어서 교도소에 수감된다"고 보고한다.[1]

게다가 구조적 인종차별은 더 많은 두려움을 낳는다(R3). '선고 프로젝트(Sentencing Project)'의 최근 보고서에서 "미국의 백인들은 유색인종이 저지른 범죄의 비율을 실제보다 과대 추정하고 유색인종을 범죄와 연결 지으며", 일부 범죄에 대해서는 그런 과대 추정이 "20-30퍼센트"나 된다는 것을 부분적으로 확인할 수 있다.[2] 범죄율 자체는 20여 년 동안 계속해서 감소해 왔지만, 두려움의 소용돌이는 계속되고 있다.

회의 참가자들은 형사사법 제도를 개혁하기 위해 다양한 노력을 기울였다. [그림 7-1]은 교도소에서 출소한 지 얼마 안 된 수감자들을 지원하는 여러 방안에 초점이 맞춰져 있지만, 그 외에도 다양한 노력이 진행되었다. 예를 들면 혁신적인 지원 프로그램 개발, 선고 관행 개혁, 기술적 가석방 위반자의 교도소 재수감 금지, 자신의 경제적 이익을 위해서 범죄자들의 대규모 수감 정책을 선호하는 로비 세력에 맞선 투쟁 등이다.

그래서 더 풍성한 내용을 담은 두 번째 다이어그램이 만들어졌다. 핵심 역학을 바꾸기 위해서 반드시 중단되어야 하는 추가적인 악순환의 고리를 표시하고, 시스템을 바꾸려면 얼마나 더 복잡한 차원의 지원 활동이 필요한지를 나타내기 위해서였다([그림 7-2] 참조). 대규모 수감 정책으로 경제적 이익을 얻는 사람들이 있는데, 그런 사람들은 대규모 수감을 주장하는 로비를 펼친다([그림 7-2]의 R4 참조). 가석방 감찰관의 담당 건수가 높아지는 정치적 위험을 줄이기 위해 가석방에 엄격한 조건을 달면 기술적 위반이 늘어나 교도소에 재수감되는 사람이 늘어

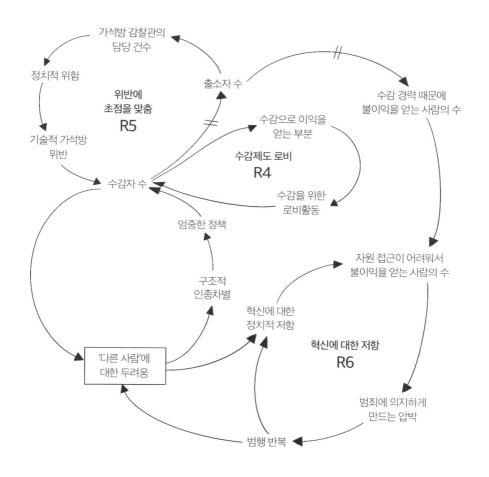

가석방 감찰관의
담당 건수

정치적 위험

위반에
초점을 맞춤
R5

출소자 수

수감 경력 때문에
불이익을 얻는 사람의 수

기술적 가석방
위반

수감으로 이익을
얻는 부분

수감제도 로비
R4

수감자 수

수감을 위한
로비활동

엄중한 정책

자원 접근이 어려워서
불이익을 얻는 사람의 수

구조적
인종차별

혁신에 대한
정치적 저항

혁신에 대한 저항
R6

'다른 사람'에
대한 두려움

범죄에 의지하게
만드는 압박

범행 반복

[그림 7-2] 대규모 수감 정책으로 나타난 추가적인 악순환 [그림 7-1]의 다이어그램에 변수가 더 많이 적용되도록 확대하면 세 가지 악순환(R4, R5, R6)이 결합해서 '역효과를 낳는 해결책'의 역학 을 이룬다는 것을 알 수 있다. 열린사회연구소의 의뢰로 시드 시스템즈에서 제작한 다이어그램을 수정함

난다(R5). 혁신을 이루면 출소자들이 사회에 더 효과적으로 재진입하고 재범을 예방하는 데 도움이 될 것이다. 하지만 사람들의 두려움과 범죄가 반복되는 상황이 결합하면서, 혁신에 대한 정치적 저항이 높아진다(R6).

회의 참가자들은 이 두 가지 다이어그램(이와 더불어 〈부록 C〉의 [그림 C-1]에 나와 있는 '수감제도 중독')을 이용해서 공동의 과제를 해결하려는 각 구성원의 노력을 더 포괄적으로 이해할 수 있었다. 또한 두려움이 어떻게 과잉 수감을 유발하는지를 인식하고 두려움을 줄이기 위한 협력적인 방법을 모색할 수 있었다. 두려움은 실제 범죄 발생률이 아니라 구조적 인종차별에 바탕을 둔 것이었다. 이 자료는 다른 사람들에게도 도움이 됐다. 문제의 근본적인 조건과 밑바탕을 이루는 믿음에 더 넓은 차원의 관심과 참여를 이끌어 내기 위해, 대규모 수감 정책에 어떤 사회적 비용이 뒤따르는지를 정책 입안자들에게 알릴 방법을 제공했다.

부담 떠넘기기

부담 떠넘기기는 의도치 않은 의존에 관한 스토리다. 효과가 빠르고 당연한 방법으로 보이는 해결책은 시간이 흐름에 따라 문제를 악화시킬 때가 많다는 것을 다룬다는 점에서 역효과를 낳는 해결책과 비슷하다. 물론 그 두 가지 사이에는 주요한 차이점이 있다. 부담 떠넘기기 역학은 더 근본적인 해결책에는 동의하지만 이를 실행하는 데 어려움을 겪는 경우다.

이는 바로 여러 해 동안 노력을 쏟았음에도 노숙 문제를 해결한다는 목표에서 지역사회가 거의 진전을 보지 못했던 칼훈 카운티의 상황이었다. 노숙인에게 응급구호와 쉼터를 제공했던 사람들은 수년간 정기적으로 만났지만, 함께 협력하기보다는 각자 따로 활동하고 재단이나 정부의 보조금을 지원 받기 위해 서로 경쟁하는 경향이 있었다.

지역 리더들은 지금까지와는 다른 방식으로 주에서 편성한 자금과 지역 내에서 편성된 자금에 접근하여 함께 노숙 문제를 해결하기 위한 10년 계획을 세우기로 결의했다. 그들은 해당 카운티에서 노숙 문제가 해결되지 않고 지금까지 미국 내 다른 지역에서 시행된 모범 정책을 도입하지 못했던 이유를 파악하기 위해 시스템 사고를 적용했다. 이런 작업은 '하우징 퍼스트(Housing First)'라는 주거를 우선하는 정책을 도출했다. 즉 안전하고 영구적으로 거주할 수 있는 저렴주택을 개발하고, 술, 담배, 불법 마약류 사용을 주거 환경에서 금지하는 (substance-free living) 등의 다른 조건들을 우선적으로 충족하지 않아도 들어와 지낼 수 있도록 독려했다. 이런 유형의 주거지에서는 정신 질환이나 약물 남용의 문제를 겪는 사람들이 서비스를 쉽게 지원 받을 수 있다. 경제적인 이유로 거리로 밀려난 사람들을 위해서는 교육과 경제적 발전에 초점을 맞춘 별도의 해결책을 마련했다.

[그림 7-3]에 나와 있는 초기 시스템 지도에는 사람들이 깨달은 중대한 사실이 나와 있다. 바로 활동가와 노숙인 모두가 의존했던 쉼터와 긴급 지원 체계는 임시방편에 불과했으며, 사실상 문제의 일부였다는 점이다(B1). 쉼터와 긴급 지원은 노숙인들이 처한 형편에 대처하는 데는 도움이 됐지만, 일시적인 방편임은 분명했다. 쉼터에서 지낼 수 있는 건 며칠 동안의 제한된 기간뿐이었으며, 그런 뒤에는 다시 길거리로 나가야 했다. 일부 노숙인은 배틀 크리크(Battle Creek) 시내 외곽의 숲으로 들어가서 그곳에서 가까스로 목숨을 유지했다. 많은 노숙인이 병에 걸렸고, 특히 겨울에는 더 심했으며 결국에는 응급실에 실려갔다. 그들 중 일부는 법규를 위반해서 구치소에서 하룻밤을 보내기도 했다. 일부는 지인의 집 거실 소파에서 며칠 밤을 보내기도 했지만, 그럴 수 있는 기간은 제한되어 있었다.

이 문제와 연관이 있는 사람들 대다수가 미국 내 다른 지역에서 시행 중인 모범 정책의 일부 요소(주요 서비스, 영구적인 주거, 고용(B2))들을 최소한 부분적으로라도 알고 있었다. 하지만 그들은 이런 관행을 지역 내에서 시행하지 못했으며, 어째서 그랬는지 이해하지 못했다. 지역사회는 노숙에 대처하기 위해 그들이 주로 사용하는 긴급 지원 체계가 의도치 않은 부정적인 결과를 초래했고, 노숙 문제를 해결하는 데 필요한 모범 정책을 실행할 사람들의 능력을 저해했다는 사실

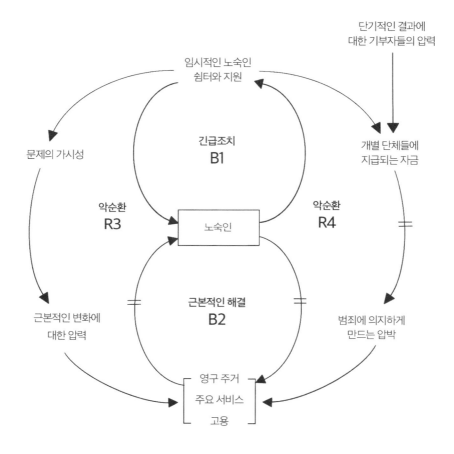

임시적인 노숙인
쉼터와 지원

단기적인 결과에
대한 기부자들의 압력

긴급조치
B1

개별 단체들에
지급되는 자금

문제의 가시성

악순환
R3

노숙인

악순환
R4

근본적인 변화에
대한 압력

근본적인 해결
B2

범죄에 의지하게
만드는 압박

영구 주거

주요 서비스

고용

[그림 7-3] 임시 노숙인 쉼터의 역설 쉼터와 긴급 지원이 노숙 문제를 악화시키고 그런 대응은 영
구적인 주거, 주요 서비스, 고용을 결합한 보다 근본적인 해결책을 시행하려는 사람들의 동기를 감
소시킨다. 임시방편에서 기인한 악순환으로 지역사회의 의지와는 관계없이 근본적인 해결책을 시
행할 능력이 약화된다. www.appliedsystemsthinking.com

을 새롭게 알게 됐다.

노숙인 쉼터와 긴급 지원을 중심으로 하는 대응 구조 때문에 문제를 직시하기가 힘들었고, 그에 따라 모범 정책에 투자하려는 지역사회의 동기가 감소했다(R3). 더욱이 쉼터와 긴급 구호 서비스를 제공하는 단체는 이를 목적으로 자금을 지원 받았고, 그들이 개별적으로나 다른 단체와 협업해서 다른 대응 방식을 실험해 보도록 장려하는 정책은 거의 없었다(R4). 예를 들어 쉼터 운영자들은 매일 밤에 쉼터를 이용하는 사람이 얼마나 되는지(침대 이용률이 어느 정도인지)를 기준으로 자금을 지원받는 경우가 많았다. 쉼터가 이용자로 가득 차는 것은 노숙 문제를 해결한다는 목표와 근본적으로 배치됨에도 말이다. 기부자들은 긴급 지원을 시행하는 데 성공했을 경우 자금 지원 계약을 갱신하여 부지불식간에 문제를 심화하는 데 일조하는 경우가 많았다. 이처럼 문제를 직시하지 못한 채 기존의 자금 흐름이 강화되자 모범 정책에 투자하기가 힘들어졌고, 결과적으로 노숙인이 늘어나고 임시 쉼터에 대한 의존도는 더욱 높아졌다.

관련자들이 이런 정황을 이해하기 시작하자 쉼터와 긴급 지원 체계에 상당한 변화가 일어나기 시작했다. 협력을 모색하는 전례 없는 움직임이 일면서, 활동가들은 차기 주택도시개발부 자금을 어느 지원 단체의 임시 주택 프로그램에서 다른 지원 단체가 운영하는 영구 지원주택 프로그램으로 전용하기로 공동으로 합의했다. 새로운 차원으로 이해가 넓어지면서 주에서 허가하고 자금을 대는 10년 계획의 기초가 세워졌다. 5장에서 언급했듯이, 이 계획의 첫 6년인 2007-2012년에 칼훈 카운티는 노숙인들을 위해 영구 주택을 확보하는 놀라운 성과를 이뤘다. 2008-2009년에 경기 대침체를 겪었음에도 말이다. 같은 기간 동안 실업률이 34퍼센트가 증가하고 강제 퇴거가 7퍼센트 증가했음에도 불구하고, 노숙 사례는 1,658건에서 1,419건으로 14퍼센트가 감소했다.

'출소 후 계획' 사례에도 부담 떠넘기기 원형이 작용한다. 많은 활동가들이 민간 기관과 사회 기반 시설을 강화하고, 기관 간 협력을 촉진하며, 출소자들이 생산적인 삶을 이끌어가도록 지원하는 재정착 작업에 참여했다. 그러나 이런 해결책을 시행하기는 쉽지 않았고 이때 참가자들은 장애물이 무엇인지에 대한 공동의 이해가 필요하다고 깨달았다. 그들의 활동을 직접적으로 방해하는 상황들, 출소자들이 돌아가게 되는 빈곤 지역의 치안 문제, 아울러 가난한 지역의 보호시설을 강화하는 데 쓰일 수도 있었던 자금이 교도소에 투자되는 상황 등이 장애물이었다. 이들이 함께 구상한 이런 그림은 〈부록 C〉의 [그림 C-1]에 나와 있다.

부담 떠넘기기는 중독의 이야기다. 노숙과 수감의 사례는 정책 입안자들이 사회를 중독에서 벗어나게 하려고 하면서도, 역설적으로 이런 사회 문제를 장기적으로 악화시키는 해결책에 중독될 수 있다는 사실을 보여 준다. 쉼터는 영구저렴주택 마련에 투입될 자금을 전용하고, 과도한 처벌은 범죄에 대한 두려움, 가장 중요하게는 '다른 사람'에 대한 두려움을 영구적으로 없애는 데 도움이 되는 프로그램과 시설을 만드는 데 필요한 자금을 전용한다. 형사사법 제도에서 이런 결과에 대한 인식이 커지면서, 일부 보수적인 공직자들과 정책 연구원들조차도 마약과의 전쟁과 최소 의무 형량〔특정 범죄를 저지른 사람에게 판사가 정해진 최소 형량 이상을 선고하도록 되어 있는 방침-옮긴이〕 같은 정부 정책과 대규모 수감의 가치에 의문을 제기하고 있다.[3]

성장의 한계

2011년, 지역의 여러 지도자들이 사우스다코타에서 시골 저렴주택의 효용을 높일 방법을 모색하기 위해 모였다. 이 모임은 지역 학습 센터(Rural Learning Center)와 경제, 지역사회, 리더십 개발에 전념하는 비영리단체 다코타 리소시즈(Dakota Resources)가 후원했다. 참석자 중에는 비영리단체(비영리 경제개발센터 대표자), 공공 부문(연방정부, 주정부, 지역정부 대표자), 민간 부문(개발업자, 대출 기관, 공인부동산 중개업자)의 대표자들이 포함됐다.

주택은 독자 생존이 가능한 시골 지역사회를 만드는 데 꼭 필요한 성공 요인이다. 적당하고 부담할 수 있는 가격의 주택은 직업, 건강, 교육의 질 등의 요인들과 서로 영향을 주고 받는다. 이런 주택을 확보하는 것은 직업 활동을 하는 젊은 이들을 끌어들이고 지역사회에 활력을 다시 불어넣는 데 특히 중요하다.

그러나 그런 주택을 제공하기는 쉽지 않았다. 수요자들이 충분히 매력을 느낄 만한 주택을 개발하는 데 드는 비용은 주택 담보 대출업자들이 당시의 제도적 환경에서 기꺼이 조달하려고 했던 수준의 금액을 초과하는 경우가 많았기 때문이다. 지역 학습 센터가 이런 장애물을 극복하도록 상세한 계획을 세우는 데 큰 공을 들였지만, 지역사회가 흡수해서 실행하기에는 너무 규모가 큰 정보였다. 따라서 이날 회의는 사용할 수 있는 시골 주택의 수를 늘리는 것이 어려웠던 이유를 파악하고, 주택 공급량을 확대하는 몇 가지 효과적인 조치에 초점을 맞췄다.

회의 시작에 앞서서 나는 참석자들에게 시스템 지도를 그려보게 했다. 그렇게 하면 문제와 가능성 있는 해결 방안이 더 잘 드러나기 때문이다. 같은 지역 내에서 다른 마을보다 좋은 성과를 낸 마을이 있었기 때문에, 성장의 한계 측면에서 역학을 설명하는 것이 타당했다. 우리는 우선 주택 공급과 경제 성장의 속도를 높일 수 있지만 균형 유지 작용이나 유출 때문에 유효성이 감소해서 효과가 약해진 엔진 또는 펌프 역할을 하는 핵심 집단을 우선 가려냈다. 이런 펌프가 주택 공급과 경제 성장을 충분히 빨리 진행시키지 못하면 유출로 인해 펌프의 효력이 심각하게 감소할 터였다. 그래서 유출에 따른 부정적 영향을 상쇄할 수 있을 정도로 충분한 양의 마중물을 재빨리 붓는 것이 관건이었다.

[그림 7-4]는 핵심 펌프 또는 성장 엔진과 성장의 주요 유출 또는 한계를 보여 준다. 성공적인 사례에서 지역사회는 사람들과 일자리를 끌어모으는 저렴주택을 건설했고, 그러자 주택 수요가 늘어서 추가적인 주택 개발(R1)이 이어졌다. 여기에는 개발을 위해 지역 인프라를 구축했던 것이 한몫했다. 그러나 성과가 좋지 못한 지역사회에서는 주거 수요를 충족하기에 충분한 인프라를 갖추지 못해서, 주택 공급과 경제 성장에 필요한 민간 개발업자들을 끌어모으기가 더 어려워

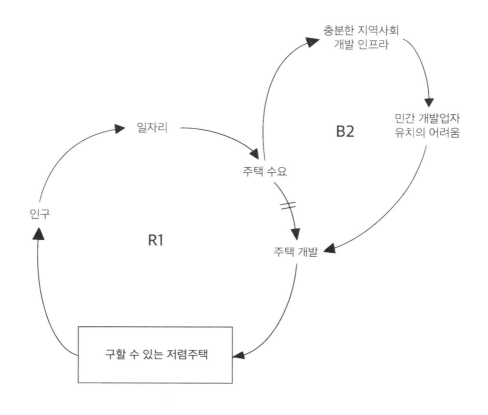

충분한 지역사회
개발 인프라

일자리

B2

민간 개발업자
유치의 어려움

인구

주택 수요

R1

주택 개발

구할 수 있는 저렴주택

[그림 7-4] 시골 주택: 성장의 가장 주요한 한계 개발 인프라가 충분하지 않으면, 지역사회는 민간 개발업자를 유치해서 주택 수요를 충족하고, 새로운 사람들과 일자리를 유치하는 데 어려움을 겪는다. www.appliedsystemsthinking.com

졌다(B2).

지역사회에서는 [그림 7-5]에 나오는 다른 성장 엔진들도 찾아냈다. 그들은 주택 개발이 그 자체로 일자리를 창출하고([그림 7-5]의 R3), 그렇게 생긴 일자리가 더 많은 일자리를 유치하는 데 필요한 세수(稅收)를 늘린다(R4)는 사실을 인식했다. 저렴주택을 구할 수 있는 환경이 되면 세수도 곧바로 증가한다. 세수는 지역사회 개발 인프라를 강화하고 가용 자금을 늘리는 데 사용될 수 있다(R5). 그렇게 되면 개발 비용이 줄고, 의지와 여력이 있는 구매자들의 수가 늘고, 그에 따라 개발과 주택 자체의 잠재적 수익이 증가한다(R6). 새로운 사람들을 지역사회로 끌어모으면 교육 기회가 확대돼서 더 많은 사람이 유입되고(R7), 인구에 마찬가지로 긍정적인 영향을 주는 일자리도 늘어난다(R8). 마지막으로 저렴주택을 구할 수 있는 환경 덕분에 주택 소유가 늘고, 이웃이 생기고 공동체가 만들어지면서, 더 많은 사람을 지역사회로 끌어들일 수 있다(R9).

[그림 7-4]와 [그림 7-5]에서 마중물을 붓는 단계는 추가적인 한계나 유출을 극복할 수 있을 만큼 재빨리 진행되어야 했다. 적절한 개발 인프라가 갖춰지지 않으면 잠재적 개발 수익률 증대에 필요한 자금을 유치할 수 없다([그림 7-6]의 B10). 신규 투자자를 유치하기에 무리가 없는 속도로 새로운 일자리를 창출하지 못하면, 해당 지역에 대한 경제 전망이 낮아지고, 결과적으로 의지와 여력이 있는 구매자들의 수([그림 7-6]의 B11)와 자금의 가용성이 차츰 줄어들 것이다(B12). 더구나 경제 전망이 약세로 돌아서면서 공급된 주택이 저평가될 위험이 높아지고, 그에 따라 잠재적인 주택 소유자들의 의욕이 위축된다(B13).

요약하자면, 사람들은 시스템 분석을 통해 지역사회의 개발 인프라를 구축하거나 강화하는 것이 성장하는 데 아주 중요한 첫 단계임을 깨닫게 됐다.

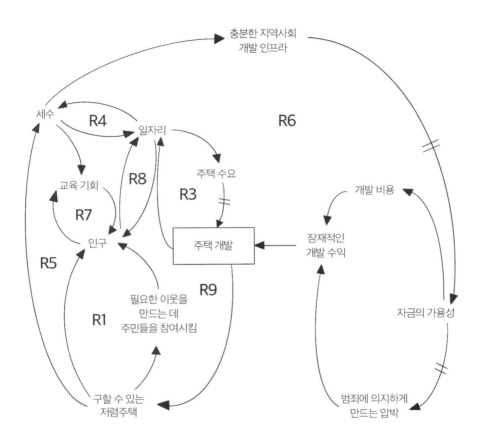

[그림 7-5] 시골 주택: 마중물을 추가로 붓기 일자리, 주택, 세수, 교육, 인구 간의 추가적인 관계 강화는 지역사회의 성장을 증진한다.

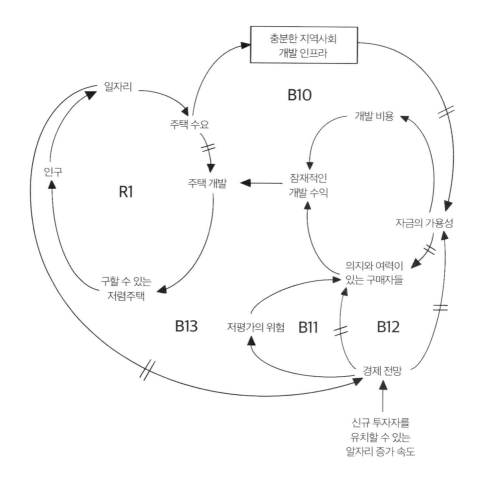

[그림 7-6] 시골 주택: 유출 지역사회가 개발을 위한 기반 시설에 충분히 투자하지 않으면, 잠재적인 개발 수익을 늘리는 데 필요한 자금을 조달하지 못할 것이다. 더욱이 투자자를 추가로 유치할 만큼 충분한 속도로 새로운 일자리를 만들지 못하면, 시간이 지날수록 경제 전망이 어두워져서 성장 능력이 더욱 제한될 수밖에 없다.

성공한 쪽에 몰아주기

위의 사례와 같은 해인 2011년에 윌리엄 캐스퍼 그라우스타인 기념 재단(William Caspar Graustein Memorial Fund)은 코네티컷주에서 인종, 소득, 능력에 관계없이 코네티컷주 모든 아동과 가정에 적용되는 유아 발달 시스템 청사진을 만들기 위해 여러 이해 당사자를 소집했다. '가장 처음부터(Right from the Start)'라는 이름으로 불린 이 프로젝트는 '사회 변화를 위한 상호작용 연구소(Interaction Institute for Social Change)'가 설계하고 주도했다. 이 계획에 함께한 사람들은 지지자, 활동가, 공무원, 민간 자금 제공자, 지역사회 구성원과 부모 등으로, 이들은 기존의 시스템을 탐색해 전체적인 구조를 파악하고, 공평한 시스템의 근본적인 가치와 비전을 세우고, 변화를 이루기 위한 주요 레버리지 포인트를 찾았다.

시스템 사고를 소개해 달라는 요청을 받고 이들과 몇 달간 함께하면서, 더 공평한 시스템을 만들기 위해 해왔던 기존의 시도들이 관련 법률과 구조를 제안하기도 전에 실패로 돌아간 이유를 더 자세히 파악할 수 있게 도왔다. 참가자들은 최선을 다했음에도 불구하고 왜 지금까지 성공하지 못했는지 자문하면서, 한층 깊이 있는 '왜'라는 질문을 던졌다. 그들은 기존의 시스템에서 특히 열성적으로 노력했던 사람들이기도 했다. 그래서 나는 좋은 의도에서 시행했던 조치가 기존의 역학 형성에 일조했을지 모른다는 사실을 생각해 보도록 권하고, 어떤 변화를 주도해야 하는지 주지사와 그 외의 선출직 공직자들에게 제안하는 것을 포함해 그들이 지금과는 달리 어떻게 행동할 수 있을지를 고려해 보게 했다.

실행에 앞서 잠시 속도를 늦추고 비록 의도한 것은 아니더라도 각자가 현재의 시스템을 지속시키는 데 어떻게 일조했는지 더 깊이 돌아보라고 사람들에게 권했다. 그런 내 말에 팀원들은 어리둥절해 했다. 자신의 임무는 다른 사람들이 어떻게 바뀌어야하는지 신속히 제시하는 것이 전부라고 생각했기 때문이었다. 그 시점에서 프로젝트를 그만둔 소수의 사람도 있었지만 참가자들 대다수는 큰 진전을 이루기 위해 더 많이 배우고 고민하는 도전적인 과제를 계속해 나갔다.

다음 시간에 나는 이런 질문의 답을 찾는 데 도움이 되는 시스템 지도를 만들어 보도록 제안했다. 그들이 제기한 핵심 쟁점이 불평등과 관련이 있었기 때문에 (학교에서 뒤처지는 학생들 대부분이 사회적 약자인 흑인, 라틴계, 가난한 백인 가정의 아이들이다), 나는 성공한 쪽에 몰아주기로 근본적인 역학의 틀을 잡았다. 특히 소득 수준이 높고 정치적 영향력이 있는 사람들의 교육 기회와 소득 기회는 시간이 지날수록 증가하는 경향이 있다. 자녀를 위해 더 많은 자원을 성공적으로 확보하기 때문이다. 반면 낮은 소득 수준, 불안정한 조건, 보호 서비스의 부재 등으로 위험에 처해 있는 부모들은 가면 갈수록 아이들이 성공하는 데 필요한 기초를 조기에 제공하는 것이 어려워진다. 게다가 다른 자원에 대한 접근이 제한된 상황을 보완하기 위해 흔히 가난한 사람들끼리 맺는 공동체의 강한 유대는 그들의 기력을 한층 더 소진시키는 요인으로 작용했다. 이런 역학은 [그림 7-7]의 R1, R2, R3 루프로 요약된다.

위험에 처한 부모들은 여러 이유에서 아이들이 성공하도록 뒷받침하기 어려웠다. 그 이유들은 [그림 7-8]에 자세히 나와 있다. 그들은 감당할 수 있는(비싸지 않은) 수준의 보육 서비스에 접근하기가 만만치 않았으며, 그 때문에 더 높은 소득을 얻을 수 있는 능력이 감소했다([그림 7-8]의 R4). 부모들 스스로가 취약해지면서, 신체적, 정서적, 인지적으로 건강한 발달을 위한 뒷받침이 필요한 어린 자녀들의 성장을 지원하기가 더욱 어려워졌다. 그 결과 자녀들은 준비가 덜 된 상태로 학교에 입학하고, 시간이 지날수록 학교에서 좋은 성적을 받기가 힘들어지고, 결과적으로 아이들 스스로가 성장해 위험에 처한 부모가 되지 않기 위해 필요한 능력을 갖추는 것도 힘들어졌다(R5).

위험에 처한 부모가 자녀에게 미치는 직접적인 부정적 영향은 상류층 부모가 그들의 부를 정당화하고 유지하려는 경향에 의해 더욱 악화되었으며, 그에 따라 가난한 아동과 부유한 아동의 격차는 더 크게 벌어졌다. 미국에서 소득 계층 하위 20퍼센트에 속하는 사람들은 소득의 3.2퍼센트를 기부하는 데 비해, 상위

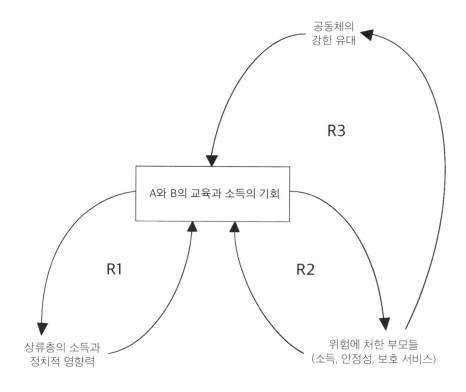

공동체의
강한 유대

R3

A와 B의 교육과 소득의 기회

R1

R2

상류층의 소득과
정치적 영향력

위험에 처한 부모들
(소득, 안정성, 보호 서비스)

[그림 7-7] 코넷티컷주의 유아 교육 격차: 부자는 더 부유해지고 가난한 사람은 더 가난해진다

상류층 부모의 자녀들은 장기적인 성공으로 이어지는 교육 기회와 소득 기회를 더 많이 얻을 수 있
지만, 위험에 처한 부모의 자녀들은 시간이 지남에 따라 이런 기회를 만들기가 힘들어진다.

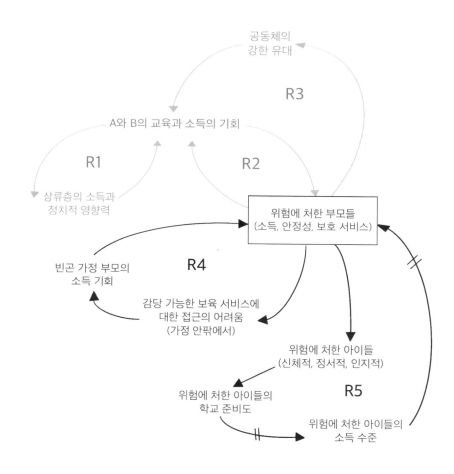

[그림 7-8] 코넷티컷주의 유아 교육 격차: 격차가 벌어진다 위험에 처한 부모들은 부모의 책임을 다하느라 높은 소득을 얻기가 어렵고, 아이들이 성공하는 데 필요한 안전과 충분한 지원을 제공하지 못한다.

07 현실 직시하기: 시스템 지도 그리기를 통해 구성원의 이해를 도모하기

20퍼센트는 소득의 1.3퍼센트만을 기부한다.[4] 캘리포니아 대학교 버클리 캠퍼스의 심리학 교수이자 그레이터 굿 사이언스 센터(Greater Good Science Center) 설립자인 대거 켈트너(Dacher Keltner)는 관대한 행동이 더 큰 관대함을 불러일으키는 경향이 있는 것과 마찬가지로 증가한 부의 보수적인 영향은 도우려는 본능을 억제한다는 사실을 발견했다.[5] 게다가 소득 불평등 증가로 초래된 소비 위축과 교육 수준 저하로 사회복지와 지역 인프라에 투자할 수 있는 자금 자체가 줄어들었다. [그림 7-9]는 상호 관련된 요인들이 만드는 한 차원 높은 문제를 보여 준다.

이런 사회적 자원에 힘을 보탤 공동의 의지와 능력이 저하하면서 아이들을 돕기 위한 조기 대책에 투입할 수 자금을 확보하기가 힘들어진다. 그러면 아이들의 학업 준비도가 낮아지고 장기적으로는 미국의 노동 경쟁력이 약화된다. 그에 따라 미국 총 자원에 가해지는 부담이 커지고 사회적 투자에 자금을 조달할 정부의 능력도 저하한다([그림 7-9]의 R6). 학업 준비도가 저하하면 시간의 지나면서 성취도가 떨어지고, 사회적 비용이 증가하고, 공적 자원이 더 심각하게 유출된다(R7). 더 나아가 사회복지와 지역 인프라에 대한 투자가 줄어들면, 빈곤 계층이 더 큰 곤경을 겪게 되면서 기회 불평등이 한층 심화된다(R8).

참가자들은 이런 역학이 계속되도록 만드는 근본적인 믿음과 추정에 대해서도 깊이 탐색했다. 그들은 부유한 백인이 소수 빈곤 계층보다 더 호의적으로 대우받는 구조적 인종차별의 문제가 이런 불균형을 바로잡을 해결책에까지 확장되고 있음을 깨달았다. 특히 지금까지는 힘 있는 사람들은 다음과 같은 견해를 옹호하는 경향이 있었다.

- 공식적 구조(예: 새로운 법이나 제도 등)가 비공식적 구조(예: 빈곤 지역의 사회적 연결망)보다 중요시되어야 한다.
- 새로운 시스템에 대한 주의 통제권이 각 지역의 통제권보다 중요하다.
- 해결책의 효과성 평가에서 질적인 척도가 양적인 척도보다 중요하다.

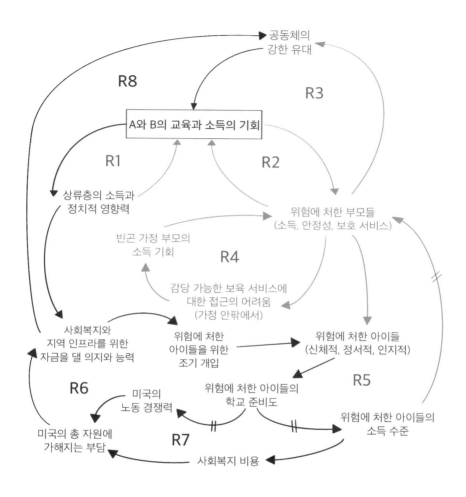

[그림 7-9] 코넷티컷주의 유아 교육 격차: 격차가 더욱 크게 벌어진다 소득 불평등이 공공의 재원에 미치는 부정적인 영향이 더해지면서, 위험에 처한 아이들의 전망은 더욱 어두워진다.

시스템 재설계에 뜻을 둔 사람들은 본의 아니게 위와 같은 추정에 동의하는 경향이 있는데 이를 주의해야 한다.

참가자들은 근본적인 믿음과 추정이 어떤 것인지 알아본 뒤에 분석한 내용을 이용해서 레버리지 포인트를 확인하고, 시스템 변화를 위한 장기적인 작업에 대한 참여 동기를 자극하는 네 가지 다짐을 했다.

- 불평등을 해결하고 소외 계층에 의식적으로 힘을 실어준다.
- 지역사회의 활동을 지원한다. 각 가정과 활동가들이 이미 관계를 맺고 있으며, 그들이 서로 연결되어야 한다는 점을 인정한다.
- 가족을 포함한 대상 아동에게 온전히 관심을 기울인다.
- 문제 해결을 위한 개입은 최대한 초기에 시작한다.

'가장 처음부터'의 높은 수준과 그 활동을 뒷받침했던 권고사항은 주 정부의 유아국(Office of Early Childhood)의 지침으로 통합됐다. 유아국은 '가장 처음부터' 프로젝트가 시작되기 전에는 없었던 행정 조직이다. 권고사항은 시민 대화에 활용할 수 있는 토론 개시 질문 동영상을 포함한 소통 캠페인으로 한층 보강됐다.

당시 윌리엄 캐스퍼 그라우스타인 기념 재단 이사였던 데이비드 니(David Nee)는 이 프로젝트에 대해 이렇게 말했다. "이 활동으로 우리 재단에서 기금을 지원받는 기관들이 더 효과적으로 협력하고, 협력 작업을 통해 가장 큰 영향을 끼칠 수 있는 변화에 목표를 두었습니다. 질병과 증상을 구별하고, 하위 시스템 개선보다 시스템의 각 부분 간의 관계를 개선하는 것을 더 가치 있게 평가하고, 우리 모두는 시스템의 일부이며 누구도 시스템에서 벗어나 있지 않다는 사실을 이해할 수 있게 해주었죠." 이런 이해를 바탕으로 재단은 인종차별을 근본적인 문제로 직접 다루겠다는 의지를 더욱 굳건히 할 수 있었다.

뜻하지 않은 적수

아이오와주 교육부와 지역교육지원청이 경험했던 문제 상황은 더 잘 협력하려고 노력하지만 실행에 어려움을 겪는 조직의 전형적인 사례다. 이 사례에 적용된 스토리 원형은 뜻하지 않은 적수다. 당사자들은 이 스토리 원형을 이해함으로써 굳건한 파트너십이 서로에게 얼마나 도움이 되는지를 명확히 인식하고, 서로의 차이를 극복할 수 있었다. 또 그동안 발생한 문제가 상대방의 의도가 아니었음을 이해하는 계기가 됐다. 덧붙여 자기도 모르게 서로의 기반을 약화시키지 않고 파트너십의 이점을 취할 수 있는 방법이 무엇인지 엿볼 수 있었다.

서로에게 뜻하지 않은 적수가 된 당사자들은 처음에는 파트너십의 가치를 잘 인식하지 못하기 때문에, 파트너십의 가치를 명확히 표현하는 법을 배워 두면 유익하다. 아이오와주 사례에서 양측은 교육부의 목표는 교육 시스템의 가이드라인과 관리 방식을 제시하는 데 있음을 확인했다. 또 지역교육지원청의 목표는 각 지역에 양질의 교사와 양질의 학교 시스템이 갖춰지도록 보장하는 데 있다고 동의했다. 양측은 서로의 목표를 확인한 뒤, 서로의 역할로 인해 기대되는 결과에 대해서도 명확히 밝혔다. 교육부가 역할을 잘 수행하면 지역교육지원청은 아이오와주 교육이 나아갈 방향, 학생과 교사들의 예상 결과를 명확히 이해하고 실행하게 된다. 또 지역교육지원청이 역할을 성공적으로 수행하면 일관적이고 공평한 시스템이 개발되어 지역 학군의 활동에 도움이 될 것이다. 교육부와 지역교육지원청 간의 파트너십 전망은 [그림 7-10]에 선순환(R1)으로 나타난다.

양측은 파트너십의 잠재적인 가치를 규정한 뒤에, 각 기관이 자신의 성과를 개선하기 위해 실행한 조치가 어떻게 의도치 않게 상대측의 목표 달성을 방해했는지를 밝혀냈다([그림 7-11] 참조). 교육부는 교육 시스템에 적절한 방향을 제공하지 못하고 있다고 평가해 새로운 계획을 설계해서 지역교육지원청에 배포했다(B2). 교육부는 새로운 계획을 수립하는 것이 발전적이라고 보았지만, 이미 진행 중인 계획이 있었던 지역교육지원청은 새로운 계획이 전달됨으로 인해서

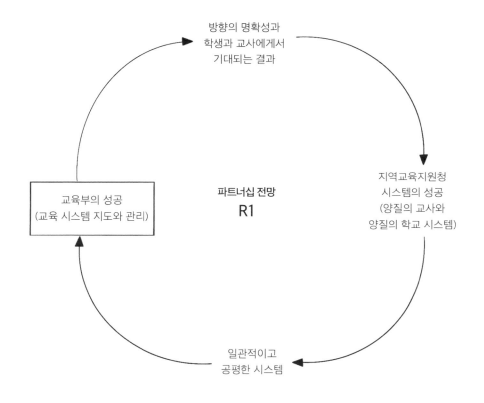

[그림 7-10] 아이오와주 교육부와 지역교육지원청의 관계: 파트너십 전망 교육부는 명확한 방향을
제시하고 지역교육지원청은 일관성과 형평성을 확보해 양측 모두 이익을 얻을 수 있다.

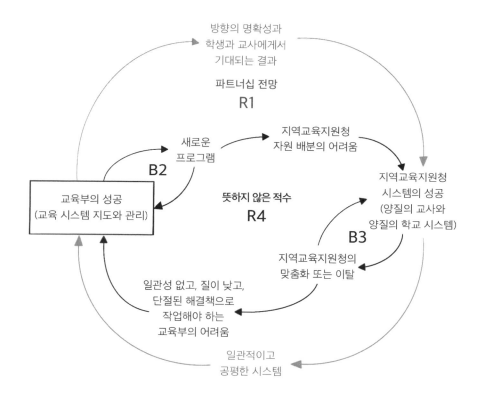

[그림 7-11] 아이오와주 교육부와 지역교육지원청의 시스템 관계: 뜻하지 않은 적수 교육부가 계획한 새로운 프로그램과, 이 프로그램을 각자 상황에 맞게 바꾸거나 프로그램에서 이탈하려는 지역교육지원청의 시도는 양쪽 집단의 효과적인 목표 달성을 어렵게 한다.

07 현실 직시하기: 시스템 지도 그리기를 통해 구성원의 이해를 도모하기

한정된 자원을 배분하기가 더 어려워졌다. 따라서 지역교육지원청은 각기 진행 중이던 계획을 마무리짓기 위해 교육부의 신규 계획을 지역교육지원청의 기존 계획에 끼워 맞추거나 교육부 주도 계획에서 이탈했다. 지역교육지원청의 독립적인 대응으로 교육부는 일관성 없고, 질이 낮고, 단절된 해결책을 주 차원에서 이끌고 가야하는 어려움을 겪었다. 이에 따라 지역교육지원청의 성공적인 역할 수행이 어려워지면서, 교육부는 또다시 새로운 프로그램을 도입해야 하는 상황에 이르렀다. 양측이 취한 조치가 맞물리면서 뜻하지 않은 적수의 악순환인 R4가 초래됐다.

아이오와주 교육부와 지역교육지원청의 스토리는 모든 시스템의 본부와 일선 현장 사이에서 흔히 나타나는 갈등 양상을 보여 준다. 본부는 새로운 계획을 현장에 전달해서 중앙의 목표를 달성하려고 하고, 현장 기관은 각자의 대상자에게 서비스를 제공하는 기존의 활동에 더 잘 집중할 수 있도록 새로 하달된 계획을 각자의 상황에 끼워 맞추거나 계획에서 이탈한다. 이 사례에서 교육부와 지역교육지원청은 새롭게 얻은 통찰을 바탕으로, 궁극적으로 양측의 공동 수혜자인 아이오와주 아이들의 교육에 도움이 되면서도 서로의 목표를 지지하고 윈-윈하는 해결책을 마련했다.

욕조 유추법

4장에서 소개했듯이 욕조 유추법은 요인의 흐름뿐 아니라 비축량에도 주의를 기울여야 할 때 유용하다. 또 어떤 쟁점이 시간이 지나면서 단계적으로 전개될 때도 도움이 된다. 마이클 굿맨과 나는 노숙 문제 해결을 위한 활동 사례에서 인과적 루프 다이어그램을 보완하기 위해 이 비유를 사용했으며, 최근에 마이클은 이번 장 앞부분에서 언급한 성장의 한계 스토리에 나오는 시골 주택 사례에도 이비유를 사용했다.

노숙 문제 해결 사례에서 노숙 문제가 단계적으로 진행된다는 점을 우리는 인식했다. 우선 칼훈 카운티의 인구 집단 중에서 노숙인이 될 위험이 유독 큰 사람들이 있었는데, 가난, 실업, 가정 폭력, 약물 남용, 이런 요인들의 복합적인 작용에 노출된 사람들이었다. 위험에 처한 사람들에게 긴급 지원 서비스가 제공되고는 있었지만, 그들 중 일정 수는 노숙인이 됐다. 또 근처의 재향군인병원과 교도소에서 나와서 노숙인이 된 사람들이 지역사회로 들어오는 경우도 있었다. 그들은 임시 주거지로 거처를 옮기고, 보통은 시간이 지나면서 쉼터, 다리 밑, 숲, 다른 사람의 집, 응급실, 교도소 등의 임시 거처를 순회했다. 임시 거처에 머무는 사람 중에 이 순환 고리를 끊고 영구적이고, 안전하고, 저렴하고, 지원 서비스가 있는 거처로 옮겨가는 사람은 극소수였다. 마이클과 나는 사람들이 이 문제를 시각화할 수 있도록 [그림 7-12]에 나오는 욕조 다이어그램을 제작했다. 이 다이어그램은 지속 가능한 방식으로 문제를 해결하려면 지역사회가 노숙인의 유입을 줄이고 유출을 가속화해야 한다는 사실을 기획팀이 인식하는 데 도움을 주었다.

시골의 저렴주택 공급 확대를 꾀하는 사우스다코타주의 모임에 참여한 지역사회 중에는 소도시 포크턴도 있었다. 복잡한 변화를 이끄는 데 전념하는 많은 조직과 지역사회들이 그랬듯이, 포크턴 지역사회 단체도 연구를 의뢰하면서 상태가 좋고 준수한 주택을 마련하는 문제를 해결하기 위한 17가지 권고안을 담은 아주 긴 목록을 주었다. 권고사항은 여러 종류로 나뉘었는데, 지역사회의 한정된 자원을 고려했을 때 이를 모두 실행하는 것은 어려워 보였다.

마이클 굿맨은 부시 재단(Bush Foundation)에서 자금을 지원받는 다코타 리소시즈(Dakota Resources) 파일럿 프로그램의 일환으로 작성된 보고서의 결과를 검토했다. 그리고 사람들이 가장 큰 영향을 미칠 수 있는 몇 가지 전략에 집중할 수 있게 도왔다. 그는 욕조 유추법을 사용해서 가용할 수 있는 네 가지 유형의 주택을 제시했다([그림 7-13] 참조).

- 온전한 신축 주택: 시간이 지남에 따라 경미한 문제가 발생해서 간단한 수리가 필요한 상태임

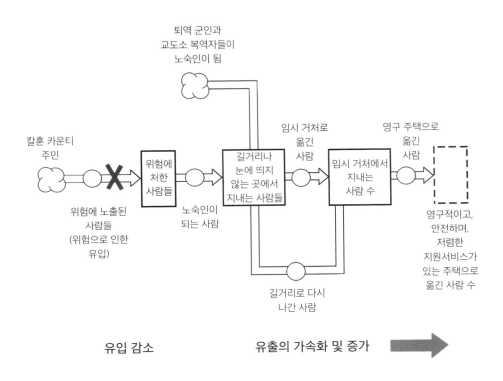

[그림 7-12] 칼훈 카운티의 노숙 문제 해결 노숙인 수를 줄이려면 위험에 처한 사람 중 결과적으로 노숙인이 되는 사람의 흐름을 줄이고, 영구 주택으로 옮겨 가는 사람의 흐름을 늘리는 것이 중요하다. www.appliedsystemsthinking.com

- 약간의 수리가 필요한 주택: 그대로 방치하면 중대한 문제가 발생해서 대대적인 수리가 요구됨
- 대대적인 수리가 필요한 주택: 그대로 방치하면 재건축이 필요한 노후 주택이 됨
- 노후 주택: 철거하고 새로 지어야 함

그리고 주택 물량의 28퍼센트가 대대적인 수리나 재건축이 필요한 상태임을 알게 됐다. 또 주택 보유량과 흐름을 이용한 몇 가지 간단한 시뮬레이션을 통해, 현재의 추세가 계속된다면 20년 안에 38퍼센트로 증가할 가능성이 있다는 사실을 확인했다. 그에 따라 제안했던 17가지 권고안을 주거 수요를 맞추기 위한 두 가지 주요 전략으로 통합했다.

- 경미하거나 중대한 문제가 있는 주택은 보수하고, 복구가 가능한 노후 주택은 복구해서 양질의 주택 유출을 줄이거나 늦춘다.
- 신규 주택을 건설하고 수리가 불가능한 노후 주택을 철거한 후 개발하여 보유 주택의 유입을 늘린다.

칼훈 카운티와 포크턴 지역사회의 사례 모두 인과적 루프 다이어그램과 그 밖의 분석을 욕조 유추법으로 보완했던 것이 도움이 됐다. 칼훈 카운티의 경우, 노숙인들을 도울 방법으로 임시적인 노숙인 쉼터에 의도치 않게 의존했던 것이 노숙 문제를 해결할 능력을 오히려 약화시킨 부담 떠넘기기 원형임이 드러났다. 포크턴의 경우, 충분한 지역사회 개발 인프라의 필요성을 의논했던 다코타 리소시스 시골 학습 센터 모임에서 성장의 한계 원형을 분석하면서 통찰을 얻었고, 이런 통찰은 주택 공급량을 늘리기 위해 지역사회가 실행할 수 있는 두 가지 주요 전략에 초점을 맞추는 방안으로 발전했다.

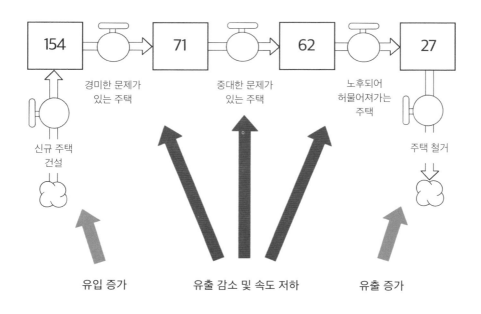

[그림 7-13] 사우스다코타주 포크턴 지역 주택의 질 개선 지역 주택의 질을 높이려면 신축 주택과 철거 흐름의 속도를 높이고, 수리와 재건축을 통해서 주택 쇠퇴를 늦추는 것이 중요하다. 이노베이션 어소시에이츠 조직학습

단순성과 복잡성의 균형을 맞추는 법

시스템 분석을 개발할 때 넘어서야 할 과제 중 하나는, 사람들이 이해할 수 있을 만큼 간단하면서도 다양한 관점과 경험의 풍부함을 포착할 수 있을 만큼 복잡해야 한다는 점이다. 이 장의 마지막 절에서는 이런 균형을 잡기 위한 몇 가지 방법을 살펴볼 것이다.

- 추가적인 루프는 없는 단일 시스템 원형
- 이야기를 더 풍성하게 만드는 추가적인 루프가 있는 단일 시스템 원형
- 보통 한 가지 이상의 다이어그램을 사용하는 다수의 시스템 원형
- 욕조 유추법 혹은 하나 이상의 시스템 원형과 결합한 욕조 유추법
- 상호의존성 지도
- 컴퓨터 모델링과 시뮬레이션

위의 여섯 가지 사례 중에서 [그림 7-10]과 [그림 7-11]의 '아이오와주 아이들을 위한 협력'에 작용한 뜻하지 않은 적수 스토리는 추가 루프 없이 한 가지 원형만을 이용해서 얻을 수 있는 가장 좋은 예다. 그런데 이 원형에는 네 가지 루프(선순환, 서로 중복된 역효과를 낳는 해결책 두 가지, 그런 중복에서 초래된 악순환)가 있기 때문에, 이런 경우에도 스토리를 두 단계(파트너십 전망과 뜻하지 않은 적수)로 전개하는 것이 더 유익했다.

사우스다코타주의 저렴주택 분석과 코네티컷주의 유아기 발달 및 교육 시스템은 핵심 주제를 부연하고 강화하는 여러 개의 루프가 있는 단일 원형의 전형적인 예다. [그림 7-4]에서 [그림 7-6]까지의 저렴주택 사례에서는 많은 한계(루프 B)로 약화된 펌프(루프 R)에 마중물을 부으려고 애쓰는 다수의 성장 엔진이 있지만, 이런 루프들이 결합해서 성장의 한계라는 본질적인 스토리를 이야기한다. 유아기 사례에서는 [그림 7-7]에서 [그림 7-9]에 걸쳐서 나오는 여러 개의 악순환

이 복합적으로 작용해 성공한 쪽에 몰아주기 원형을 이룬다.

'출소 후 계획' 사례는 교도소에 수감됐던 사람들이 사회에 재진입할 때의 어려움을 설명하기 위해 두 가지 원형을 사용한다. 하나는 역효과를 낳는 해결책([그림 7-1]과 [그림 7-2])이고, 다른 하나는 부담 떠넘기기(⟨부록 C⟩의 [그림 C-1])다.

정체성에 기반한 갈등(예: 이스라엘-팔레스타인 문제) 해결에 관심이 있는 독자들은 ⟨부록 C⟩에 나오는 세 가지 다이어그램([그림 C-2], [그림 C-3], [그림 C-4])을 검토하도록 한다. 그런 갈등에 어떻게 세 가지 원형의 조합(부담 떠넘기기, 경쟁하는 목표, 단계적 확대)이 나타나는지를 확인할 수 있다.

욕조 유추법은 복잡성을 이해하기 위한 또 하나의 방법으로, 경우에 따라 여러 방법 중에 조금 더 접근하기 쉬운 방식이기도 하다. 상태가 좋고 쓸만한 주택을 마련해야 했던 포크턴 지역사회의 사례에서([그림 7-13]), 욕조 유추법은 그 자체만으로도 지극히 유용했다. 노숙 문제 해결을 위한 칼훈 카운티의 활동([그림 7-12])에서는 욕조 유추법이 [그림 7-3]에 묘사된 부담 떠넘기기 스토리를 보강하는 데 사용됐다.

상호의존성 지도는 더 단순한 형태의 스토리텔링을 원하는 사람들에게 여러 요인과 관련된 조직을 연결하는 또 다른 방법을 제공한다. 응용 방법은 간단하다. 어떤 문제에 영향을 미치는 여러 요인을 나열한 다음, 그 요인들 사이의 관련성을 찾아보게끔 유도한다. [그림 7-14]는 노숙 문제 해결 사례에 그런 방법을 적용한 예다.

다른 방법으로 선형적인 입출력 다이어그램이나 [그림 7-12]와 같은 욕조 그림을 그려서 상호연관성을 명확히 확인할 수도 있다. 일단 지도를 그리고, 각자의 활동에서 가장 많이 다루는 요인이나 단계를 지도에 적어 넣어 각자의 조직을 지도에 배치할 수도 있다. 지도에서 자신의 조직의 위치와 역할을 확인한 이해 당사자들은 보다 더 큰 시스템을 조망하면서, 다음과 같은 질문을 깊이 생각해 볼 수 있다.

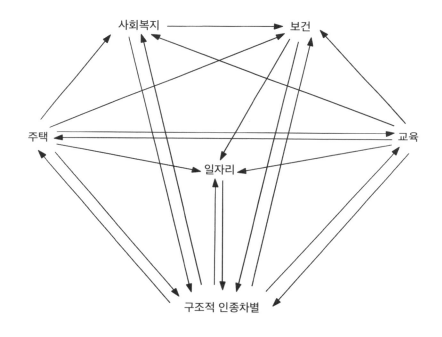

[그림 7-14] 노숙 문제와 관련된 간단한 상호의존성 지도 상호의존성 지도는 다양한 이해 당사자들의 작업이 연결되어 있다는 인식을 높이는 데 유용한 방법이다. 이노베이션 어소시에이츠 조직학습

- 이 시스템에서 우리는 누구의 활동을 지원하는가?
- 이 시스템에서 누구의 활동이 우리를 지원하는가?
- 우리 조직의 개선을 위해서 현재 맺고 있는 관계가 도움이 되는가?
- 우리 조직의 발전을 위해서는 어떤 새로운 관계가 필요한가?

시스템은 부분들 사이의 관계를 강화함으로써 개선되기 때문에 이 간단한 연습은 시스템 분석 과정에 시동을 거는 데 매우 효과적일 수 있다.

반면 컴퓨터 모델링과 시뮬레이션은 더 복잡한 요인을 포착하고, 시스템 지도의 원형을 입증하고, 대안으로 사용할 방법들을 신속히 테스트하고, 여러 시나리오를 생생히 보여 주고, 결과를 정량화할 때 유용하다. 이런 모델은 비축량의 역학과 흐름의 역학 양쪽 모두를 통합할 뿐 아니라, 비선형적이며 시간 지연이 있는 피드백 루프도 통합한다.[6] 이해 당사자들이 다양한 선택의 결과를 쉽게 탐색하고 논의할 수 있는 사용자 인터페이스나 시뮬레이터도 개발될 수 있다.

큰 그림을 파악하기 위해 일정 형식의 시스템 지도를 보여 주면, 이해 당사자들은 그 지도를 최대한 보완하고 다듬어 문제에 대한 생산적인 대화를 촉발하게 된다. 새로운 대화는 개인적 책임, 상호의존성, 시간 지연, 장기적 영향과 단기적 영향의 차이, 의도치 않은 결과, 부분적인 최적화와 시스템 전체 최적화의 대비 같은 중요한 요소를 조명하기 때문에 협업을 증진한다. 그리고 시스템 분석의 바탕을 마련하기 위해 대화를 설계하고 촉진하는 방법이 바로 다음 장에서 다룰 주제다.

7장 정리

- 다양한 이해 당사자 집단에게 문제와 관련된 사실을 확인하는 것은 이해를 높일 뿐 아니라, 시스템 운영 방식 전환에 필요한 관계도 발전시킨다.
- 궁금한 점을 묻고, 사람들이 측정 가능한 데이터를 해석하는 방법을 구별하고, 주요 변수가 무엇인지 알아내고, 알아볼 수 있는 줄거리나 전형을 찾아서 정보를 체계적으로 정리한다.
- 이해 당사자들은 시스템 원형과 욕조 유추법을 사용해서 복잡하고 만성적인 문제가 존재하는 이유에 대한 통찰을 얻을 수 있다.
- 많은 사람이 이해할 수 있을 정도로 직관적이면서도 다양한 관점과 경험의 복잡성을 깊이 있게 담아낼 수 있도록 시스템을 분석하는 최소 여섯 가지의 방법이 있다.

현실 직시하기 :
시스템을 현장에 적용하여 구성원의 참여를 도모하기

시스템 지도로 상황을 더 잘 이해할 수 있지만, 시스템 지도를 통해 이해한 문제의 본질을 사람들이 반드시 수용하는 것은 아니다. 가령 '출소 후 계획' 회의의 참가자 중 일부는 시스템 지도의 가치에 의문을 품었다. 그들이 보기에 변화가 정말로 필요한 사람들(대규모 수감 정책을 지지하는 정책 입안자들)이 포함되지 않아서였다. '가장 처음부터'를 비롯한 다른 사례에서는 이해한 내용을 다른 사람에게 어떻게 전달해야 할지 궁금해 하는 사람들이 있었다. 시스템 지도는 익숙하지 않은 사람들에게는 낯설게 느껴지는 시각 언어 형태이기 때문이었다.

시스템 지도를 통해 얻은 통찰은 수용하고 전달하기 힘들 수 있다. 지도라는 매체는 시각적인 형태의 스토리텔링이고, 모든 사람이 시각적인 사고를 하는 것은 아니다. 사실 시스템 지도가 전하는 스토리는 대단히 인간적이지만, 지도가 드러내는 내용에 대한 부가적인 논의가 전혀 없기 때문에 추상적이고 인간미 없게 느껴질지 모른다. 더구나 대부분의 지도는 사람들이 흔히 예상하는 것보다 현재 시스템에 대한 책임을 훨씬 많이 져야 한다고 요구한다. 그리고 지도가 제시하는 결과를 이해하고 수용하더라도, 지도를 접한 적이 없는 이해 당사자들에게 이런 '낯선 언어'를 어떻게 전달할 것인지 막막해지는 경우가 많다.

이와 같은 어려움은 다음과 같은 방법으로 해결할 수 있다.

· 사람들에게 자신만의 분석을 최대한 많이 내놓게 한다.
· 사람들의 행동 방식에 영향을 미치는 멘탈 모델을 표면화한다.
· 인식, 수용, 대안을 촉진하는 대화를 조성한다.

사람들에게 자신만의 분석을 내놓게 하기

이해 당사자들이 직접 시스템 분석에 참여하면 더 정확한 지도를 만들 수 있다. 그래서 시스템 지도 작성 과정을 안내할 때는 이해 당사자들을 참여시키겠다는 목표를 염두에 두고 진행하는 것이 중요하다. 인과적 루프 다이어그램을 사용하는 경우, 먼저 인터뷰 내용, 포커스 그룹, 관련 문서 자료 등을 토대로 직접 초기 분석을 내놓는 것으로 시작해야 한다. (7장에 나오는 지도에는 혼자 혹은 컨설턴트의 도움을 받아서 만들 수 있는 분석 유형들이 나와 있다.) 그런 다음 이해 당사자의 대표자들로 구성된 소규모 집단에게 문제를 더 깊이 이해하는 데 시스템 지도 초안이 어떤 도움이 되는지, 그리고 지도가 어떻게 보강될 수 있는지에 대한 의견을 달라고 부탁한다.

당신이 찾은 결과를 처음부터 제시하기보다는 이 소규모 집단이 스스로 그 결과와 비슷한 통찰에 이르게 만들 방법을 고민해 본다. 그들의 상황과 특히 관련이 깊어 보이는 시스템 원형(예: 부담 떠넘기기, 뜻하지 않은 적수, 그 외 4장에서 소개한 다른 많은 원형들) 템플릿을 알려주고, 각자 템플릿을 채워 넣으면서 자신의 스토리가 무엇인지 밝혀 보게 할 수도 있다. 혹은 접착식 메모지에 주요 변수들을 적어 두고, 그 변수들 사이에서 가장 중요한 인과관계를 그려 넣으라고 해봐도 좋다. 그들이 문제의 본질에 대한 이해를 얻고 나면, 당신이 그린 시스템 지도 초안을 훨씬 쉽게 해석하고, 주관화하고, 개선할 수 있다. 자문을 의뢰받은 프로젝트에서 소규모 집단과 먼저 작업하는 것이 불가능하다면, 그 프로젝트에 관여한 사람 한 명 이상에게 당신이 그린 초기 분석 결과를 보여 주고서 의견을 구하고, 더 큰 집단과 작업하기 전에 초기 분석을 개선하는 것이 좋다.

더 큰 집단에 시스템 분석을 효과적으로 제시하려면, 우선 분석에 스토리를 연결 짓는 것부터 시작한다. 칼훈 카운티 사례에서 나온 한 가지 스토리는 공식적인 노숙인 쉼터, 길거리, 숲, 응급실, 교도소, 지인 집의 소파 등 여러 임시 거처를 계속 순회하며 지내던 어느 남성에 관한 이야기였다. 사람들은 이 남성이 자립해서 영구적으로 지낼 곳을 찾도록 돕고 싶었지만 지역사회의 관심과 노력에도 불구하고 남성은 그렇게 하지 못했다. 임시 거처를 전전하는 지속적인 취약성의 순환 고리를 끊기가 그토록 어려웠던 이유는 무엇일까? 더 영구적이고 만족스러운 해결책을 내기 위해 어떤 시도를 해볼 수 있을까?

질문의 답을 찾는 데 도움이 되는 시스템 지도를 사람들에게 소개하기 전에 이 지도를 확정적인 답이 아니라 대화와 배움의 촉매로써 제시하는 것이 중요하다. 그리고 각자의 의견을 얘기해야 자신들의 경험을 확실히 반영할 수 있다는 사실을 알리고, 프레젠테이션이 끝난 뒤에 사람들에게 피드백과 제안을 받는다. 개인적인 경험으로는 현장에서 플립차트에 적어 두었다가 나중에 그 내용을 지도에 통합하면 쉽게 처리할 수 있다.

사람들에게 시스템 지도를 설명할 때는 지도를 만들 때 사용한 시스템 언어를 일상 언어로 변환하는 과정을 거친다. 시스템 언어에 익숙하지 않은 사람들이 지도를 더 쉽게 받아들일 수 있게 하려면 다음과 같은 방법이 도움이 된다.

- 우선 지도에서 모든 전문 용어를 빼고, 다이어그램의 루프를 '임시방편, 악순환, 성장 엔진'과 같은 일상 용어로 제시한다. 시골 저렴주택 사례에서는 강화 루프는 '펌프'로, 그리고 균형 루프 또는 제한 루프는 '유출'로 묘사했다.
- 관련된 스토리 원형을 특별한 상황에 있는 사람들의 이야기가 아니라 삶에

흔히 있는 이야기로 소개한다. 그렇게 하면 스토리를 인식하는 데 도움이 되고, 혹시라도 그 스토리와 관련해서 수치심을 느낀다면 그런 수치심을 덜어내는 데도 도움이 된다.

- 사람들이 성취하고자 하는 것을 인정하고 그들이 가진 좋은 의도를 존중한다. 예를 들어 사람들은 기아를 줄이고자 식량을 보내는 것이 목표를 달성할 인도적이고 올바른 방법이라고 믿는다. 또 지역사회를 성장시키고자 신규 주택을 건설하는 것이 새로운 주민과 일자리를 유치할 방법이라고 믿는다.

- 그러고 나서 고려하지 못했던 장기적인 요인이나 결과 때문에, 선의의 행동이 어떻게 기대에 미치지 못할 수 있는지를 보여 준다. 앞에서 살펴봤듯이 기아를 해결하기 위해 식량 원조를 최우선적으로 추진하다 보면, 식량 가격을 낮춰서 의도치 않게 지역 농업 발전을 저해할 수도 있다. 그리고 경제적으로 발전되지 않은 상태에서 인구가 급증하면 이는 지역의 식량 체계 악화로 이어져 더 심한 기근이 드는 경우가 많다.

- 시스템 원형을 사용해서 다이어그램을 단계적으로 소개한다. 앞서 7장에서 파트너십 전망을 제시한 뒤에 잠재적인 파트너가 어떻게 뜻하지 않게 적이 되는지를 보여 주는 뜻하지 않은 적수 원형을 포함해서 단계적으로 나타나는 여러 스토리를 살펴보았다. 스토리가 확장되고 깊어지면서 식별할 수 있는 고유의 주제가 각 다이어그램에 담긴다.

이 시점에서 아마도 '지도가 정확한지 어떻게 알 수 있지?'라는 의문이 자꾸 들지 모른다. 정확성을 확보할 한 가지 방법은 이번 장에서 제시하는 가이드라인에 따라 시스템 지도를 만들게 하는 것이다. 두 번째 방법은 시스템 지도가 프로세스 초기에 제시된 초점 질문에 답하고, 시간에 따라 주요 변수들이 변화한 이유를 설명할 수 있도록 만드는 것이다. 세 번째는 다소 직관적으로 접근해서 참가자들의 반응을 통해 확인하는 방법이다. 작성한 지도가 효과가 있으면 참가자들은 눈에 띄게 침묵한다. 이런 침묵은 다음과 같은 여러 감정이 빠르게 이어지는 신호다.

- 월트 켈리(Walt Kelly)가 신문 연재만화 〈포고(Pogo)〉에서 했던 말처럼 "우리는 적을 만난 적이 있다. 적은 바로 우리다"라는 사실을 깨달으면서 드는 겸손
- 이제까지 해왔던 일을 계속하면서 지금과는 다른 결과를 기대할 수는 없다는 것을 인정하는 데서 오는 절망
- 지금과는 다른 방식으로 생각하고 행동함으로써 더 효과적인 발전의 길을 찾을 수 있으리라는 희망

지도는 사람들이 더 깊고 넓게 이해할 수 있게 해줄 뿐만 아니라 때로는 사람들을 완전히 바꾸어 놓는 데까지 진화할 수 있다. 예를 들면 '출소 후 계획' 사례에서는 범죄의 희생자가 될지 모른다는 두려움이 실제 범죄 발생률보다 사법 제도에서의 행동에 더 큰 영향력을 미칠 수 있다는 통찰이 돌파구가 됐다. 이와 다른 예로 부룬디에서 1990-1994년 내전을 겪은 이후 시민사회를 재건하려는 노력의 일환으로 분쟁에 대한 시스템 분석을 실시한 비정부기구들은 투치족과 후투스족 중 어느 부족이 권력을 잡았는지가 아니라, 민족적 요소를 이용해 다수의 시민을 지배하는 엘리트 계급(양쪽 부족 중 어떤 부족이 됐든)의 능력이 전쟁을 촉발한 요인이었음을 알게 되었다.

멘탈 모델 표면화하기

코미디언인 릴리 톰린(Lily Tomlin)은 "현실은 축적된 예감에 지나지 않는다"라고

말했다. 시스템 사고의 목적 중 하나는 깊이 관심을 두고 있는 영역에서 성취를 이루기 위해, 우리가 예상하는 것을 명확하게 만들어서 이를 의심하고 필요한 부분을 수정하는 것이다. 실제로 동료인 마이클 굿맨은 "시스템 사고는 멘탈 모델이 명확히 표현된 것이다"라고 말한다. 나는 시스템 사고를 일종의 집단 명상으로 생각한다. 즉 생각의 속도를 필요한 만큼 오랫동안 늦춰서 그 생각이 우리에게 이로운지 생각해 보는 것이라고 본다.

우리의 추정과 신념은 우리가 경험하는 대다수의 인과관계를 좌우한다. 예를 들어 어느 조직에서 인력을 감축하는 것이 나머지 직원들의 사기를 높일지 떨어뜨릴지 곰곰이 생각해 보자. 인력을 감축하면 사람들은 '또 언제 추가 감축이 있을까? 혹시 내가 잘리는 건 아닐까?'라거나 '직원이 줄어서 업무량이 더 늘어났는데, 내가 이걸 전부 감당할 수는 없어'라고 생각한다. 따라서 직원의 사기가 떨어진다고 예상하기 쉽다. 그러나 역으로 남은 직원들의 사기가 높아질 수도 있다. '드디어 쓸모없는 사람들이 사라졌어'라거나 '이 회사는 나는 중요한 사람으로 생각하고 있어. 이제는 내 실력이 어느 정도인지를 더 잘 보여 줄 기회가 생겼어'라고 생각하기 때문이다. 이러한 차이가 인력 감축과 이에 따른 직원의 사기의 관계가 건설적인지 파괴적인지를 결정한다.

이와 같은 맥락이 현실을 설명하는 빙산의 더 깊은 차원이다([그림 3-2] 참조). 참가자들에게 인과적 루프 다이어그램을 보고, '이 역학이 계속 유지되도록 만드는 것은 어떤 핵심적인 추정 때문인가?'라는 질문에 답하게 함으로써 보다 깊은 차원을 명확히 밝힐 수 있다. 지금 사용 중인 해결책이나 일의 처리 방식이 효과적이어야 하는 이유를 밝히는 것부터 시작하면 도움이 된다. 가령 '이 긴급 조치로 문제가 해결되어야 해요. 왜냐하면…', '이 성공 엔진은 지속적인 성장을 보장해야 해요. 왜냐하면…' 이런 식으로 답하게 유도한다.

가능하면 각 멘탈 모델을 특정한 원인-결과의 연결고리에 배치하고, 어떤 이해 당사자에게 그런 특정한 신념이 있는지를 알아보라고 권한다. 멘탈 모델을 다이어그램에 직접 배치하면, 시스템 지도에 생명력이 생긴다.[1] 예를 들어 [그림 8-1]은 노숙을 영속화하는 데 기여했던 칼훈 카운티의 여러 이해 당사자들의 멘탈 모델이다. 모든 사람이 타당한 생각을 하고 있지만, 그런 생각들이 의도치 않게 그들이 해결하려는 그 문제를 만드는 데 일조한다는 사실을 확인할 수 있다.

사람들의 추정이 전반적인 역학에 너무 깊이 내재되어 있어서 그런 추정을 하나씩 나열하는 것이 더 나을 때도 있다. 코네티컷주의 유아 발달과 교육 시스템을 재설계하는 데 전념했던 참가자들은 잠재적인 해결책에 대한 생각을 제약하는 멘탈 모델을 발견했다. 그들의 경험은 종종 추정과 모순되기도 했다. 그들은 자신들의 신념이 정치적 후원자들의 다음과 같은 신념을 반영하고 있음을 인식했다.

- 비공식적인 구조(빈곤 지역의 사회 연결망 등)보다 공식적인 구조(새로운 법률이나 제도 등)에 주안점을 두어야 한다.
- 새로운 시스템에 대한 주(또는 국가)의 통제권이 지역의 통제권보다 중요하다.
- 해결책이 효과가 있었는지 평가할 때는 질적인 기준보다 양적인 기준이 중요하다.

생각 풍선(생각하는 내용을 적은 말풍선)의 공간적 한계를 넘어서서 여러 이해 당사자가 문제를 보는 시각을 더 자세히 기술하는 것이 상황을 이해하는 데 도움이 되는 경우도 있다. 켄터키 공중보건 리더십 연구소(Kentucky Public Health Leadership Institute)의 전 연구원이자 의사인 존 왈즈(Jon Walz)는 이런 경우의 극적인 사례를 보여 주었다. 왈즈 박사는 금연에 대한 환자, 의료진, 정치인의 견해를 구별해 제시했다. 그는 사람들의 다양한 견해를 요약해서 반항, 두려움, 자격, 절박함, 무지 또는 기능적 문맹[functional illiteracy; 글자를 읽을 수는 있지만 실생활에서 글을 읽고 활용할 수 없는 상태─옮긴이], 인식이라는 여섯 가지 렌즈 또는 패러다임으로 제시했다. 그의 연구는 멘탈 모델을 이해하는 데 특히 도움이 된다([표 8-1] 참

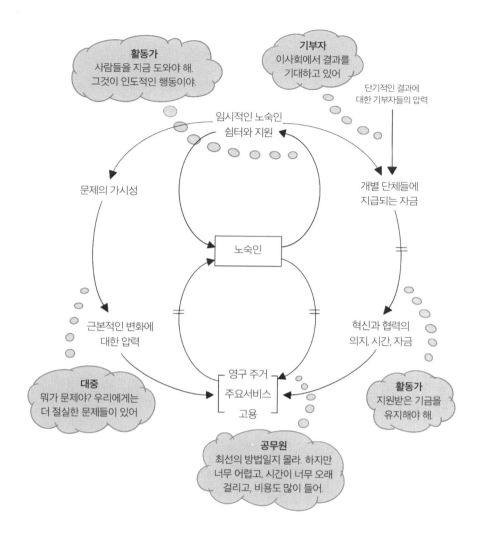

[그림 8-1] 칼훈 카운티의 멘탈 모델 시스템 지도에 멘탈 모델을 추가하면 지도에 생명력이 생길 뿐 아니라 특정 역학이 지속되는 이유를 설명하는 데 도움이 된다. 브릿지웨이 파트너스 & 이노베이션 어소시에이츠 조직학습

　　　　　08 현실 직시하기: 시스템을 현장에 적용하여 구성원들의 참여를 도모하기

[표 8-1] 금연과 관련한 멘탈 모델

	반항	두려움	자격
환자	"제가 원하면 담배를 피워도 돼요! 저희 할아버지도 평생 담배를 피웠지만, 광산에서 일하다가 생긴 폐기종으로 돌아가셨어요."	"끊어야 한다고 말해준 사람은 아무도 없어요. … 담배가 정말로 암을 유발합니까, 선생님? 어머니가 돌아가실 때 어땠는지를 봤어요. 제 아이들에게는 저의 그런 모습을 보이고 싶지 않아요."	"금연치료보조제를 무료로 무한정 지급하지 않으면 담배를 안 끊을 거예요. … 그리고 만약에 그 보조제 때문에 어디 아프기라도 하면, 확 그냥 고소해 버릴 겁니다!"
의료진	"환자분이 담배를 끊든 안 끊든 개인적으로 관심이 없습니다! 하지만 건강을 되찾고 싶다면 지금 당장 그 담배를 갖다 버리세요!"	"제 말 좀 들어보세요. 환자분이 담배를 끊지 않으면 상태가 나빠질 거고, 수술 후의 경과가 좋지 못한 것에 대한 비난을 제가 받게 될 거예요."	"담배를 끊지 않으면, 환자분을 예전 의사에게 돌려보낼 수밖에 없어요!"
정치인	"사람들이 자살행위를 하지 못하게 막는 데 국가 예산을 모조리 쏟아부을 수는 없어요! 교통정리를 잘 해서, 책임이 있는 곳에 책임을 돌려야 합니다. 바로 담배 회사 말이에요!"	"인간에게는 원한다면 흡연할 권리가 있다고 생각해요. 하찮은 암 따위가 선택의 자유를 가로막게 두지는 않을 겁니다! 제가 이 금연 프로그램 예산을 승인하는 데 표를 던지면, 저는 직위를 잃게 될 거예요!"	"지역구 주민들이 원하는 건 CT 촬영과 응급구조차량 서비스이고, 주민들은 그런 서비스를 지원받게 될 겁니다. 주민들은 흡연하는 일부 학생들에 대해서는 신경을 안 써요. 전 그냥 병원을 더 지으면 된다고 봐요!"

절박함	무지 또는 기능적 문맹	인식
"치명적이라는 걸 알아요… 하지만 도무지 끊을 수가 없어요! 저한테 최면을 걸어 주거나, 뭔가 방법을 써주세요. … 저는 다시 담배를 한 모금 빨 수 있다면 뭐라도 할 거예요."	"금연 학교에 가봤는데, 그 사람들이 하는 말을 반도 못 알아듣겠더라고요."	"담배를 끊어야겠다는 생각을 오랫동안 했고, 이번에는 저 자신을 위해서 해볼 거예요! 전 그럴 자격이 있어요!"
"담배를 안 끊으면, 환자분이 병에 걸렸을 때 저도 그렇고 다른 누구도 도와드릴 수가 없어요!"	"그 누구도 환자분께 해드릴 수 있는 게 없어요! 담배를 그냥 딱 끊어버리는 방법밖에 없는데, 그냥 그렇게 딱 끊을 수가 없잖아요! 이젠 끝장이에요!"	"환자분이 진심을 다하면 해낼 수 있다고 생각해요. 도움이 된다고 실제로 입증된 방법을 알려 드릴게요! 시간이 얼마가 걸리든 제가 끝까지 함께 하겠습니다!"
"이 예방 보건 계획에 예산을 쏟아부으면, 이미 승인한 다른 정책에 쓸 돈이 남지 않아서, 우리 주가 파산하게 될 겁니다!"	"이 예방 계획들은 어찌 됐든 전혀 효과가 없어요! 캘리포니아주에서 나온 통계 봤습니까? 아이들 금연 교육에 35억 달러나 썼는데, 폐암 발병률은 전혀 변화가 없잖아요! 우리 돈을 그런 식으로 낭비할 겁니까?"	"켄터키주에서 공중보건 성공 유산을 남기기에 좋은 출발 지점입니다. 금연 프로그램에 자금을 지원하면, 지금이나 미래에 질병에 대한 부담을 모두 줄일 수 있을 거예요!"

조). 이런 패러다임은 다른 이슈에 대한 사람들의 태도에서도 찾아볼 수 있는데, 이중에서 건설적인 해결책이 될 수 있는 것은 오직 '인식'이라는 렌즈 한 가지 뿐이다.

촉매 대화 만들기

시스템 지도를 그리면서 본질적인 멘탈 모델을 조사하는 목적은, 촉매 작용을 하는 대화를 조성하기 위해서다. 이런 새로운 방식의 대화는 자원이 얼마나 제한되어 있는지, 누구의 잘못인지, 그 밖에 또 누가 바뀌어야 하는지에 대한 해묵은 논의를 다시 꺼내는 것이 아니라, 인식을 심화하고, 수용력을 높이고, 새로운 대안을 개발하도록 고안됐다. 사람들은 시스템을 더 포괄적이고 유용한 시각에서 보고, 문제에 대한 책임을 인정하고, 앞으로 무엇을 지금과 다르게 해나갈 수 있는지에 대한 견해를 넓히는 법을 배운다.

인식 심화하기

시스템 지도는 이해 당사자들이 잘 알아보기 힘든 상호의존성과 그들의 좋은 의도를 망쳐놓는 장기적인 결과를 이해하도록 하여 더 깊은 인식을 구축한다. 다이어그램이나 대화에 멘탈 모델을 추가하면, 지금껏 아무 의심 없이 받아들여졌던 사람들의 추정과 믿음이 표면화된다. 다음과 같은 질문은 이런 인식을 바탕으로 촉매 대화를 유도한다.

- 최선을 다했음에도 불구하고 문제가 지속되는 이유에 대해 어떤 새로운 통찰이 생겼는가? 상황을 어떻게 다르게 보게 됐는가?
- 어떤 점이 놀라운가?
- 비록 고의는 아니지만, 우리 집단은 이 문제에 부분적으로 어떤 책임이 있

는가?
- 이 역학은 어떤 과제를 제시하는가?
- 이 역학은 어떤 새로운 기회를 제공하는가?

특정 역학을 더 깊이 탐구할 수 있게 해주는 한층 구체적인 질문을 만들어 보아도 좋다. 부유한 가정의 학생과 가난한 가정의 학생 사이의 격차를 줄이기 어렵게 만드는 근본 원인이 성공한 쪽에 몰아주기 원형이라고 판단했던 어느 학군에서는 대화를 이끌어가는 과정에서 나온 다음 두 가지 질문이 대단히 유용하게 쓰였다.

- 상류층의 일부 학생이 학교에서 좋은 성적을 내지 못하는 이유는 무엇인가?
- 형편이 넉넉지 못한 가정 출신의 일부 학생이 좋은 성적을 거두는 이유는 무엇인가?

이런 질문 덕분에 해당 학군은 모든 학생이 각자의 배경에 상관없이 학교 공부를 잘 할 수 있게 하는 중요한 성공 요인이 있다는 사실을 깨달았다. 참고로 성공 요인은 학생을 신뢰하는 롤모델 또는 멘토, 가족, 지역사회로 구성된 지원 구조, 회복탄력성과 자기관리, 개인별 학습 차이를 존중하는 것 등이었다.

수용력을 높이기

시스템에 대한 인식이 높아지면서 새로운 과제가 등장했다. 시스템을 개선하려고 최선을 다해도 시스템이 유지되는 이유를 이해한다면 이제는 비난에서 책임으로, 독립성에서 상호의존성으로, 단기적 사고에서 장기적 사고로 나아가야 한다. 그 첫 단계는 지금과 같은 역학이 만들어지는 데 기여한 각자의 책임을 수용하는 것이다. 그런 수용의 자세가 상호의존과 장기적인 사고방식의 밑바탕이기 때문이다. 이것은 처칠(Winston Churchill)이 "권력의 대가는 책임이다"라고 말했던 것처럼, 자기 자신에게 책임을 부여하는 행위다.

연민(compassion)과 대립(confrontation)은 얼핏 보기에 상반된 입장처럼 보이지만, 이런 두 가지 입장이 수용적 태도를 높이는 데 도움이 된다. 비록 의도했던 것은 아니더라도 자신에게서 많은 문제가 비롯됐음을 인정하려면 연민의 마음이 필요하다. 대부분의 사람들은 기아를 겪는 사람이 늘어나거나, 노숙 문제가 지속되거나, 환경이 파괴되는 것을 원치 않는다. 그런 의미에서 모두들 각자 그 순간에 아는 바를 토대로 최선을 다하고 있다고 가정하는 것이 도움이 된다. 다른 한편으로 사람들이 어느 정도는 자신이 무엇을 하고 있는지를 잘 모르고 그들 자신에게 최악의 적이 될 수도 있음을 인정하는 것도 똑같이 중요하다. 이를테면 사람들은 임시방편을 시행하고 나서 단기적인 개선 효과가 지속될 것으로 추정하거나, 성공 엔진을 구축하고 나서 그런 성공이 그 자체로 무한정 유지될 것으로 추정하곤 한다. 또 시스템 전체를 최적화하는 최선의 방법이라는 추정으로 자신이 맡은 부분을 최적화하려고 애쓴다.

시스템을 잘 인식하고 수용하는 것은 남에 대한 비판을 자신에 대한 비판으로 돌리게 하라는 것이 아니다. 그보다는 사람들이 근본적으로 원하는 목표를 잘 성취할 수 있게 하려는 것이다. 남들을 변화시킨다는 발상이 더 편할지 모르지만, 궁극적으로는 남들을 변화시키는 것보다는 자기 자신을 변화시키는 것이 훨씬 쉽다. 삶에서 '엄한 사랑'나 '무자비한 연민'이 필요하다고 말하는 경우가 있듯이, 연민과 대립 두 가지 모두가 변화에 필수적인 요소임을 경험으로 안다.

시스템 변화의 주최자 또는 촉진자로서, 상대방을 무시하지 않는 태도로 대립을 유도하는 것도 중요하다. 대립은 그들의 행동이 자기 자신과 상대방 모두 중요하게 여기는 것을 달성하도록 돕고 있는지에 대한 인식을 높여준다. 존중하는 대립은 연민에 기초한다. 이와 대조적으로 무시는 남들에게 수치심을 안겨서 그들과는 관계없이 나에게 도움이 되는 조치를 취하도록 만들려는 행위다. 무시는 힘 있는 사람들에게서 종종 나타나며, 변화하고자 하는 자발적인 의지보다는 방어적인 태도를 불러 일으키는 경향이 있다.

무시가 빈번히 나타나는 집단으로는 선출직 공직자들이 있다. 그들의 행동은 오로지 재선에 성공하려는 욕망만 가득한 것처럼 보일 때가 많다. 그들은 유권자들에게 가장 이익이 되는 정책보다는 대중의 두려움과 단기적인 관심에 호소함으로써 욕망을 실현한다. 나는 보수 성향을 띤 지역에서 20년 동안 성공적으로 의원 활동을 수행하고, 이후 그 주에서 비영리재단을 관리하는 협회 회장직을 맡은 어느 전직 하원의원과 이런 현상에 대해 이야기한 적이 있다. 나는 그에게 하원의원으로 재선되는 것과 공공의 이익에 보탬이 되고자 하는 더 큰 가치 사이의 갈등을 어떻게 극복했는지 물었다. 그는 자신의 재선을 지역구 사람들에게 봉사하기 위해 꼭 필요한 기준점으로 삼았지만, 그 자체를 목적으로 삼지는 않았다고 대답했다. 마찬가지로 저명한 경영 이론가 피터 드러커(Peter Drucker)는 숨을 쉬는 데 산소가 필요하지만 호흡이 우리의 목표가 아니듯, 이익은 사업 성공의 필수 조건이지 목표가 아니라고 말했다. 나는 공직자들이 당장의 사리사욕에만 관심이 있다고 추정해 그들의 견해를 경시하는 것보다, 그들이 더 높은 가치를 추구한다고 보고 그들이 당선될 수 있게 돕는다면 많은 공직자들에게 영향을 끼칠 수 있다고 믿는다.

혹시 나의 이런 말이 순진하게 들린다면, 권력 구조와 대립하면서도 동시에 공감했던 마틴 루터 킹과 넬슨 만델라(Nelson Mandela) 같은 지도자들을 생각해보라. 그들은 인간의 존엄성과 권력을 가진 사람의 고귀한 목적에 호소했고, 사람들을 이를 보고 그들의 협력자가 되고자 했다. 초기에 전략적으로 추진했던 협력 방안이 실패로 돌아갔을 때 그들은 기꺼이 '맞불'을 놓으며 맞서려고 했지만, 상대방이 협력의 의지를 더 많이 내비치자 다시 협력했다.

새로운 대안을 개발하기

대안적인 해결책을 만들려는 의지와 능력은 사람들의 인식과 수용에 기초한다.

이전의 해결책이 왜 실패했는지를 인식하고 실패의 책임을 인정할 때, 사람들은 새로운 사고방식과 행동방식을 도입하려는 마음을 갖는다.

이 장에서 다룬 앞의 단계들을 밟아 나가면, 사람들은 자연스럽게 새로운 해결책을 생각해 보기 시작한다. 이 시점에서 새로운 발상을 내보도록 권해도 좋다. 한편 대안을 찾기 전에 사람들에게 고려하도록 안내할 사항이 한 가지 더 있다. 발전을 가로막는 또 다른 잠재적인 장애물은 바로 사람들의 근본적인 의도다. 우리 대부분은 여러 가지에 전념한다. 예컨대 더 긴급한 개인적 욕구를 충족하려는 욕망과 더 근본적인 목적을 실현하려는 욕망을 함께 품고 있을지 모른다. 성취하려는 욕망들이 서로 경쟁할 때는 목표를 향해 나아가려고 애쓰더라도 결국 다른 방향으로 끌려가고, 그런 두 욕망 사이에서 앞뒤로 끌려다니는 기분이 들 것이다.

다음 장에서는 우리를 잡아 끄는 이런 힘에 대해 조사하고 갈등을 해소하는 법을 다룬다. 각자의 행동을 가장 근본적인 목적과 일치시키고, 각자의 단기적인 이득을 다루는 법에 신중히 접근하는 것은 지속적인 변화에 모든 에너지를 쏟아붓기 위해 꼭 필요하다.

8장 정리

- 시스템 지도는 최선을 다했음에도 불구하고 성공하지 못한 이유를 사람들에게 깊이 이해시킬 수 있지만, 이를 통찰할 동기를 불러일으키는 것은 쉽지만은 않다.
- 사람들이 시스템 사고의 힘을 활용할 수 있게 도우려면, 분석하는 과정에 그들을 최대한 많이 참여시키는 것이 중요하다.
- 시스템 사고에 익숙하지 않은 사람들이 시스템 전체에 관한 통찰에 이를 수 있는 방법은 여러 가지가 있다.
- 시스템 역학을 형성하는 멘탈 모델이 무엇인지 알아보는 과정은 시스템 분석에 생명력을 불어넣고, 이런 역학을 바꿀 힘의 원천이 된다.
- 시스템 지도의 궁극적인 목적은 새로운 대화를 촉진하는 것이다.
- 이런 대화는 인식을 심화시키고, 서로에 대한 수용력을 높이고, 새로운 대안을 개발할 때 가장 효과적이다.

명확한 선택 내리기

복잡한 사회 문제를 해결하기 위한 광범위한 팀워크가 진행되려면, 앞에서 살펴봤듯이 여러 이해 당사자의 목표가 대중을 위한 공동의 목표에 맞게 조정되어야 한다. 비록 이해 당사자의 개별적인 의제가 서로 다르더라도 말이다. 가령 우리는 6장에서 노숙 문제 해결을 목표로 하는 연합에서 거의 항상 갈등이 불거진다는 점을 목격했다. 사람마다 주요 관심사는 서로 다르다. 선출직 공직자는 유권자의 지지를 얻기 위해 비용 억제 문제를 고심하고, 도심의 상업자는 노숙인이 점포 앞에 자리잡지 못하게 하는 문제를 고심하고, 쉼터 운영자는 자금 지원이 끊기지 않도록 쉼터 이용률을 유지하거나 높이는 문제를 고심한다. 서로 다른 관심을 한 방향으로 맞추기 위해 6장에서 제안한 방법은 사람들에게 공동의 목표를 명확히 밝히고, 현실에 대한 초기 그림을 그려보게 해서 공동의 기반을 마련하는 것이다. 하지만 문제 해결의 과정은 여기서 끝나지 않는다.

공동의 기반을 세우는 과정은 꼭 필요하지만, 그러다 보면 사람들을 그들 자신과 맞추는 더 깊은 차원의 도전을 놓칠 수 있다. 서로 다른 이해 당사자들이 다양한 문제에 관심을 두고 있기 때문에 서로 조율하는 것뿐 아니라, 각 이해 당사자의 근본적인 목적을 당장의 이해관계와 조율하는 것도 어려워진다.

사람들 대부분은 각자 가장 깊은 목표를 달성하는 것과 단기적인 목표를 달성하는 것 사이에서 갈등한다.[1] 사람들은 각자의 근본적인 목적을 실현하기를 원하지만, 동시에 경제적 안정, 소속감, 인정 등의 기본적인 욕구도 충족하고 싶어 한다. 당장 타인의 고통을 해결하는 일과 그 사람이 혼자 힘으로 안정을 찾고 차츰 성취감을 얻을 수 있게 장기적으로 돕는 일은 상충할 수 있다. 사회 변화를 바라는 사람들이 갖게 되는 다음 질문은 '근본적인 목적을 실현하기 위해서는 어떻게 해야 할까?'이다. 특히나 근본적인 목적이 각자 당면한 문제와는 거리가 있는 상황에서 말이다. 사람들이 가장 절실히 원하는 목표를 이룰 수 있는 선택을 내리게 하기 위해서는 어떻게 도와야 할까?

수면 밑에 가려진 빙산의 기저(그들의 동기를 자극하는 목적, 그리고 흔히 그와 대조적으로 그들의 일상적인 행동을 형성하는 목적)를 드러내 밝힘으로써 그들의 목적과 현실을 한층 긴밀히 연결하는 것이 그 답이다. 사람들이 두 가지 목적을 더 잘 알게 되면 목적 실현의 이익뿐 아니라 잠재적인 손실과 희생도 완전히 인식한 상태에서 근본적인 목적에 더 의식적으로 전념할 수 있다. 목적을 중심으로 가장 효과적으로 이해 당사자들에게 역할을 배분하려면, 사람들이 여러 정보에 입각해 목적을 달성하기까지 필요한 노력과 자원을 고려하여 선택을 내리도록 해야 한다. 이런 선택을 내리는 것은 의미 있는 변화에 기여하는 사람들의 에너지를 한 방향으로 맞추는 중심축이 된다.

이 과정은 사람들이 다음 네 단계를 밟아 나가도록 지원함으로써 달성할 수 있다.

- 기존의 시스템(지금의 있는 그대로의 상황)에서 얻는 보상이 있다는 사실을 이해한다.
- 현 상태 옹호론과 변화 옹호론을 비교한다.
- 장단기적인 이익에 모두 도움이 되는 해결책을 내놓거나, 의미 있는 변화를 이루려면 무언가를 포기해야 한다는 사실을 인식하게 한다.

- 현 상태 옹호론을 약화시키고 변화 옹호론을 강화시킴으로써, 근본적인 목적에 도움이 되는 명백한 선택을 내린다.

기존 시스템에서 얻는 보상에 대한 이해

시스템은 현재 도출되는 결과를 달성하도록 완벽히 설계됐다.[2] 그러나 시스템으로 인한 부작용을 생각하면 언뜻 이런 전제는 터무니없어 보인다. 대체 사람들이 무슨 이유로 노숙이 계속되고, 기아가 늘어나고, 아이들의 학습 능력을 저해하는 시스템을 고안하겠는가? 시스템 분석 차원에서 이에 대한 답변을 제시하자면, 사람들은 그들이 원한다고 말하는 것보다는 당장의 보상을 얻으려고 행동한다는 것이다. 결과적으로 시스템의 현 상태에서 이익과 보상을 얻고, 변화에 필요한 비용은 회피하고 있다.

기존의 시스템에서 얻는 보상에는 문제 현상을 줄이는 데 단기적으로 효과가 있는 임시방편과 그런 방법을 시행함으로써 얻는 즉각적인 만족이 포함된다. 노숙 문제 해결 사례에서 쉼터 제공을 통해 얻는 보상을 몇 가지 예로 들자면 문제의 가시성 저하, 문제의 심각성 경감, 사회적인 문제를 해결하는 데서 오는 쉼터 운영자들과 재단의 만족감, 이로 인해 지속되는 쉼터 운영 자금의 안정적인 공급 등이 있을 것이다.

사람들은 변화로 인해 겪게 되는 재정적인 투자, 새로운 기술과 업무를 배우고 실행해야 하는 불편함, 다른 기관과의 긴밀한 관계, 투자에 대한 결과가 걸리는 시간과 같은 비용은 부담하고 싶어 하지 않는다. 노숙 문제를 해결하려는 사례에서는 안전하고, 영구적이고, 저렴하고, 지원 서비스가 갖춰진 주택에 투자하는 것, 노숙인 쉼터가 폐쇄되거나 쉼터의 사명과 업무가 달라지는 것, 노숙인이었던 사람이 이웃이 될지 모른다는 시민들의 두려움에 직면하는 것, 영구 주택에 적응할 수 있을지 확신이 없는 노숙인들의 두려움에 직면하는 것 등이 사람들이 피하고 싶어 하는 변화의 비용이다.

기존의 쉼터 체계에서 얻는 보상과 그런 체계를 바꾸는 데 드는 비용을 종합하면, 노숙인을 지원하는 사람들은 지금 그대로의 상태를 옹호하는 결과에 이른다. 하지만 이처럼 현 상태를 옹호하다 보면 사실상 노숙 문제를 해결하겠다는 공언된 목적을 실현하려는 노력은 약해진다.

현 상태 옹호론과 변화 옹호론 비교

변화 옹호론의 근거에는 변화로 인한 이익과 현 상태 유지로 인한 비용이 포함된다. 이는 변화로 인한 비용과 현 상태 유지로 인한 이익에 비해 사람들이 명확히 확인하기 가능하다. 사람들은 원하는 미래에 대한 비전을 이미 갖고 있고, 그들이 걱정하는 문제가 해결되지 않은 부정적인 미래도 상상해 보았기 때문이다.

변화 옹호론을 구축하려면 유권자들과 사회 전체, 협력자들과 그 밖의 이해당사자 등에게 비전을 실현하여 얻을 수 있는 이익을 물어보는 방법도 있다. 노숙으로 생긴 문제에 대처하는 것이 아니라 노숙 문제를 완전히 해결하고자 하는 사람들은 아마 다음과 같은 답변을 할 것이다.

- 쉼터, 병원, 약물 남용 치료를 포함해서 만성적인 노숙과 관련된 사례의 긴급 대응 비용 및 사회복지 비용 절감
- 실업으로 주거비를 감당할 능력을 잃고 일시적으로 노숙인이 된 사람들에 대한 사회적 비용 절감
- 성공적인 노숙인 감소 사례로 선정되어 주 기금 및 연방 기금을 지원받을 여건 마련
- 사람들에게 영구 주택을 제공하는 문제에 대한 우호적인 여론 형성

변화하지 않을 때 초래되는 비용을 사람들이 이해하도록 도우려면 최악의 상황을 그려 보게 한다. 그리고 아무런 변화가 없다면 어떤 일이 일어날 수 있을지를 설명해 보게 한다. 노숙 문제 해결을 위해 일하는 사람들이 변화하지 않음으로써 감당해야 할 손실에는 다음과 같은 것들이 포함된다.

- 모든 비용의 지속적인 증가
- 정부에서 제시한 목표치 미달로 인한 자금 지원 중단
- 도심지 삶의 질 하락과 경제 쇠퇴

사람들이 현 상태 옹호론과 변화 옹호론을 비교하는 데 도움을 주려면, [표 9-1]과 같은 비용편익 분석표를 작성하게 해보면 좋다.

비용편익 분석표는 최선의 노력에도 불구하고 왜 변화가 일어나지 않는지 한층 깊은 수준에서 이해하는 데 도움이 된다. 보통 눈에 잘 안 띄지만, 현 상태를 옹호하는 주장 중에 변화 옹호론을 가로막고 현재 상태를 지속할 만큼 충분히 강력한 주장들을 확인할 수 있기 때문이다.

양쪽의 이점을 모두 취한 해결책을 내놓거나 절충하기

두 가지 중에서 한 가지를 선택해야 하는 상황에서 사람들은 양쪽의 좋은 점만 취하고 싶어 한다. 즉 현 상태의 이점을 계속 취하면서도 변화에 따른 이점을 얻으려고 한다. 실제로 양쪽의 이점을 모두 취한 해결책을 찾을 수만 있다면 그런 해결책을 채택하는 것이 좋다. 양극성 관리(Polarity Management)를 비롯해서 이런 해결책을 마련하는 방법 몇 가지가 있다.[3] 노숙 문제를 해결하기 위해 전국적으로 노숙인에게 주거와 서비스를 제공하는 지역사회 기반의 돌봄 서비스가 수백 가지 있다. 그중에는 거리 봉사활동, 긴급 쉼터(영구적인 주거와 가장 거리가 멈), 과

[표 9-1] 노숙 문제 해결을 위한 비용편익 분석표

변화 옹호론	현 상태 옹호론
변화의 이익 • 긴급 지원, 쉼터, 의료, 약물남용 치료, 실업 비용 절감 • 정부 자금을 지원받을 여건 마련 • 영구 주택을 제공하는 것에 대한 우호적 여론 형성	**변화하지 않을 때의 이익 (현 상태의 보상)** • 문제의 가시성 감소 • 문제의 심각성 감소 • 도움이 필요한 사람을 지원한 만족감 • 쉼터 체계에 대한 지속적인 자금 지원
변화하지 않을 때의 비용 • 비용이 계속해서 증가함 • 정부의 요구 사항을 충족하지 못해서 자금 지원이 끊김 • 도심지 삶의 질 하락으로 경제가 쇠퇴함	**변화에 따른 비용** • 안전하고, 영구적이고, 저렴하고, 지원 서비스가 제공되는 주택 • 쉼터가 사라지거나 쉼터의 임무와 업무가 바뀜 • 일반 시민의 두려움에 직면해야 함 • 노숙인의 두려움에 직면해야 함

브릿지웨이 파트너스 & 이노베이션 어소시에이츠 조직학습

도기 주택(장기 노숙인들이 영구 주택에서 살 준비를 할 수 있게 지원), 긴급 주거 지원(노숙인들이 영구 주택—주로 민영 주택 중에서—으로 신속히 옮겨갈 수 있게 돕는 서비스), 영구 지원주택(장기 노숙인을 위한 지원 서비스가 함께 제공되는 영구적이고, 저렴하고, 안전한 주택), 주거지원 없이 서비스만 지원되는 경우 등이 포함된다. 전반적인 시스템이 최대한 신속하게 영구 주택을 지원하는 방안을 장려하는 한, 위의 방법들은 얼마든지 활용할 수 있다.

그렇지만 대개의 경우는 절충이 필요하다. 사람들은 자신이 열망하는 목표가 현재 가진 것 중 최소한 일부를 포기할 만큼의 가치가 있는지를 결정해야 한다. 사람들은 아무것도 포기하지 않고 더 많이 얻기를 바라지만, 그러면서도 동시에 '고통 없이는 얻는 것도 없다', '공짜 점심 같은 건 없다', '미래를 위한 투자' 같은 개념을 이해한다. 시스템에서는 악화되기 전에 잠시 개선되는 양상이 나타나지만(예: 장기적인 효과를 방해하는 임시방편 때문에) 그 반대 양상도 나타난다. 즉 개선되기 전에 악화되는(혹은 더 어려워지는) 경우도 종종 있다. 우리가 원하는 것을 더 많이 얻으려면, 편안함, 안전, 독립성 같은 것들을 내려놓아야 한다. 지금 누리고 있는 이런 혜택을 내려놓지 않으려는 태도는 변화를 가로막는 가장 큰 걸림돌이다.

보스턴에서 가장 존경받는 노숙인 쉼터 중 하나인 파인 스트리트 인(Pine Street Inn)의 대표이자 이사인 린디아 다우니(Lyndia Downie)는 노숙 문제를 해결하려면 그 시설에서 추구하는 사명이 완전히 달라져야 한다는 사실을 깨달았다.[4] 그는 쉼터에 등록된 노숙인 중 5퍼센트가 매일 밤 쉼터에 마련된 침대의 절반 이상을 사용하고 있으며, 그들은 영구적으로 거주할 집이 필요한 장기 노숙인이라는 사실을 알게 됐다. 노숙인에게 신속히 영구 주택을 제공하고 필요한 경우 지원 서비스를 제공하는 '하우징 퍼스트' 정책에 전념한 그는 시설의 목표를 긴급 쉼터 제공에서 노숙인을 위한 부지 개발과 임대업으로 바꾸자고 이사회를 설득했다. 그는 일부 쉼터를 폐쇄하고 그렇게 확보한 자원을 주택을 구매하는 데 투자하는 것을 포함한, '받아들이기 힘든' 결정을 이사회와 직원들 모두에게 설명했다.

주요 도시에서 노숙인에게 보건 서비스를 제공하는 데 전념했던 비영리 단체의 최고운영책임자로서 그는 지역 노숙 문제의 모든 이해 당사자와 함께 시스템 지도를 만드는 활동에 참여했다. 시스템 지도와 더 넓은 시스템 차원에서 조직의 위치를 검토한 뒤에, 그날 오후에 열린 회의에서 회장과 이사회 임원들에게 이렇게 물었다. '전체의 성공을 위해서 우리 조직이 포기해야 할 수도 있는 것은 무엇일까요?' 나는 그때까지 그렇게 대담한 질문을 들어본 적이 없었다. 엄청나게 강력한 발언이었다.

파인 스트리트 인의 사례와 밑에 나오는 사례들처럼 때로는 현재 조직의 모습을 내려놓는 것이 가장 힘든 도전의 시작이 되기도 한다.

- 아이오와주의 지역교육지원청과 학군들은 지역 학생들을 전적으로 책임지는 자신들의 정체성을 포기해야 한다는 사실을 깨달았다. 주 전체의 교육 성과를 높이려면 상호의존의 힘을 활용해야 하며, 다른 조직들이나 교육부와 독립적으로 진행하는 조치는 내려놓아야 했다.
- 주요 도시에서 식품 안전을 담당하는 규제 기관은 법을 집행하는 집행 기관이 아닌 음식점에 정보를 제공하고 교육하는 기관으로 역할을 전환할 때 더 효과적임을 알게 됐다.
- 한 지역의 공중 보건 부서는 독립된 전문 기관이 아닌 지역사회가 주도하는 공중 보건 프로세스의 촉진자 역할을 할 때 빈곤 지역의 건강을 개선할 수 있는 역량이 높아지는 것을 확인했다.

명확한 선택 내리기

우선 현 상태를 옹호하는 주장을 약화시키고 변화 옹호론을 강화하면, 사람들이 더 쉽게 현 상태를 벗어나도록 이끌 수 있다.

시스템 지도는 현재의 생각과 행동이 그들이 열망하는 목적을 달성하는 데 어떻게 방해가 되는지를 보여 주기 때문에, 현 상태를 옹호하는 주장이 자연스럽게 약화된다. 노숙 문제에 대처하는 긴급 대응 체계는 노숙 문제 해결에 쏟아야 할 관심과 자원을 분산시킨다. 아이오와주에서 K-12 교육을 최적화하려는 지역 교육지원청의 부분적인 조치는 모든 아이들의 교육 성과를 향상시키기 위해 노력하는 주 차원의 능력을 약화시킨다. 음식점이 식품 안전에 더 주의를 기울이게 하기 위해 단속하는 데만 치중하면 오히려 음식점의 협조를 얻어 내기가 더 힘들어진다.

변화의 옹호론을 강화하는 과정은 두 단계로 이루어진다. 첫 번째는 그 특성상 수용적으로, 사람들이 잠시 멈춰 서서 진정으로 원하는 것에 귀를 기울이게 하든 것이다. 오토 샤머는 그의 선구적인 책 《U 이론: 부상하는 미래에서 이끌기 (Theory U: Leading from the Future as It Emerges)》에서, 이를 '현존감(presencing)'이라고 표현한다.[5] 그는 이렇게 설명한다.

> '현존감(presencing)'은 현존(presence)에 미래의 가능성을 감지하는 것(sensing)을 합친 말로 '미래의 가장 큰 가능성을 감지하고 현실화하는 것, 즉 출현하기를 원하고 미래의 공간에서 활동하는 것'을 의미한다. 그런 상태에서 우리는 우리의 진짜 존재, 진정한 우리 자신, 진정한 자아 속으로 들어선다.

현존감은 내면의 깊은 연결을 촉발하는 것으로 전통적으로 여러 문화권에서 다양한 이름으로 묘사되어 왔다. 샤머는 이를 생태 중심적 관점에서 묘사하는데,

이 관점은 저명한 철학자 마르틴 부버가 "세상에서 존재의 추이에 귀 기울이고… 그것이 바라는 대로 그것을 현실로 가져오라"라고 사람들을 독려했던 말에 담겨 있다. '우리는 무엇을 만들고자 하는가?'라는 질문은 사람들을 더 자아 중심적인 위치에 집중시킬 위험이 있지만, '우리는 어떤 부름을 받고 있는가?'라는 질문은 그와는 확연히 다른 방향으로 사람들을 이끌 수 있다.

변화 옹호론에 사람들을 더 깊이 연결시키는 두 번째 단계는 그 특성상 능동적이다. 이 단계에서는 사람들이 이상적인 미래를 그려보도록 유도한다. 창작 과정의 대가 로버트 프리츠(Robert Fritz)가 제시한 원칙에 기초한 다음과 같은 지침에 따르도록 사람들을 안내한다.

- 원하는 것과 가능하다고 생각하는 것을 구분한다.
- 원하지 않는 것이 아니라 원하는 것에 집중한다.
- 과정보다는 결과에 집중한다.
- 원하는 결과를 구체화한다.
- 현재 비전을 보거나 경험한다.

그런 다음 비전이 성취된 이상적인 미래를 묘사하는 다음 몇 가지 질문을 던진다.

- 당신이 도우려는 사람들은 어떤 식으로 도움을 받고자 하는가? 그들은 무엇을 하고 보고 느끼고 듣고 말하고 있는가?
- 그들에게 도움을 주는 것이 다른 이해 당사자들과 사회 전체에는 어떻게 기여하는가?
- 당신이 속한 집단은 무엇을 다르게 실행하고 있는가? 당신은 무엇을 보고 느끼고 듣고 말하고 있는가?
- 개인적으로는 무엇을 다르게 실행하고 있는가? 이 비전을 실현하는 것이 높은 차원의 자아에는 어떻게 도움이 되는가?

이렇게 현 상태를 유지하려는 경향을 약화시키고 보다 심층적인 차원으로 듣고 비전을 머릿속에 그림으로써 변화를 더욱 구체화하면, 사람들이 자신의 높은 목표를 위한 선택을 명확히 내리는 데 도움이 될 수 있다.

아직 합의가 이루어지지 않았다면 어떻게 해야 할까?

위의 네 단계는 여러 이해 당사자의 뜻을 맞추기 위해 노력하는 과정을 담고 있지만 결과가 보장되는 건 아니다. 무언가를 함께 만들어 가려는 공동의 기반이 아직 마련되지 않았을 수도 있다. 그런 경우에는 6장에서 제시했던 대안을 떠올리면 도움이 된다.

- 다른 사람들의 우려를 정당화하고 인정함으로써 간접적으로 협력한다. 그런 다음 양측이 서로 존중하는 제3자를 통해 상대방에게 영향을 미치거나, 그들을 과정의 주요 단계에 끌어들인다.
- 함께 일할 수 없는 사람들은 피해서 일한다.
- 지지층 형성, 정책 입법, 비폭력적 저항 등의 방법으로 맞선다.

모든 사람이 새로운 조치에 바로 동의해야만 변화가 일어나는 것은 아니라는 사실을 알아두는 것도 중요하다. 에버렛 로저스(Everett Rogers)는 혁신 전파에 관한 유명한 연구에서 혁신에 대한 태도는 점진적으로 변화하며, 인구의 15퍼센트에 해당하는 혁신가와 얼리어답터들만 있어도 나머지 사람들이 따라오기에 충분한 추진력을 낼 수 있다고 결론지었다.[6]

혹은 사람들이 현 상태 옹호론과 변화 옹호론을 면밀하게 살피고서, 현재 상황을 그대로 유지하기로 의도적으로 결정할 수도 있다(물론 그들이 포기한 미래에 대해서도 충분히 인식한 상태에서). 이 또한 분명히 타당한 선택이다. 다만 이 경우 주어진 상황을 있는 그대로 수용해야 한다. 이는 스스로가 바뀌지 않으면 주어진 상황이 전혀 바뀌지 않을 가능성이 크므로 바람직하지 않은 측면을 포함한 현실을 모두 받아들여야 한다는 뜻이다.

9장 정리

- 사람들의 일상적인 행동이 그들의 가장 근본적인 열망과 연결되지 않으면 공동의 기반을 확립하기 힘들다.
- 사람들이 가장 절실히 원하는 목표를 위해 분명한 선택을 내리도록 돕는 것이 변화 과정의 중추적인 단계다.
- 아래 네 단계는 사람들의 현재 행동을 공동의 목표에 맞추도록 돕는 방법이다.
    1. 기존 시스템에서 얻고 있는 보상이 있음을 이해한다.
    2. 현 상태 옹호론과 변화 옹호론을 비교한다.
    3. 양쪽의 이점을 모두 취한 해결책을 내놓거나 절충한다.
    4. 근본적인 목적을 위해 분명한 선택을 내린다.
- 위 단계를 실행했지만 여전히 이해 당사자들이 공동의 목표에 합의하지 못했더라도 대안은 있다.

격차 메우기

어느 대규모 비영리 보건 의료 시스템의 의료정보학 부서에는 명확한 비전이 있었다. 임상 정보 시스템에 의료정보학의 최신 지식을 통합하는 일이었다. 부서는 고학력의 의료진과 정보 시스템 전문가들로 구성되어 있었고, 모두 목표를 달성하려는 열정도 있었다. 하지만 경영진의 든든한 지원에도 불구하고 부서는 여러 문제에 직면했다. 시스템 통합을 위해 엉성하게 조직된 병원 연합을 설득하려고 애써야 했고, 높은 수준의 시스템을 제공하려는 욕심에 병원과 약속한 기한을 지키지 못했으며, 그 과정에서 부원들의 에너지가 모두 소진됐다. 부원들은 업무 부담에 지쳐서 실망스러운 성과를 내고 있었다.

업무 과부하는 사회 분야에서 일하는 사람에게만 국한된 문제는 아니다.[1] 그렇지만 목표는 높고, 투입할 수 있는 자원은 적고, 평가는 어려운 비영리 부문의 특성으로 인해, 사람들은 에너지가 완전히 소진되기도 한다. 하지만 사람들은 어떤 행동이든 실행만 하면 지금보다 나아질 수 있다고 생각하기 때문에 전략적 집중과 지속 가능성에는 거의 신경을 쓰지 않고 할 수 있는 모든 것을 다 하려고 한다. 너무 많은 일을 하다 보니 자금을 지원하는 기부자는 비현실적으로 과한 기대를 품고, 비영리단체는 이를 충족시켜 자금을 받기 위해 경쟁하고, 결과적으로 일은 더 가중된다. 목표는 점점 높아지고, 우선적으로 처리할 일이 급증하며, 우선순위가 바뀌고, 업무의 질은 저하되고, 합의된 임무를 완수하지 못하면서 긴장이 고조된다.

다행인 것은 장기간에 걸친 몇 가지 변화에 초점을 맞출 때 시스템이 변한다는 것이다. 이런 변화를 레버리지 포인트라고 부른다. 장기적인 효과를 극대화하기 위해 제한된 자원을 활용하기 때문이다. 효과적인 방안을 공략하고 실행하는 조직은 적은 노력으로 큰 성과를 거둔다. 현재 어떤 상황에 있는지를 명확히 하고 진정으로 원하는 것에 의식적으로 전념하면(목표에 이르는 과정에서의 보상을 인식한 상태에서), 격차를 메우기 위한 레버리지 포인트를 찾고 지속적으로 배우고 활동하는 프로세스를 확립할 준비가 갖춰진다.

효과적인 레버리지 포인트 찾기

도넬라 메도즈는 저서인 《시스템으로 사고하기(Thinking in Systems)》에서 영향력이 큰 순서대로 12개의 레버리지 포인트를 찾아서 정리했다.[2] 이 장에서는 그 항목을 줄이고 정리해서, 사회 변화에 헌신하는 사람들에게 특히 유용한 레버리지 포인트 목록을 제시한다.

- 시스템이 현재 어떻게 작동하는지에 대한 인식을 심화한다.
- 주요 인과관계의 배선을 바꾼다.
- 멘탈 모델을 바꾼다.
- 목표, 측정 기준, 인센티브, 권한 구조, 지원 자금을 목적에 맞게 조정하여 선택된 목적을 강화한다.

인식 심화하기

행동이 먼저 앞서는 사람들은 드와이트 아이젠하워(Dwight D. Eisenhower) 대통령을 비롯한 여러 사람들이 말했다고 알려진 "그냥 아무것도 하지 말고, 기다리라"는 조언을 낯설게 여긴다. 해결 방안을 빠르게 찾고 성급히 적용하려다 보면 무엇이 변화를 촉진하는지에 대한 통찰의 힘을 알아차리지 못할 때가 많다. 성경에 "진리가 너희를 자유롭게 하리라"(요한복음 8장 32절)라는 말이 있듯이 말이다.

이 책에서 사용된 프레임워크는 현실을 직시하는 과정을 시스템 변화의 중요한 단계로 본다. 성과에 영향을 미치는 숨어 있는 상호의존 요인을 찾고, 해결책의 장단기적 효과와 차이를 인식하고, 지속되는 문제에 대한 자신의 책임을 깨닫고, 현상유지가 주는 보상을 인정하는 것은 변화의 중요한 단계이다. 앞의 의료정보학 부서는 일에 대한 과한 욕심과 무리하려는 경향이 결과적으로 양질의 성과를 내는 데 걸림돌이 되었다는 것을 깨달았고, 그들은 고객들과 보다 현실적으로 합의하는 것의 중요성을 깨달았다.

7장에서 논의한 시스템 지도 그리기 도구와 8장에서 논의한 촉매 대화 질문은 시스템에 대해 잘 알게 되면서 변화한 사례를 제시한다. 시스템에 대한 인식을 강화하는 데 유용한 질문 몇 가지를 다시 살펴보자.

· 우리는 왜 최선을 다했음에도 이 문제를 해결하지 못하고 있는가?
· 비록 의식하지 못했더라도 우리는 이 문제에 부분적으로 어떤 책임이 있는가?
· 예전의 해결책과 새로운 해결책에 어떤 의도치 않은 결과가 있을 수 있는가?
· 현재 시스템이 우리에게 제공하는 보상에는 어떤 것이 있는가?
· 전체적인 성공을 위해서 우리는 무엇을 포기해야 하는가?

때로는 무지가 인식의 힘을 깨닫게 하기도 한다. 유명한 역사학자 바바라 터크먼(Barbara Tuchman)이 지적했듯이, 우리의 과거는 지도자들이 "지역사회나 국가의 이익에 반하는 정책을 추구했던" 어리석은 행동으로 가득하다.[3] 터크먼은 어리석은 행동의 기준을 다음과 같이 규정했다.

- 어리석은 행동은 나중에 다시 돌아보았을 때뿐만 아니라, 당시에도 역효과를 낳는다.
- 실행 가능한 다른 대안이 분명히 있었다.
- 지도자는 개별 통치자가 아닌 집단을 위한 정책을 실행해야 하며, 이는 '지도자의 정치적 수명'을 초월해서 지속되어야 한다.

그는 자신의 주장을 입증하기 위해 네 가지 역사적 사례(트로이 전쟁, 르네상스 시대 교황의 통치, 영국으로부터 미국의 독립, 미국의 베트남 전쟁)를 들지만, 최근에도 유사한 사례를 어렵지 않게 찾을 수 있다. 대표적으로 이라크 전쟁과 기후변화에 맞서는 우리의 우유부단함을 들 수 있다. 역사학자 나오미 오레스케스(Naomi Oreskes)와 에릭 M. 콘웨이(Erik M. Conway)는 최근 저서 《다가올 역사, 서양 문명의 몰락》에서, 기후변화를 부정하는 패턴이 담배회사의 공작과 닮아있다고 밝힌다. "이들은 과학이 불확실하다고 주장하고, 그들(반대자들)이 싫어하는 결과를 제시한 연구원들을 공격하고, 언론이 '균형 잡힌' 관점에서 보도해야 한다고 요구한다."[4]

인과관계의 배선 바꾸기

배선을 바꾼다는 것은 사람들의 행동 방식에 영향을 미치는 인과관계를 바꾸는 것을 의미한다. 시스템 역학과 그 역학에 따른 행동 패턴을 지속 가능한 방식으로 바꾸려면 일부 피드백 루프는 새로 만들거나 강화해서 새로운 행동을 촉발하고 효과 있는 행동을 지원해야 한다. 반면 일부는 약하게 만들거나, 끊어 내거나, 방향을 반대로 돌려서 문제에 대한 단순한 반응을 막고 더 창의적인 반응을 유도해야 한다. 덧붙여 시간 지연의 경우, 바꿀 수 없다면 단축 혹은 연장하거나 용인해야 한다.

시스템 원형의 배선을 바꾸는 방법에 대해서는 이전의 사례들을 참조할 수 있다. 그래서 시스템 원형을 참고해 시스템 지도를 그리는 것은 많은 이점이 있다. 여기에서는 시스템 원형을 참고해 포괄적인 레버리지 포인트를 찾는 방법에 초점을 맞춘다. 특히 앞에서 다뤘던 다섯 가지 일반적인 시스템 원형(역효과를 낳는 해결책, 부담 떠넘기기, 성장의 한계, 성공한 사람에게 몰아주기, 뜻하지 않은 적수)을 중점적으로 살펴본 뒤에 그 밖의 원형과 욕조 유추법과 관련된 방법을 간단히 정리할 것이다. 조직이나 공동체를 형성하기 위한 다른 모든 활동과 마찬가지로, 주최자 또는 퍼실리테이터는 원칙과 구체적인 권고사항을 소개하고, 더 큰 규모의 이해 당사자들의 의견을 취합한 뒤에 나머지 과정을 전개해 나간다.

역효과를 낳는 해결책 원형에 처해 있는 사람에게는 세 가지 선택지가 있다.

- 여러 임시방편 중에서 의도치 않게 장기적으로 부정적인 영향을 끼치는 결과를 고려하고, 현재의 해결책보다 부정적인 영향이 적거나 아예 없을 것 같은 임시방편을 선택한다.
- 만일 지금 사용하는 임시방편을 계속 써야 한다면 부정적인 결과를 완화할 방법을 찾아본다.
- 임시방편이 해결하고자 하는 문제의 근본 원인을 밝히고, 가능한 경우에는 그 근본 원인을 해결한다.

대규모 교도소 수감 정책은 재소자들 대부분이 교도소를 출소했을 때 훨씬 더 심각한 불이익과 높은 재범 위험에 처하게 만든다. 이를 해결하는 몇 가지 대안 중 하나는 형량 완화다. 두 번째로 범죄자를 교도소에 꼭 수감해야 한다면, 교도소를 사회 진입 장벽이 수반되는 처벌의 장이 아니라, 상담, 교육, 직업훈련, 가족과의 지속적인 연계를 통한 교화의 장이 되도록 적극적으로 설계한다. 세 번째 대안은 건강한 지역사회를 만들 수 있도록 투자해서 애초에 지역사회가 절망과 범죄 행위의 온상이 되지 않게 만드는 것이다.

부담 떠넘기기 원형에는 다음 세 가지 선택지가 있다.

- 임시방편에 대한 의존을 줄인다.
- 대안적인 미래에 대한 비전을 세워서 장기적인 투자를 하지 않을 수 없게 만들고, 그렇게 해서 근본적인 해결책에 대한 투자를 늘린다.
- 근본적인 해결책을 마련하는 과정에 임시방편이 계속해서 필요하다면 사용하되, 해결책을 저해하는 것이 아니라 해결책에 도움이 되는 방향으로 설계한다.

노숙 문제 해결에서 한 가지 중요한 성공 요인은 임시 쉼터 시스템에 대한 의존도를 줄이는 것이다. 역사적인 성공을 거둔 파인 스트리트 인은 현재 보스턴과 인근인 브루클린에서 18가구를 수용하는 다세대 주택 36채를 관리하고 있으며, 절반은 쉼터가 아닌 집으로 사용된다.[5] 이 접근법은 영구 지원주택의 모범 사례인 '하우징 퍼스트'에 기반을 둔다. '하우징 퍼스트'는 "우선 주택을 공급하고, 그런 다음 신체 및 정신건강, 약물 남용, 교육, 취업 등의 지원 치료 서비스를 주거 서비스와 결합하는" 방식으로 고안된 프로그램이다.[6] 물론 파인 스트리트 인에서도 노숙인 쉼터가 중요한 긴급조치로 여전히 사용되지만, 콜럼버스, 오하이오, 그 밖에 전국적으로 잘 알려진 여러 지역사회에서는 쉼터를 대체 수단이 아닌 영구 주택 공급의 통로로 만들기 위해 노력 중이다.

흔히 보수주의자는 비영리 분야가 정부에 의존하는 경향이 있다는 나름 타당한 지적을 한다. 그런 경향은 부담 떠넘기기 역학이 작용한다는 주요 증표다. 공중 보건 부문의 여러 기관들은 이런 작용을 인지하고, 정책을 수정했다. 예를 들어 단속에 의존하는 대신에 음식점 주인들과 협력하여 요식업 종사자 교육 시스템을 만드는 방식으로 식품 위생 안전성을 높였다. 또 빈곤 지역에 인프라를 구축할 수 있도록 전문가의 위치에서 단기적으로 관여하는 것이 아니라 장기적으로 협력함으로써 건강한 지역 공동체를 만들었다.[7]

성장의 한계 원형을 극복하는 방법은 다음 세 가지다.

- 성장 엔진을 구축하는 중에도 잠재적인 한계가 있을 수 있음을 예상한다.
- 시스템이 한계에 다다르기 전에 한계를 극복하는 데 투자한다.
- 투자가 필요하다면 설사 성장 속도가 조금 더 느려지더라도 투자에 필요한 자금을 기존의 성장 엔진에서 조달한다.

시골 주택 개선을 위해 모인 회의 참가자들은 주택 건설보다 기반 시설에 투자해서 지역사회를 발전시키는 것이 선행되어야 한다는 사실을 발견했다. 민간 개발업자의 자금과 전문성을 유치하려면 기반 시설이 필요했기 때문이었다. 한편 성공적인 모기 퇴치 프로그램의 효과를 유지하기 위해서, 공중 보건 부서는 인근 지역 공무원들과 연계해 해당 지역 경계 너머까지 조치를 시행하는 데 필요한 인력, 장비, 전문적 지식을 제공 받았다.

성공한 쪽에 몰아주기 원형의 인과관계를 바꾸기는 쉽지 않다. 성공한 사람이 그들의 힘을 포기하게 만들 유인(誘因)이 거의 없기 때문이다. 이럴 때 효과적인 몇 가지 방안은 다음과 같다.

- A와 B의 성공을 아우르는 가장 중요한 목표를 세운다.
- 성공을 거둔 A가 경제적 비용과 사회적 불안을 포함한 불평등의 부정적인 결과를 인식하도록 한다.
- B에게는 가족과 사회와의 긴밀한 유대, 정치적 영향력, 높은 도덕성 등과 같이 무시되곤 하는 자원을 키울 수 있게 지원한다.
- 기회와 접근의 공정성을 증진하는 시스템을 만든다.
- 현재의 성과가 아닌 성공 잠재력에 근거해 A와 B에 투자한다.

예를 들어 콜로라도주 이글 카운티의 한 지역협회는 부유한 가정과 가난한 가정의 아이들을 포함한 모든 아이들이 사랑받고 성공하는 곳을 만들겠다는 비전을 품었다. 지역협회는 보통의 범주에서 벗어나 있는 두 집단을 살펴봄으로써 중요한 지점을 발견했다. 한쪽 집단은 경제적으로 윤택한 가정 출신이라는 의미에서 모든 것을 가졌지만 학교 공부를 잘 못 따라갔고, 다른 한 집단은 가정의 경제적 형편이 어려운데도 학교 성적이 뛰어났다. 지역협회 회원들은 다음 두 가지 질문을 고민하면서, 모든 학생이 성공할 수 있게 만드는 요인이 무엇인지를 명확히 밝혀나갔다.

- 양극단의 두 집단을 통해 알게 된 성공에 필요한 자원은 무엇인가?
- 두 집단을 통해 알게 된 모든 아이들의 성공 가능성을 높이는 방법은 무엇인가?

이 두 질문의 답을 찾은 결과, 지역연합은 모든 아이들이 성공하기 위해서는 다음과 같은 조건을 포함한 여러 조건이 갖춰져야 한다고 결론지었다.

- 가족과 지역사회의 지원 구조
- 학교에서 선생님, 지지자, 멘토 중 적어도 한 사람과 인격 형성에 영향을 주고 받는 관계를 맺음
- 도전
- 회복탄력성과 자기관리
- 학습 차이에 대한 존중

지역협회는 해당 지역에 거주하는 모든 아이들에게 기회를 주자는 정신에서, 프로젝트에 학교에서의 차별을 폐지한다는 뜻의 'integrate'와 동음어인 'InteGreat!'라고 이름 붙였다. 학습 격차를 해소하려는 처음의 목표는 모든 학생이 성공 조건을 갖출 수 있게 지원하는 목적으로 진화했다.

코네티컷주에서는 취학 연령 이전부터 아이들의 교육을 지원하는 사업과 관련해, 인력 개발과 소비자 기반 확대에 관심이 많은 사업가들이 유아기 발달

과 교육 증진에 투자해야 한다는 주장이 여러 차례 제기됐다. 하지만 이런 투자의 결과는 시간이 오래 지난 후에야 효과가 나타나기 때문에 사업가들을 설득하는 것은 어려웠다. 그런 와중에도 활동가들은 사회 관계망 확충, 지역 정치인에 대한 로비 능력 강화, 기회 균등이라는 도덕적 정당성, 양적·질적 사업 성과 전달력, 빈곤 지역에서 등한시되었던 자원 구축이 프로젝트 성공에 얼마나 중요한지를 실제로 깨달았다.

미국에서 독점금지법과 소득과 상속에 대한 누진과세법은 공정한 경쟁의 장을 마련하고 동등한 기회를 제공하기 위해 역사적으로 사용되는 대표적인 수단이다. 비록 장기적인 해결책이기는 하지만, 교육도 그 주요 수단 중 하나이며, '가장 처음부터'와 같은 프로젝트에서 동력을 얻는 유아기 발달 지원도 마찬가지다.

뜻하지 않은 적수를 생산적인 동반자 관계로 바꾸어 놓는 효력이 큰 방안은 다음 세 가지가 있다.

- 두 집단이 협력함으로써 얻는 혜택을 명확히 밝히거나 상기시킨다.
- 어떤 방식으로 의도치 않게 서로의 기반을 약화시켰는지를 짚어본다. 각 집단은 그들의 해결책이 상대방에 미칠 영향을 고려하지 않은 채로 어떻게든 자력으로 성공하려고 애써 왔다.
- 양쪽 집단 모두가 윈-윈 하는 해결책을 찾도록 지원한다. 상대방의 성과를 뒷받침하거나 최소한 기반을 손상시키지 않으면서 각 집단이 더 크게 성공할 방법을 찾는다.

아이오와주의 교육 기관들은 교육부와 지역교육지원청 시스템 사이의 관계, 각 지역교육지원청들 간의 관계, 지역 학군과 각 지역교육지원청 사이의 관계, 학군과 교육부 사이의 관계를 향상시키기 위한 3단계 조치를 적용하면서 서로 더 효과적으로 협력할 수 있었다.

[표 10-1]은 그 밖의 원형에서 인과관계의 배선을 바꾸는 법을 요약한 것이다.

[표 10-1] 그 밖의 시스템 원형의 배선 바꾸기

원형	방안
악순환	• 약한 연결 부분(타고난 부분이 아니라 사람들의 추측에 의해 좌우되는 부분)을 찾아낸다 • 새로운 목표를 만들어서, 유발 요인의 방향을 바꾼다 • 어떤 조치를 수정해야 하는지 명확히 한다 • 가속도를 유지하기 위해 강화 조치를 시행한다
비효과적인 균형 루프	• 장기적인 비전에 기초해 지속적으로 개선해 나간다 • 시간 지연이 있더라도 인내심을 발휘하거나, 부정적인 결과를 초래하지 않고 시간 지연을 줄일 방법을 찾는다 • 전략적 해결책은 합의된 명확한 목표와 현실에 대한 공동의 의견에 기초한다
표류하는 목표	• 비전을 보류한다 • 목표를 낮게 잡는 대신, 수정된 조치를 유지함으로써 성과 부족을 줄인다
경쟁하는 목표	• 경쟁하는 목표들을 아우르는 더 높은 목표를 찾는다 • 성취하려는 두 가지 목표가 상호 배타적이라면, 그 중 하나에 전념한다 • 상호 배타적이지 않다면, 두 가지 목표를 성취하도록 이끄는 다른 수정 조치가 무엇인지 알아낸다
단계적 확대	• 구조와 비용에 대해 완벽히 인식한다 • 모든 당사자가 각자의 목표를 달성할 방법을 찾는다 • 당사자들이 균형 잡힌 상황에 합의하게 한다 • 단계적 확대 속도를 늦춘다 • 어느 한쪽이 단계적으로 확대 속도를 늦춘다
공유지의 비극	• 개별 조치의 총 비용에 주목하게 한다 • 더 큰 공동의 이익이나 비전에 초점을 맞춘다 • 합의된 상급 기관 등을 통해 공동 자원을 관리한다 • 보충되거나 재생될 수 있도록 공유자원을 폐쇄한다
성장과 투자부족	• 수요에 대처할 수 있도록 한계를 예상하고 미리 투자한다

이노베이션 어소시에이츠 조직학습(일부 수정됨)

마지막으로 욕조 유추법을 사용할 때는 비축량이나 수위에 변화를 주기 위해 흐름을 어떻게 바꿀 것인지를 생각하는 것이 중요하다. 예를 들어 어느 지역 사회에서 노숙인 분포 수준을 낮추려고 한다면, 노숙인이 되는 사람의 유입을 줄이고, 영구 주택에 들어가서 그곳에서 계속 지내는 사람들의 유출을 늘려야 한다. 혹은 저렴주택의 수위를 늘리려면, 신규 주택과 재건축의 유입을 늘리고 주택이 노후화되고 궁극적으로 방치되는 사례의 유출을 줄여야 한다.

멘탈 모델 바꾸기

멘탈 모델은 시스템의 성과를 결정짓는 중요한 인과관계를 좌우한다. 역효과를 낳는 해결책에서 기존의 임시방편을 대체할 방안을 고려할 때, 임시방편을 처음 선택했을 때의 멘탈 모델부터 손보는 것이 중요하다. 예를 들어 의료정보학 부서는 사람들이 소프트웨어의 장점에 관심을 갖고 기대를 갖게 하는 것이 지지를 얻는 최선의 방법이라고 믿었다. 이들은 이러한 믿음에 의문을 제기해야 했다.

부담 떠넘기기에서 임시방편에 대한 의존을 줄이고 더 근본적인 해결책에 투자할 수 있도록 사람들의 지지를 이끌어 내려면, 어떤 추정이 임시방편과 근본적인 해결책의 시행을 막는지부터 알아봐야 한다. 칼훈 카운티의 경우에는 쉼터가 노숙을 끝내는 해결책의 중요한 일부라는 추정과 '하우징 퍼스트'가 비용면에서 효율적이지 못하다는 추정에 문제가 있음을 인식했다.

뜻하지 않은 적수 원형을 뒤집을 방법을 모색하는 잠재적인 파트너들은 상대의 파괴적인 행동이 의도적인 것은 아니라는 사실을 인식해야 한다. 아이오와 주 교육기관들이 시스템 지도를 그리면서 그들이 어떤 상황에 봉착해 있었는지를 발견했던 것처럼 말이다.

사람들의 믿음과 추정을 표면화하고, 질문하고, 시험하는 것은 이런 관계를 바꾸는 데 꼭 필요한 기술이다. 데카르트가 "나는 생각한다 고로 존재한다"라고 말했듯이, 사람들은 자신을 자신의 생각과 밀접하게 동일시하는 경향이 있다. 따

10 격차 메우기

라서 멘탈 모델을 바꾸도록 사람들을 이끌어갈 때는 세심한 계획이 필요하다. 다음 5가지 단계가 도움이 될 수 있다.

1. 현재의 믿음을 표면화하고 존중한다.
2. '이 멘탈 모델이 우리가 지금 원하는 것을 성취하는 데 도움이 되는가'라고 묻는다.
3. 대안적인 견해가 나올 수 있는 분위기를 만든다.
4. 우리가 지금 원하는 비전과 그 비전을 뒷받침할 멘탈 모델을 만든다.
5. 실험을 해보고, 그 과정과 결과를 통해 배운다.

8장에서 멘탈 모델을 표면화하고 인과관계 루프에 생각 풍선을 덧붙여서 시스템 지도에 생명력을 불어넣는 매우 효과적인 방법을 설명했다. 사람들의 믿음이 불완전하고 시대에 뒤떨어졌을지 모르지만, 믿음은 그들의 과거 경험에 기초하기 때문에 믿음을 존중하는 것이 중요하다. 로버트 프리츠는 사람들에게 그들의 믿음이 진실인지 아닌지를 묻는 것은 서툰 질문이라고 말한다. 그 답은 언제나 '그렇다'이기 때문이다. 의료정보학 부서는 그들이 약속한 혜택을 바탕으로 신제품을 개발할 상당 금액의 예산을 지원 받았고, 노숙인 쉼터는 여러 해 동안 노숙인이 숙박할 수 있는 가장 인도적인 장소를 제공해왔다.

프리츠는 기존의 멘탈 모델을 평가하기 위한 기초를 타당성에서 유용성으로 대체하라고 권한다. 다시 말해서 사람들에게 그들의 현재의 믿음이 유용한지 아닌지를 물어보는 것이 더 생산적이다. 그들의 믿음은 그들이 지금 원하는 것을 더 많이 성취할 수 있게 하는가? 의료정보학 부서의 구성원들은 시스템에 있는 병원들과의 약속을 통해 그들의 계획에 대한 열렬한 지지를 얻어냈지만, 능력 이상의 무리한 약속은 스트레스를 높이고, 작업의 질을 떨어뜨리고, 장기적으로 신뢰를 떨어뜨렸다는 사실을 깨달았다. 확실하지 않은 미래의 이익을 생각하여 합의하는 것은 효과적이지 않았으며 오히려 역효과를 불러일으켰다.

다른 관점을 도입해서 현재 믿음에 대한 애착을 줄이는 방법도 있다. 한 자리에 전체 시스템 관계자들이 모여서 이해 당사자들끼리 촉매 대화를 나누면, 그 쟁점과 기회에 대한 서로 다른 생각이 필연적으로 표면화된다. 조직학습 분야의 선구적인 사상가 크리스 아지리스(Christ Argyris)는 부당성을 증명하는 견해를 찾도록 권한다. 즉 그들의 멘탈 모델이 불완전하고 더 이상 정확하지 않다는 것을 입증하는 증거를 적극적으로 수집하는 것이다. 예를 들어 강점 탐구〔appreciative inquiry; 성과 분석을 하면서 조직과 조직원 업무 수행의 긍정적인 면과 강점을 부각시켜 실행 가능한 해결방안으로 연계시키는 방법—옮긴이〕와 긍정적 일탈〔positive deviance; 평범한 사람이 아니라 힘든 위치에서 성공한 사람에 주목하게 하는 방법—옮긴이〕 기법은 비슷한 도전에 직면했을 때 사람들이 어떻게 성공을 거뒀는지에 주목하는 방법으로는 장애물을 극복하기 힘들다는 추정에 이의를 제기한다.[8]

사실에 대한 대안적인 해석을 제시하는 방법으로 믿음에 대한 애착을 줄일 수도 있다. 예를 들면 입증된 단기적인 개선 효과가 지속 가능한지 혹은 인내심을 가지고 더 기다리지 못했기 때문에 성과에 이르지 못한 건 아니었는지 의문을 제기할 수 있다. 시스템 지도는 행동에 따른 의도치 않은 결과를 표면화하고, 해결책의 장단기적 결과를 구별하고, 시스템의 다른 부분들 사이에 존재하는 눈에 잘 안 띄는 상호의존성을 발견함으로써 새로운 생각을 자극한다.

현재의 믿음이 소망하는 결과를 이루는 데 도움이 안 된다면, 사람들이 원하는 비전과, 그 방향으로 나아가도록 돕는 일련의 믿음을 만드는 일부터 해야 한다. 보탬이 되는 새로운 믿음이 반드시 기존의 믿음과 정반대되는 것은 아니다. 사실 기존의 믿음과 미묘한 차이가 있을 뿐인 경우가 많다. 이를테면 의료정보학 부서 구성원 대부분은 일에 대한 전폭적인 지지뿐만 아니라 신용을 얻고자 했음을 깨달았다. 그래서 단순히 결과에 대한 기대치를 높이는 것이 아니라, 병원들과 현실적으로 합의하여 신용도를 높여 보기로 했다. 린디아 다우니처럼 노숙 문제 해결을 위해 일하는 리더들이 성공하기 위해서는 모든 노숙인은 아니더라도 대부분의 노숙인은 영구적으로 거주할 수 있는 집에서 살고 싶어 한다는 믿음이 있어야 했다. '아이오와주 아이들을 위한 협력' 사례에서 교육 기관들은 교육적 성과를 향상시키기 위해 서로 협력하는 것이 각 기관이 개별적으로 일을 추진할 때보다 더 나은 결과를 만들 것이라고 믿어야 했다.

　새로운 믿음은 새로운 행동을 토대로 그 믿음을 검증할 수 있어야만 유지될 수 있다. 그렇기 때문에 실험과 프로토타입(prototype)은 매우 중요하다. 실험과 프로토타입은 실제 현장에서 효과가 있다는 것을 입증하여 새로운 믿음을 강화하는 역할뿐 아니라, 효과가 없다는 것을 확인하여 새로운 믿음을 수정하고 개선하게 하는 역할도 한다. 의학정보학 부서 구성원들은 병원 직원들과 더 현실적인 조건으로 합의하는 새로운 방식을 시도했다. 병원 측의 비현실적인 목표치에 반대 의사를 전달하고 대안을 내놓았더니, 놀랍게도 전문적 기량이 높다는 평가가 돌아왔다.[9] 다우니와 파인 스트리트 인이 제공한 영구적인 지원주택에 입주한 장기 노숙인의 96퍼센트가 1년이 지난 후에도 계속해서 그곳에 머물렀으며, 주민들의 연대가 놀랍다고 평가했다. 이는 대부분의 노숙인들이 더 안정적으로 지낼 곳을 원한다는 믿음을 입증했다.[10] 아이오와주 교육부와 지역교육지원청은 협력을 통해 K-12 교육에서 특히 효력이 큰 프로젝트인 유아 문해 능력 향상에서 좋은 성과를 내면서 협력의 이점을 입증했다.

목적 강화하기

공동의 목적에 전념하기로 약속하고 레버리지 포인트를 찾아내면, 현재의 목표, 측정 기준, 인센티브, 권한 구조, 자금 흐름이 목적 달성에 얼마나 보탬이 되거나 방해가 되는지를 재평가해야 하는 경우가 많다. 칼훈 카운티의 운영위원회는 시스템 지도를 그리는 과정에서 확인한 레버리지 포인트를 토대로 노숙 문제 해결을 위한 전략적 계획을 수립했다. 목표 중 세 가지는 지역사회를 참여시키고, 활동가와 이해 당사자 간의 협력을 도모하며, 자금 측면에서 정보에 입각한 일치된 접근법을 확립하는 데 맞춰졌다. 나머지 세 가지는 질이 좋고 안전하고 영구적인 저렴주택, 안정적인 주거를 보장하는 서비스, 영구적인 취업과 교육 기회를 제공하는 근본적인 해결책과 관련됐다. 칼훈 카운티의 주요 자금 지원자들은 노숙인 쉼터의 측정 기준을 과거의 기준인 '침대 이용률 향상'에서 '영구 주택으로 이전하기 전 쉼터에서의 체류 기간 단축'으로 바꾸었다.

　오하이오주 콜럼버스시와 인접한 프랭클린 카운티에서 활동하며 전국적으로 명성이 있는 지역사회 쉼터 위원회(Community Shelter Board)의 사례도 이런 원칙이 어떻게 적용됐는지를 보여 준다.[11] 지역사회 쉼터 위원회는 20곳의 협력기관을 둔 컬렉티브 임팩트 조직으로, 영향력 있는 비즈니스 공동체가 노숙 문제 해결을 목표로 설립했다. 설립 초기부터 두드러진 이 기관의 한 가지 특징은 이 목표에 투입된 지역사회 전반의 자금 대부분을 직접 관리하고 조정하는 입지를 구축했다는 것이다. 기관이 가진 재정적 영향력을 바탕으로 개별 구성 요소들이 아니라 전체 시스템을 최적화하도록 계획된 측정 기준과 장려책을 만들었다. 예를 들면 다음과 같다.

- 쉼터 제공 단체들은 침대 이용률이 아니라 얼마나 많은 사람이, 얼마나 빨리 살 곳을 마련했는지를 기준으로 평가 받는다.
- 가족 쉼터와 직영 주택 공급단체들은 자금을 지원받기 위해 서로 긴밀히 협력해야 한다. 가족들이 쉼터에서 보내는 기간이 짧을수록 우대받고, 직영 주택 공급 단체들은 가족 쉼터에서 이들을 위탁받아야 70퍼센트를 가족 입주자로 수용한다는 목표를 달성할 수 있기 때문이다.
- 지역사회 쉼터 위원회는 영구 지원 주택 단지를 임대하는 통합 시스템을 운영한다. 이 시스템은 취약계층과 정신건강 지원 시스템 이용률이 높은 사람들에게 우선권을 준다. 또 대기자 명단을 두는 대신 정신건강 위원회, 주택 당국, 지역사회 쉼터 위원회를 통합한 시스템을 갖춰서, 도움이 가장 절실히 필요한 사람이 주택에 입주할 수 있게 했다.

지역사회 쉼터 위원회는 존 카니아와 마크 크레이머가 컬렉티브 임팩트를 달성하기 위해 지역사회가 갖춰야 할 주요 성공 요인의 하나로 규정했던 '중추조직(backbone organization)'의 사례이기도 하다.[12] 중추조직의 이점 중 하나는 계속되는 의사 결정과 실행에 집중하는 데 필요한 권한 구조가 마련된다는 점이다. 지금까지 이 책에서 설명한 참여 과정은 공동 책임과 합의된 의사 결정을 장려한다. 그런 상황에서 실행 가능한 과업을 목표로 할 경우, 특정 조직이나 집단이 전체를 대신해서 결정하고 행동할 수 있는 중추조직 같은 체계가 갖춰져야 한다.

의사 결정 조직도(decison charting)와 책임 조직도는(accountability charting)는 각각 의사 결정과 프로젝트 이행에 초점을 맞추는 데 사용할 수 있는 조직관리 도구다.[13] 두 가지 도구 모두 사람들이 지속적으로 참여하고 있고 일이 진척되면서 어떤 한도를 정해야 하는 필요가 생겼을 때, 구성원 간의 협의보다 역할을 맡은 사람이 실무적으로 결정을 내리는 방식의 프로세스가 지지받는 상황에서 쓸 수 있다.

의사 결정 조직도는 집단을 대신해서 특정 유형의 결정을 내릴 몇 사람을 지정한다. 의사 결정자 수는 결정 과정의 효율성을 위해 가능한 한 적은 인원으로 구성하되, 실행을 지원하고 품질을 보장하는 데 필요한 만큼의 인원수는 되어야 한다. 의사 결정자 외에도 승인권이나 거부권을 가진 사람(법적, 정치적, 재정적 의무를 충족하는 데 필요한 경우에만 결정해 둔다), 결정의 이행을 뒷받침하는 데 필요한 사람, 결정에 대한 자문위원, 결정 내용을 알고 있어야 하는 사람, 결정이 시의적절하게 내려지도록 보장할 관리자 등을 정해야 한다.

책임 조직도는 의사 결정자와 관리자 대신에 특정 목표나 프로젝트의 이행을 주도하도록 집단에서 지정한 단체나 개인으로 구성된다. 이 점을 제외한 다른 역할들은 의사 결정 조직도와 같다.

지속적인 학습과 현장 지원 활동을 위한 프로세스 구축하기

조직이 성과를 장기적으로 유지하려면 지속적인 학습과 현장 지원 활동을 통해 실행 단계를 완수해야 한다. 물론 레버리지 포인트를 찾아내는 과정에서 사람들이 목표를 이루기 위해 오랜 시간 집중해 온 기존의 자원을 재할당하게 되는 경우도 많다. 여정을 이어가면서 경험을 통해 배우고, 자원을 확대하고, 보다 효과적인 방법으로 확장하는 과정을 거치기도 한다. 이런 과정을 하나씩 살펴보자.

도넬라 메도즈는 패러다임을 전환하거나 멘탈 모델을 변화시키는 것을 넘어선 궁극적인 레버리지 포인트가 있다고 말한다. 이 궁극적인 레버리지 포인트는 초월적인 패러다임으로, "패러다임에 아무런 애착을 갖지 않고 유연성을 유지하며, 어떤 패러다임도 완전히 '진실'일 수 없다는 사실을 아는 능력이자, 심지어 자신만의 세계관을 거침없이 만들어 가는 이들도 거대하고 놀라운 우주에 대해 매우 제한적으로만 안다는 것을 인지하는" 능력으로 규정했다.[14] 나는 그의 이런 견해가 지속적인 학습의 과정을 확립해야 할 중요한 이유를 제시한다고 본다. 우리의 비전은 진화하고, 현실은 변화하며(바라건대 우리가 원하는 방향으로), 새로운 정보와 조건이 나타난다. 우리가 할 수 있는 최선은 원하는 바를 명확히 하고, 어떻게 진행할지 계획하고, 조치를 취하고, 벌어진 일을 통해 배우는 것이다.

지속적인 학습에는 다음과 같은 것들이 포함된다.
- 이해 당사자들의 광범위하고 지속적인 관여
- 계획을 뒷받침하는 구체적인 프로젝트와 그에 동반된 명확한 전략적 계획
- 목표와 관련 지표에 대한 평가를 뒷받침하기 위한 데이터
- 계획에 대한 최신 소식을 업데이트하기 위한 분기별 및 연간 평가

이것은 지역사회 쉼터 위원회가 사용하는 네 가지 전략이다. 이들은 지속적으로 학습하는 것이 성공의 토대라고 생각한다.

지역사회 쉼터 위원회는 활용 가능한 자원을 확보하기 위해 협력 기관 수를 확대하고 자금 조달 능력을 기른다. 20곳의 지역 기관들과 협력해서 단체를 설립한 이후에도 노숙 문제 해결을 위한 국가적인 범위의 노력에 적극적으로 응하고 있다. 리더십 위원회(Leadership Council) 회원이며, 다수의 전국적인 컨퍼런스와 온라인 회의에 참여하고 있다. 뉴욕시에 노숙인 쉼터를 다양화하는 전략을 전수한 것을 비롯해, 다른 지역사회에 기술적인 도움을 주고 있다.

지역사회 쉼터 위원회는 비즈니스 공동체에 뿌리를 두고 있어서, 정부를 참여시키는 방법, 비즈니스 전략을 개발하는 방법, 새로운 1인 가구 체계의 효율성 향상 방법(경영계의 식스 시그마 블랙 벨트(Six Sigma Black Belt)를 사용하는 공급체인 기술을 적용해서) 등과 관련해 민간 부문에서 계속해서 배울 동기를 부여한다. 또한 공공 부문과도 밀접한 관계를 유지한다.

지역사회 쉼터 위원회의 뛰어난 자금 조달 능력은 포섭, 하드데이터〔논쟁의 여지가 없는 명백한 사실, 합리적으로 제시되는 수치 등 일반적으로 쉽게 수집할 수 있으면서도 금전적 가치 전환이 쉬운 데이터 유형—옮긴이〕, 주목할 만한 성과 개선을 지속적으로 강조하는 데서 나온다. 덧붙여 미국의 주택도시개발부에서 최근 지역사회 쉼터 위원회에 통합 기관(unified agency)의 지위를 부여했다. 이를 통해 산하에 더 많은 프로그램을 둘 수 있게 되었고, 이 프로그램들이 지속적인 자금 지원을 받을 수 있도록 지원했다.

스케일 업은 지금껏 함께해 왔던 비교적 적은 수의 핵심 인원을 넘어서 더 많은 사람들과 기관을 참여시키는 전략으로 생각할 수 있다.[15] 예를 들어 사회 설계자(social architect)인 파멜라 빌헬름(Pamela Wilhelms)이 주도하는 '차세대 경제 정신 계획(Soul of the Next Economy Initiative)'에서는 소비자, 유권자, 투자자의 세 집단을 공략하는 것의 중요성을 강조한다.[16] 자금 제공자의 전국적 커뮤니티인 GEO(Grantmakers for Effective Organizations)는 사회복지 부문의 영향을 확대하기 위해 헌신하는 여러 비영리단체와의 공동 연구에서, 비영리단체가 사업을 확대하기 위해 채택할 수 있는 네 가지 개괄적인 전략을 언급한다.

- 성공적인 프로그램을 해당 지역이나 다른 지역으로 확장한다.
- 특정 영역이나 체계(지역, 조직, 전문 분야) 내에서 아이디어를 확산시킨다.
- 새로운 기술, 실행 방식, 접근법을 사용하거나, 적용하는 장소와 사람의 수를 늘린다.
- 아이디어가 정책에 녹아들어 정부 기관, 기업, 다른 기관들에서 추진하는 새로운 조치에 반영되게 한다.[17]

그런 다음 GEO는 위의 전략을 바탕으로 자금 제공자가 실천할 수 있는 네 가지 실행방식을 제시한다.

- 장기간에 걸쳐 유연하게 자금을 지원한다.
- 데이터와 성과 관리 능력을 지원한다.
- 역량 강화와 리더십 개발을 지원한다.
- 사회운동을 지원한다.

GEO는 한 곳에서 배운 것을 다른 곳에 적용할 여지를 확보하면서 유연성 있게 확장해 나가는 것이 중요하다고 강조한다. 나는 이를 구체적인 해결책을 제시하는 대신 효과적인 방법을 학습하도록 프로세스를 확장하는 맥락이라고 생각한다. 더욱이 응용 시스템 사고의 4단계 프로세스처럼, 효과적인 학습과 현장 지원 활동 과정은 사람들의 개인적인 의도, 사고, 행동을 형성하는 내부적인 변화뿐만 아니라 집단행동을 좌우하는 신념, 정책, 규정의 외부적인 변화도 모두 다루어야 한다.[18]

퓰리처상 수상자인 니콜라스 크리스토프(Nicholas Kristof)와 셰릴 우던(Sheryl WuDunn)은 원조의 기술을 새로운 시각에서 조명하는 연구에서, 전통적으로 사회사업이나 공공 부문의 업무로 규정되는 활동에 비즈니스 역량을 접목하면 스케일 업의 기회가 있다고 보았다.[19] 취약계층을 돕는 사회의 역량을 향상시키기 위해 비즈니스의 이점을 접목하는 방식은 여러 형태로 나타날 수 있다. 예를 들면 다음과 같다.

- 비영리단체가 개선된 마케팅, 정보 시스템, 인력 관리 개선과 같은 비즈니스 인프라와 기술을 개발할 수 있도록 하는 자금 지원(GEO에서도 이와 같은 제안을 했다.)
- 공공 부문의 혁신에 자금을 조달하기 위해 민간 부문의 투자를 유치하는 사회성과 연계 채권〔social impact bond; 목표를 달성하면 사업비에 이자를 더해 지급하고 실패하면 전혀 지급하지 않는 성과급 투자 방식ㅡ옮긴이〕
- 사회적 목적 추구와 이윤 창출을 목적으로 기업 활동을 하는 사회적 기업
- 자선 기부금으로 새로운 사회적 기업에 자금을 지원하는 임팩트 투자(impact investing)
- 직원의 사기를 고취하고 가난한 사람들의 필요에 응하기 위해 개발도상국과 저개발국에 새로운 시장을 건설하는 대기업의 투자

크리스토프와 우던은 종교 단체를 참여시키고 사회 봉사를 목적으로 하는 사교 모임을 만드는 것의 힘에 대해서도 강조한다. 일반 대중과 종교 단체들이 각자 원하는 영역에서 더 많이 협력하면 공동의 문제에 개별적으로 맞설 때보다 훨씬 많이 성취할 수 있기 때문이다. 또한 자선이나 봉사를 위한 공동체 및 모임은 의미 있는 변화를 위한 구성원의 소망을 키워 내는 힘이 있다고도 언급한다.

여러 방안을 통합하는 방법

선택할 수 있는 방안이 많아서 '어디서부터 시작해야 할까?'라는 의문이 든다. 이 장에서 제안된 레버리지 포인트는 다음과 같은 논리적 순서로 제시된다.

1. 인식을 통해 배선을 바꿔야 하는 상호의존성을 발견한다.
2. 배선 바꾸기는 주요 인과관계에 영향을 미치는 멘탈 모델을 이해하고 이를 변화시킴으로써 작동한다.
3. 목적 강화하기는 연결과 추정의 변화를 이행하도록 촉진한다.
4. 지속적인 학습과 현장 지원 활동은 시스템에서 반드시 수정이 필요한 부분을 개선할 수 있게 한다.

각각의 변화가 모두 장기적인 전략 속에서 진행된다면 초기에 실행 가능한 작은 변화들을 만드는 것도 도움이 될 수 있다(이는 마술사 후디니(Houdini)가 탈출이 불가능해 보이는 올가미에서 빠져 나오는 데 이용했던 방법이기도 하다). 마지막으로 다양한 방안을 전략에 통합하는 한 가지 방법은 그 방안들을 역방향이 아니라 순방향인 인과관계 루프로 조직하는 것이다. 다음 장에서는 이와 같은 시스템 변화 이론을 집중적으로 다룰 것이다.

10장 정리

- 시스템은 레버리지 포인트를 중심으로 돌아간다. 레버리지 포인트는 비교적 적은 개입을 통해 조율하는 전략으로 오랜 시간 동안 유지되면서 장기적으로 문제를 상당히 개선시킨다.
- 효과적인 방안은 시스템 역학에 의해 형성된 행동 패턴을 지속 가능한 방식으로 변화시킨다.
- 효력이 큰 네 가지 방안은 다음과 같다.
  - 시스템이 현재 작동하는 방식에 대한 인식을 높인다.
  - 중요한 인과관계의 배선을 바꾼다.
  - 멘탈 모델을 바꾼다.
  - 목표, 측정 기준, 장려책, 권한 구조, 지원 자금을 한 방향으로 맞춤으로써 선택된 목적을 강화한다.
- 조직들은 지속적인 학습과 현장 지원 활동의 프로세스를 갖춘 효과적인 방안을 이행하고 강화할 필요가 있다.
- 프로세스를 지속하기 위해 경험을 통해 배우고, 자원을 확대하고, 효과적인 방법을 확장해야 한다.
- 이 장에서 소개한 진행을 따르고 더 구체적인 시스템 변화 이론을 설계한다면 여러 개입 지점을 하나의 명확한 전략으로 통합할 수 있다.

Shaping
the Future

11 전략적 계획을 위한 시스템 사고

이 책에서는 지금까지 시스템 사고를 회고적으로 적용하는 데 중점을 두었다. 사람들이 최선을 다했음에도 불구하고 원하는 결과를 달성하지 못하는 이유를 알아보기 위해서였다. 깊이 내재된 역학과 레버리지 포인트를 이해하면 과거의 실수를 반복하거나 '고장난 바퀴를 다시 만들' 가능성이 줄어든다. 누적된 데이터를 기반으로 시스템 지도의 타당성을 검증하는 것은 더 쉽다. 이와 같은 분석이 지금까지 일어난 일을 예측할 수 있어야 하기 때문이다.

레버리지 포인트를 찾더라도 사람들이 앞으로 나아갈 방법을 시스템적으로 정리할 수 있는 건 아니다. '아이오와주 아이들을 위한 협력'에 참여한 기관들은 서로 협력하는 것이 왜 그토록 어려웠는지는 이해했지만, 여전히 이 깨달음을 이용해 무엇을 해야 하는지는 잘 알지 못했다. 이때 레버리지 포인트를 성공이라는 목표에 맞게 일관된 방향으로 연결하는 것이 중요하다. 오랜 시간에 걸쳐 연속적으로 이어지는 방안들을 연결하고, 시간 지연과 적용 가능한 조치의 장단기적 영향을 모두 설명하고, 의도적인 강화와 균형의 피드포워드[feed-forward; 실행 전에 결함을 예측하고 실시하는 피드백 제어법—옮긴이] 관계를 통해 현재와 미래를 연결해 나가야 한다.

하지만 앞의 사례와 같은 통찰조차 아직 없을 수도 있다. 목표를 이루기 위해서 무엇을 해야 할지 생각하는 것은 쉬울지 모르지만, 해야 할 일들을 일관성 있는 전략으로 통합하는 것은 어렵기 때문이다. 예를 들어 어느 지역의 건강 증진을 목표로 하는 단체는, 첫 번째 전략 로드맵을 만들고 나서 이들이 정한 여러 전략, 전술, 중간 결과, 최종 결과로는 명확한 하나의 전략을 세우기가 힘들다는 사실을 깨달았다. 제안된 개선 사항의 범위, 우선순위, 시기, 시간 지연, 의도치 않은 결과, 지속 가능성과 관련한 의문 역시 계속 남아 있었다.

가끔 조직들은 너무 많은 선택지와 너무 적은 자원에 압도되어 어찌할 바를 모르는 상황에 놓인다. 게다가 스스로에 대한 기대가 높고 일을 많이 할수록 많은 것을 성취할 수 있다고 추정하는 경향이 가중되면서 이런 상황은 가속화된다. 그래서 보통 이런 조직에서는 감당할 수 있는 것보다 훨씬 많은 프로그램을 진행한다. 이를 합리적으로 해결할 뾰족한 방법은 없을지도 모른다. 해결해야 할 과제가 많이 쌓여 있지만, 역할 분담이나 성과 배분을 둘러싼 조직 갈등에 휘말리지 않으면서 선택을 내릴 방법 역시 찾기 힘들다. 하지만 일반적인 경향과 달리한 아동복지기관의 관리팀은 기관에서 추진하는 여러 프로그램과 지원 업무를 자세히 살펴본 뒤에, 책임지고 있는 일들이 모두 유효한지 입증하는 (그리고 필요한 경우 일부를 축소하는) 일관성 있는 전략이 필요하다는 사실을 인식했다.

이런 경우 수많은 상호의존적 요인을 포함한 복잡성을 설명하는 로드맵을 위해 미래를 전망하는 방법으로 시스템 사고를 적용하는 것이 도움이 될 수 있다. 시스템적으로 계획해 만든 원형(圓形) 로드맵은 입력과 출력으로 구성된 일반적인 선형(線形) 모델에 비해 다음과 같은 이점이 있다.

- 강화 루프와 균형 루프를 인과관계에 포함시켜서, 사회 시스템이 실제로 어떻게 행동하고 전개되는지를 표현할 수 있다.
- 각 구성 요소 자체가 아니라 시스템의 구성 요소들 사이의 관계를 최적화하기 위한 경로를 명확히 밝힐 수 있다.

- 여러 성공 요인을 점진적으로 논리적이고 연속적인 일련의 행동으로 통합할 수 있다.
- 시간 지연을 고려할 수 있다.
- 단기적 관점과 장기적 관점 양 측면에서 지속 가능한 개선을 만드는 계획을 포함한다.

시스템 원형 변화 이론은 위와 같은 특징이 있으며 쉽게 이해할 수 있는 많은 정보를 신속히 전달하는 그림을 만든다. 이렇게 만들어진 지도는 다양한 사례에서 자금을 조달하는 방법을 제시하고, 다른 이해 당사자들이 상황을 빠르게 인식하고 참여하도록 하며, 장기간에 걸쳐서 명확한 방향을 제시하는 데 매우 효과적이었다. W. K. 켈로그 재단에서 추진하는 '음식과 건강(Food & Fitness)' 프로그램의 담당자들은 전국적으로 진행할 프로젝트 제안서에 시스템 지도를 포함하여 이사회에 제출했는데, 제출 즉시 승인 받았다. 이사회의 첫 번째 검토 회의에서 바로 제안이 승인된 것은 전례없는 빠른 조치였다. 이는 시스템 지도에 프로그램의 의도와 전략이 명확하고 간결하게 요약되어 있는 덕분이었다. 이후 아이오와주 북동부의 한 단체가 '음식과 건강' 프로젝트를 진행하면서 그와 비슷한 시스템 지도를 만들었는데(이 장 후반부에 나오는 [그림 11-9] 참조), 5년이 지난 지금도 이를 사용해서 활동 방향을 잡아가고 있다.

미래를 전망하는 시스템 사고에 대해 더욱 이해하기 위해 두 가지 핵심적인 시스템 변화 이론을 소개하려고 한다. 다음과 같은 세 가지 유형의 문제를 해결하기 위한 전략적 계획을 수립할 때 시스템 변화 이론을 어떻게 사용하는지 알아보기로 하자.

- 복잡하고 만성적인 문제의 근본 원인을 분석해서 알아낸 레버리지 포인트들을 체계화한다.
- 새로운 것을 창조하기 위해 필요한 여러 주요 성공 요인을 통합한다.

・지나칠 정도로 많은 프로그램과 우선순위들 사이에서 선택을 간소화한다.

아울러 시간이 지나며 새로운 정보와 달라진 조건을 수용해 이론을 수정할 때의 몇 가지 지침도 살펴볼 것이다.

두 가지 시스템 변화 이론

시스템 원형의 공동 개발자인 마이클 굿맨은 뚜렷하게 구별되는 두 가지 부류의 원형이 있다는 데 주목했다. 하나는 강화 피드백에 기초한 원형이고, 다른 하나는 균형 피드백에 기초한 원형이다.[1] 전자는 한계 때문에 위태로워진 성공의 스토리를, 후자는 부정적인 결과 때문에 무력해진 개선의 스토리를 묘사한다. 이 책에서 다룬 시스템 사고 도구를 사용하는 핵심적인 변화 이론에는 두 가지가 있다.[2] 첫 번째는 성공을 확대하는 방법이고, 두 번째는 단점을 바로잡고 목표를 달성하는 방법이다.

'성공 확대 이론(Success Amplification theory)'은 하나 이상의 강화 루프(시간이 지남에 따라 서로를 바탕으로 더 많은 성공을 창출하는 요인)로 시작한다([그림 11-1]의 R1). 개인적인 경험이나 관찰을 통해 시스템에서 효과가 있는 부분을 알아보거나, 강점 탐구와 긍정적 일탈 같은 공식적인 접근법을 사용할 수도 있다.[3] 그렇지 않으면 주요 성공 요인이라고 생각하는 것들을 먼저 나열하거나, 아이오와주에서 교육부와 지역교육지원청 사이의 파트너십 전망을 명확히 표현했던 것처럼 핵심 성공 루프가 어떻게 작용해야 하는지를 묘사할 수도 있다([그림 7-10] 참조). 지속 가능한 성장을 보장하려면 초기의 성장 엔진을 뛰어넘도록 계획하는 것도 중요하다. 성공 이론은 초기의 개선 방안이 부딪칠 수 있는 한계를 고려하고([그림 11-1]의 B2), 시간이 지남에 따라 새로운 성공 엔진을 만듦으로써 이런 한계를 어

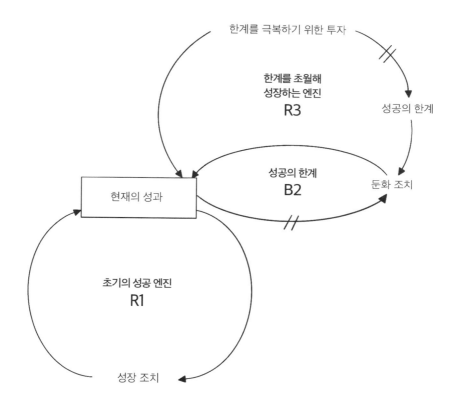

한계를 극복하기 위한 투자

한계를 초월해
성장하는 엔진
R3

성공의 한계

현재의 성과

성공의 한계
B2

둔화 조치

초기의 성공 엔진
R1

성장 조치

[그림 11-1] **성공 확대 이론** 이 이론은 기존의 성공을 지속해서 쌓아 나가고, 보다 큰 성공에 대한 한계를 예상하고, 오랜 시간에 걸쳐 새로운 성장 엔진을 만드는 법을 밝힌다.

떻게 극복할 수 있는지를 예견해야 한다(R3). 마지막으로 성공을 구축하고 유지하는 과정에서 주요 시간 지연을 꼭 파악해 두어야 한다.

계속 쌓아 나가야 하는 성공을 쉽게 구별하기 힘들거나 긍정적으로 강화되는 역학을 만들기 어렵다면, 현실적인 상황과 목표 및 비전 사이의 격차를 메우는 시스템 변화 이론을 개발하는 편이 더 적합하다. [그림 11-2]에 나오는 '목표 달성 이론(Goal Achievement theory)'은 이런 격차를 해결하는 데 필요한 수정 조치를 발견할 수 있는 한 개 이상의 균형 루프를 확인하는 것으로 시작한다.[4] 효과적인 수정 조치를 발견하기 위해서는 격차를 유발하는 근본적인 구조를 우선 명확히 해두는 것이 좋다([그림 11-2]의 B1). 캐슬린 저커는 현실보다 강력한 비전으로 인해 격차가 발생했다면 이미 가지고 있는 자산을 어떻게 활용할지에 주목해야 한다고 지적한다. 그리고 보통 이런 격차를 메우는 데 시간 지연이 발생하기 때문에 활동을 꾸준히 지속하고 수정 조치도 그대로 유지하는 것이 중요하다(B2). 하지만 시간 지연을 고려했는데도 상황이 진전되지 않는다면 이유를 분석하고 문제의 본질을 다시 생각해보는 것이 좋다(B3).

사람들은 목표를 위해 일을 하면서 압박감을 덜어내는 경향이 있다. 그런 점에서도 개선 결과를 오래도록 유지하고 강화하기 위해 목표 달성 이론의 모델을 세우는 것이 중요하다. 지속 가능성은 자금 제공자들의 주요 관심사다. 그들은 사업 수행 단체가 활동을 확대하는 것까지는 바라지 않더라도 최소한 추가적인 자금 지원 없이도 해왔던 활동을 이어갈 수 있기를 바라기 때문이다. 지속적인 성공을 위해서 꾸준한 노력을 기울인 단체들의 높은 성과와 지속적인 개선을 강조한 캠페인 경향을 통해서도 강화의 필요성은 확인된다.

[그림 11-3]은 세 가지 강화 엔진이 있는 시스템 지도다. 실질적으로 높은 성과를 얻으면 사람들은 더 큰 포부를 갖게 된다(R4). 처음에 품었던 꿈이 실현되는 것을 경험하고, 새로운 가능성을 확인하면서, 목표를 더 높게 잡을 수 있게 된다. 목표를 높게 잡으면 새로운 성장 기회를 더 명확히 인식하고, 그것을 실현하

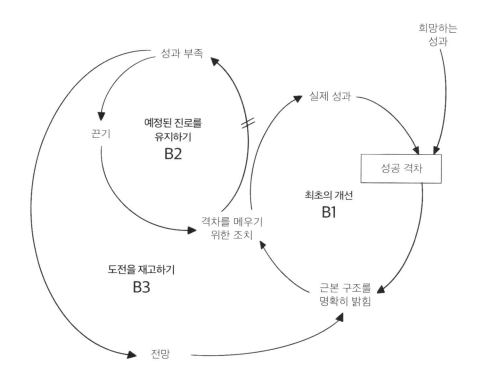

[그림 11-2] 목표 달성 이론: 초기의 개선을 이루기 이 이론은 목표를 달성하기 위한 초기 개선점을 파악하고, 성공적인 조직이 되기 위해서는 예정된 진로를 유지하고 도전을 재고하는 것이 중요하다는 점을 인정한다.

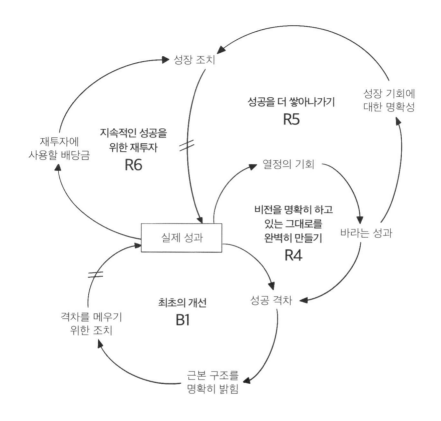

[그림 11-3] 목표 달성 이론: 개선 강화 목표 달성 이론의 두 번째로 비전 강화, 추가적인 성장 조치 구축, 성공 배당금 재투자를 통한 지속적인 개선의 필요성을 강조한다.

기 위한 조치에 나설 수 있다(R5). 예를 들어 사회 분야에서 추진할 수 있는 조치로는 입증된 성공을 바탕으로 자금 조달하기, 조직 역량에 투자하기, 각 조직이 각자 가장 잘 할 수 있는 일에 전념하면서도 더 큰 성공에 기여할 수 있는 파트너십 형성하기, 성공을 확장할 수 있는 창의적인 방법 구상하기, 관련 있는 정책의 변화를 지지하기 등이 있다.[5] 마지막으로 문제 현상을 해결하는 데 필요한 비용을 성장하는 조치(R6)에 대한 새로운 투자로 돌릴 수 있다. 매사추세츠주에서는 노숙인을 영구 주택에 머무르게 함으로써 응급실과 임시 노숙인 쉼터 시설을 줄일 수 있었고, 그렇게 해서 노숙인 1인당 연간 9,500달러의 소요 비용을 절감했다. 절감된 금액은 노숙 예방이나 해결에 목표를 둔 프로그램에 재투자될 수 있었다.[6]

이어서 정규 교육, 공중 보건, 아동 복지 향상을 위해 일하는 단체와 지역사회들이 핵심적인 시스템 변화 이론으로 어떤 로드맵을 세울 수 있었는지를 살펴본다.

레버리지 포인트 체계화하기

지금부터 살펴볼 두 가지 사례는 기획자 그룹이 핵심 문제에 대한 시스템 분석을 바탕으로 전략적 로드맵을 개발하는 과정을 보여 준다. 첫 번째는 앞에서 다뤘던 '아이오와주 아이들을 위한 협력' 사례로, 성공 확대 이론을 사용한다. 두 번째는 공중 보건, 그중에서도 특히 가장 취약한 인구 계층의 보건 증진에 힘쓰는 어느 지역의 연합 사례로, 목표 달성 이론을 설명한다.

'아이오와주 아이들을 위한 협력'에서 강점을 확대하기

'아이오와주 아이들을 위한 협력'의 기획자들은 교육부와 지역교육지원청이 파트너십 전망을 어떻게 활용할 수 있는지를 설명하는 핵심 강화 루프를 바탕으로 성공 이론을 수립했다. 그들이 개발해서 로드맵으로 사용한 이론은 [그림 11-4]에 나와 있다. 중심부의 루프가 파트너십의 근본을 이루는 핵심 이론이었다(앞에서 [그림 7-10]으로도 확인했다). 오른쪽의 강화 루프는 아이오와주 내의 모든 지역 교육지원청이 각자의 시스템 내에서 일관성과 형평성을 높일 수 있는 틀을 제공했고, 왼쪽의 강화 루프에는 교육부와 지역교육지원청의 시스템 간 효과적인 협력을 증진하는 방법이 구체적으로 제시됐다. 비록 이 이론이 성공의 잠재적 한계와 한계를 극복하는 방법을 명시적으로 제시하지는 않지만, 기획자들은 실제로 이런 요인들을 합동 계획에서 다뤘다. 그들은 지역교육지원청 시스템을 재설계하기 위한 시행 과정의 주요 과제와, 어려운 과제를 극복하기 위한 다섯 가지 전략을 파악했다.

건강한 지역사회를 만드는 목표 달성하기

이글 카운티 공공보건환경부(Eagle County Public Health and Environment)는 10장에 소개했던 인터그레이트 연합의 활동과 연관된 목표에 전념했다. 공공보건환경부는 빈곤 가정 아이들을 포함한 취약계층의 건강에 초점을 맞추고, 지역사회의 모든 의사 결정 과정에 건강을 결정짓는 사회적 요인을 포함시킴으로써 지역 주민들의 건강 형평성을 높이고자 했다. 또 공공보건환경부는 인터그레이트 연합 구성원을 포함한 여러 이해 당사자 집단과 연계해서 목표 달성 이론을 개발했다. 시스템 분석을 이용해서 카운티 주민 건강 악화의 근본 원인을 밝히고, 확인된 레버리지 포인트를 효과적으로 통합하는 전략을 설계하기 위해서였다.

　기획자 그룹이 설명한 공동의 역학은 내가 '서서 헤엄치기(Treading Water)'라고 이름 붙였던 역학으로, 사람들이 수면 아래로 잠기지 않고 가까스로 물 밖에 머리를 내놓으려 하는 것처럼 완강한 노력으로 가까스로 저항을 상쇄하는 상황이었다. 그들은 장기적으로 취약계층의 재정 상태와 건강을 악화시키는 다섯 가

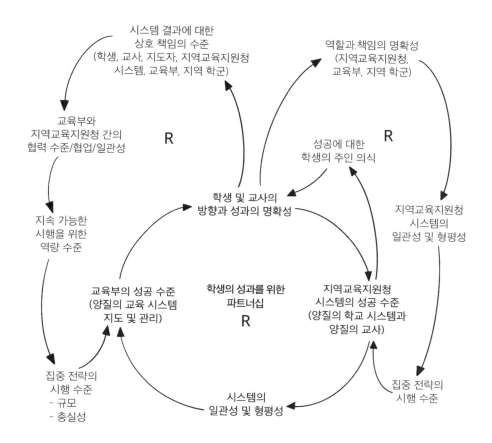

[그림 11-4] '아이오와주 아이들을 위한 협력'에서의 성공 확대 이 지도는 아이오와주 교육부와 지역교육지원청이 효과적인 파트너십을 구축하고 유지하기 위한 이론을 설명하는 데 사용했던 지도다. 중앙에 자리한 루프는 협력이 각 기관에 어떻게 이득이 되는지를 설명한다. 오른쪽 루프는 지역교육지원청 시스템 내의 일관성을 높이는 데 초점을 맞추고, 왼쪽 루프는 양측에 의해 시행이 어떻게 개선되었는지를 부각한다. 아이오와주 아이들을 위한 협력: 아이오와주 교육부와 지역교육지원청 간의 파트너십

지 악순환을 확인했다. 지역사회가 악순환을 끊기 위해 추진해야 하는 활동도 여러 개 찾아냈고 이는 균형 루프의 형태로 나타난다. 프로젝트팀이 얻은 가장 강력한 통찰은 취약계층의 건강을 증진하기 위한 서비스를 직간접적으로 제공하는 단체가 많음에도 불구하고 각 단체에서 추진했던 활동이 다른 단체에 의해 방해 받아 왔다는 사실이었다. 마치 조정 경기에서 노를 일시에 물속에 넣지 않았을 때처럼, 단체 간 업무가 조정되지 않아 자원이 낭비됐다. 결과적으로는 지역사회에서 가난과 질병의 악순환을 끊는 일은 더 어려워졌다.

이런 통찰로 다음과 같은 효과적인 방안들이 필요하다는 사실이 드러났다.

- 주민의 건강 증진을 위해 지역사회가 가진 자산을 파악한 건강 자산 지도를 만들어 사용할 수 있는 건강 제도를 취약계층에게 전달하고, 해결해야 하는 기회의 격차가 무엇인지 확인하기
- 서비스 제공자들 간의 협력을 증진하기
- 취약계층을 동등하게 참여시키고, 질병 위험에 노출된 사람의 상당 부분을 차지하는 미등록 주민(불법 이민자)을 위한 효과적인 지원 체계를 만들기
- 취약계층에게 영향을 미치는 사람들(가족, 고용주, 교사, 교회, 정치 지도자 등)의 참여를 독려하기
- 양질의 저렴주택과 여가활동 기회 등의 구축 환경[built environment; 자연 환경에 인위적인 조성을 가해 만들어낸 환경—옮긴이]을 조성하기 위한 개선된 계획 수립하기

또 최저생활임금을 보장하는 일자리를 확대하고, 저렴하고 효과적인 건강보험 이용 가능성 증대와 같은 장기적인 빈곤 개선 전략을 지속적으로 추진해야 하는 필요성도 확인했다. 마지막으로 현 상태를 강화하는 지역사회의 멘탈 모델을 바꾸는 것 역시 중요하다는 점도 인식했다. 바꿔야 할 멘탈 모델의 예는 다음과 같다.

- 계급주의, 인종차별: "그들은 자신을 돌보고, 배우는 데에는 의욕이 없는…
  그런 부류의 사람들이야."
- "자원이 한정되어 있는데 어떻게 바꾸겠어."
- "일률적인 정책으로 충분해."
- "시스템이 너무 거대해서 변경할 수 없어."
- "보건의료 서비스는 고칠 수가 없어."

그들은 우선 레버리지 포인트들을 핵심 균형 루프에 통합했다. 그 내용은 [그림 11-5]부터 [그림 11-7]까지의 지도에서 확인할 수 있다. [그림 11-5]의 B1은 지역사회 건강 자산 지도를 작성하는 것이 저비용으로 건강 관리 기회를 확대하는 데 아주 중요한 역할임을 강조한다. 건강 자산 지도 덕분에 취약계층의 실질적인 참여와 교육이 증진되고, 그에 따라 이들의 건강한 활동 수준이 높아지면서 전반적으로 건강이 개선된다.

[그림 11-6]에서 B2, B3, B4는 지역사회 건강 자산 지도 작성이 어떻게 서비스 제공자 간의 협업 증대에 기여하며, 카운티의 불법 이민자들에 대한 지원 시스템을 개발할 수 있게 해주는지를 보여 준다.

기획자 그룹은 [그림 11-7]에 제시된 것처럼 몇 가지 추가 전략을 파악했다. B6은 기회 격차를 파악하고 해소하는 데 자산 지도가 얼마나 가치 있는지를 포착한다. 또 B7은 구축 환경을 계획하는 것의 중요성을 확인한다.

다이어그램의 왼쪽 상단 모서리에는 대상 집단의 재정적 제약에 영향을 미치는 요인들이 나와 있다. 마지막으로 변화 과정 전반에 걸쳐 멘탈 모델을 바꾸는 것이 중요하다는 인식은 다이어그램 하단의 선에 제시된다.

그런 다음 [그림 11-8]에 나타난 바와 같이 개선 사항을 강화하는 네 가지 방법을 찾았다. R8은 취약계층을 참여시켜서 지역사회의 건강 자산에 대한 명확성을 높이는 가치에 주목한다. R9는 취약계층의 건강을 개선할 여러 기회를 파악

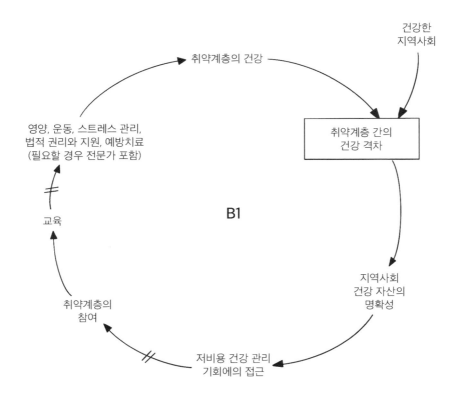

[그림 11-5] 취약계층의 건강 증진을 위한 핵심적인 개선 방안 지역사회 건강 증진의 핵심은 건강 개선에 활용 가능한 기존의 많은 자원을 가장 취약한 계층에게 안내하기 위해, 지역사회의 건강 자산 지도를 개발하는 것이다.

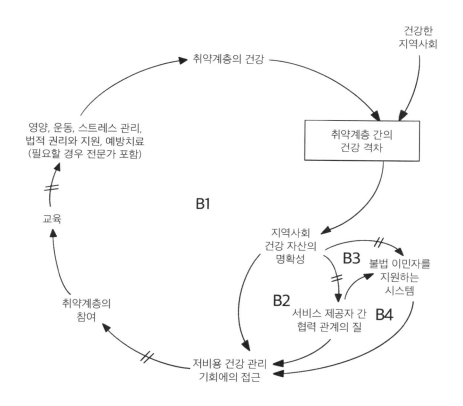

[그림 11-6] 관련 기관 간의 협업 증대 그들은 서비스 제공자 간의 협업이 저비용 의료 기회에 대한 접근성을 높이고 카운티의 불법 이민자들에 대한 지원 시스템을 개발하는 데 미치는 중추적인 영향을 인식했다.

11 전략적 계획을 위한 시스템 사고

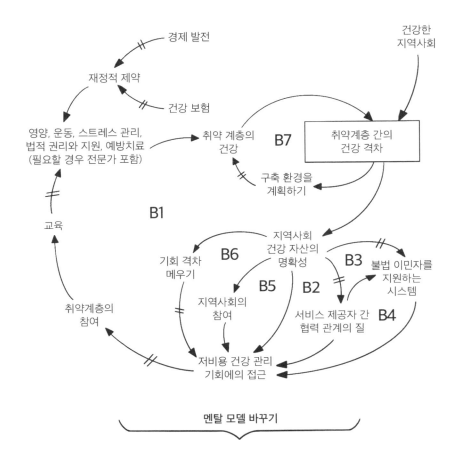

[그림 11-7] 취약계층의 건강 증진을 위한 추가 전략 건강 자산 지도를 작성하고 서비스 제공자들의 협력을 증대하는 두 가지 핵심 전략에 기초한 몇 가지 추가 전략은 다음과 같다: 지역사회의 참여 증진, 지역사회 건강 자산 지도로 확인된 기회 격차를 메우기, 구축 환경을 계획할 때 건강 관련 쟁점을 고려하기.

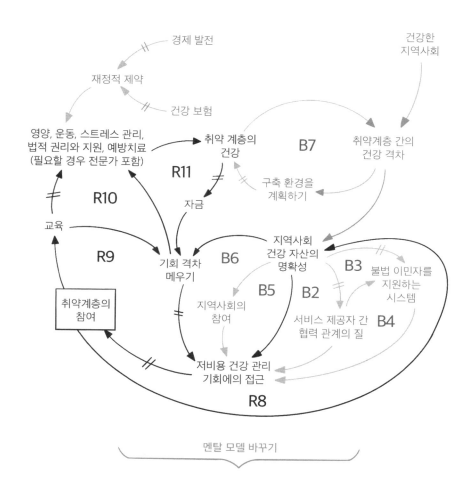

[그림 11-8] 지역사회 건강을 증진하는 방법 이들은 지역사회 건강 증진을 위한 초기의 개선 방안

을 확대하고 확산시키는 네 가지 방법을 찾았다. 첫째, 취약계층을 참여시킴으로써 지역사회 건강

자산을 더 명확하게 밝히고, 둘째, 교육 프로세스를 통해 기회의 격차를 조명한 뒤 그 격차를 메우

고, 셋째, 건강 활동을 촉진하는 새로운 기회를 활용하고, 넷째, 추가 자금을 유치하기 위해 개선된

건강 지표를 사용하는 것이다.

하기 위해서 가능하면 소그룹 형태로 교육 과정을 계획하는 것이 중요하다는 사실을 보여 준다. R10은 사람들은 새로운 기회를 알게 될수록 주도적으로 자신의 건강을 돌볼 가능성이 높다는 점을 강조한다. R11은 건강 증진과 관련된 입증 가능한 성공 사례를 달성하여 추가 자금을 유치할 수 있다는 점을 설명한다.

위의 두 사례는 문제 해결을 위한 근본 원인 분석을 기반으로 변화를 위한 시스템의 로드맵을 만드는 방법을 보여 준다. 이제 주요 성공 요인에 대한 추정을 바탕으로 시스템의 로드맵을 만드는 방법을 알아볼 것이다.

성공 요인 통합하기

첫 번째 사례에서는 지역 내 유대 관계가 굳건하게 형성된 지역에서 이를 기반으로 사람들의 식생활과 건강을 개선하기 위해 성공 확대 이론을 사용한다. 두 번째 사례에서는 지역 전체적인 교육 개선을 위해 여러 이해 당사자들 간의 관계를 강화하고, 실제 데이터에 기반해 개선하는 등의 핵심적인 수정 조치를 시행하는 목표 달성 이론을 설명한다.

지역 식생활 및 건강 개선을 위한 긴밀한 관계 구축

W. K. 켈로그 재단이 '음식과 건강' 프로그램을 만든 2006년은 소아 비만에 대한 대중의 우려가 커지던 시점이었다. 이 프로그램은 모든 아동의 건강한 식습관과 활동적인 생활을 증진하기 위해 마련됐으며, W. K. 켈로그 재단은 오래 전부터 건강하고 안전한 음식 공급과 건강에 좋은 식품 소비를 늘리는 데 이바지해 왔다. 그러나 이 문제는 너무나 복잡해서 지금껏 실행됐던 비교적 단순한 해결 방법들은 그다지 효과가 없었다. 그래서 담당자들은 음식과 건강 프로그램을 시스템 차원에서 접근한다면 다음과 같은 효과가 있을 것이라고 기대했다.

- 다양한 사람들과 조직들을 참여시킨다.
- 협업 분위기를 조성하고 근본 시스템을 변화시킬 혁신적인 전략을 찾는다.
- 아이와 가족을 위해 모든 사람이 바라는 유익한 성과를 얻고 그 성과를 계속 유지한다.

재단은 미국 전역의 이해 당사자들을 불러 모으고, 아이오와주 북동부를 포함한 9개 지역에서 시행된 지역사회의 제도 변화 프로젝트에 자금을 지원했다. 자금을 지원받은 지역사회의 지도자들은 이 프로그램에 다음과 같은 비전을 세웠다. "아이오와주 북동주 지역은 모든 주민과 손님이 지역에서 재배한 건강한 음식을 경험하고, 높이 기리고, 고취하며, 다양한 신체 활동과 놀이의 기회를 날마다 누리는 독특한 장소다. 더 건강한 사람들이 더 유대 깊은 가족과 활기 있는 지역사회를 만든다."[7]

이런 비전을 실현하기 위해 지역사회 지도자들은 지역 주민들 간의 역사적으로 굳건한 관계를 토대로 하는 성공 확대 이론을 추진할 것을 밝혔다. 그들은 이런 관계를 양성하는 것이 농지의 개방된 공간을 어떻게 이용할지에 대한 집단의 사고력을 모으고, 더 협력적인 행동, 더 나은 결과, 나아가 더 좋은 관계를 이루는 데 도움이 될 것이라고 믿었다. 관계, 사고, 행동, 결과를 연결하는 선순환은 다니엘 김(Daniel Kim)이 가장 처음에 개발한 핵심 성공 이론의 결과였다.[8] 이와 더불어 지역사회 지도자들은 성장의 잠재적인 한계도 인정했다. 서로 배우고 다양한 영역을 넘나들며 협력하는 과정에서 지연이 발생하게 되면 사람들의 인내심이 한계에 다다를 수 있다고 인식한 것이다. 따라서 이런 한계를 극복하기 위해 협업 기술에 투자하고, 프로세스 초기에 정책 입안자들을 참여시켰으며, 주어진 시간 내에 무엇을 얼마나 달성할 수 있는가와 관련해서 현실적인 기대치를 설정했다.

[그림 11-9]는 이 변화 이론을 성장 엔진과 멘탈 모델 강화에 특히 중점을 두

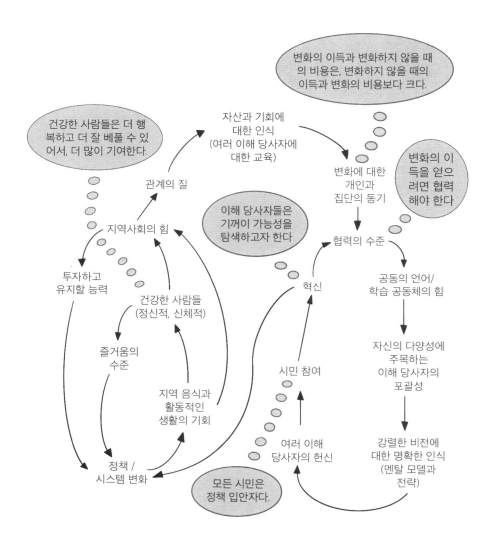

변화의 이득과 변화하지 않을 때의 비용은, 변화하지 않을 때의 이득과 변화의 비용보다 크다.

건강한 사람들은 더 행복하고 더 잘 베풀 수 있어서, 더 많이 기여한다.

자산과 기회에 대한 인식 (여러 이해 당사자에 대한 교육)

변화의 이득을 얻으려면 협력해야 한다

관계의 질

변화에 대한 개인과 집단의 동기

지역사회의 힘

이해 당사자들은 기꺼이 가능성을 탐색하고자 한다

협력의 수준

투자하고 유지할 능력

공동의 언어/ 학습 공동체의 힘

건강한 사람들 (정신적, 신체적)

혁신

즐거움의 수준

자신의 다양성에 주목하는 이해 당사자의 포괄성

지역 음식과 활동적인 생활의 기회

시민 참여

정책 / 시스템 변화

여러 이해 당사자의 헌신

강렬한 비전에 대한 명확한 인식 (멘탈 모델과 전략)

모든 시민은 정책 입안자다.

[그림 11-9] 아이오와주 북동부 '음식과 건강' 프로그램의 성공 확대 이 변화 이론은 지역에 이미 존재하는 관계를 굳건히 하면 차례로 혁신을 일으키고, 정책 변화를 이끌고, 사람들을 더 건강하게 만들고, 지역 커뮤니티까지 강화하는 결과를 얻게 될 것이라고 추정한다. 아이오와주 북동부 '음식과 건강' 프로그램

고 요약한 것이다.

　이 프로그램의 공동 창설자이자 프로젝트 책임자인 앤 맨스필드(Ann Mansfield)는 프로젝트 기금을 수령하는 기관의 관점에서 시스템 사고의 가장 기본적인 가치를 이렇게 요약한다. "시스템 사고는 임시방편을 중단할 수 있게 도와줍니다." 그와 동료들은 강력하고 현실적인 이행 계획을 수립했다. 지금껏 쌓은 강점을 인식하고, 시간 지연을 염두에 두며 시간 지연을 줄이는 것이 가능할 경우는 줄이고, 시간 지연을 줄이지 못하면 사람들의 인내심을 높이는 등의 조치가 이 계획에 포함됐다. 계획을 세운 지 6년이 지난 현재, 맨스필드는 "이 핵심적인 성공 이론이 오랜 시간에 걸쳐 우리를 지탱해 주었다"고 느낀다고 했다. 그와 팀원들은 이 이론을 계속 사용해서 시스템 변화에 꾸준히 집중하고 있다. 이 변화 이론 덕분에 새로운 파트너를 불러 들이고, 새로운 직원을 배치하고, 진척 상황을 확인하고, 새로운 전략과 업무 프로세스를 만들 수 있었다.

모든 아이가 사랑받고 성공하는 지역사회 만들기

인터그레이트 연합은 학생 분포가 매우 다양한 지역사회에서 모든 아이가 건강하게 성장할 수 있도록 돕는 단체로, 전략을 설계할 때 관계의 중요성에 주목한다. 이글 카운티 공공보건환경부가 결성한 연합과 비슷하게 모든 이가 사랑받고 성공적인 삶을 누릴 수 있도록 포용적인 지역사회를 만드는 데 중점을 두었기 때문에, 목표 달성 변화 이론을 개발하기로 했다. 게다가 지역사회의 인구 분포가 소득과 인종 측면에서 아이오와주 북동부보다 훨씬 다양하다는 점에서도 관계 개선이 전략의 핵심적인 측면이었다. 인터그레이트 연합은 일곱 가지 주요 성공 요인을 찾아냈는데, 그중 네 가지는 직접적으로 관계를 맺는 것과 관련된 요인이었다. 일곱 가지 성공 요인은 다음과 같다.

- 지역사회 관계의 질(가족에 영향을 미치는 조직 간의 관계)
- 협업과 통합의 수준

- 아동 참여도
- 가족 참여도
- 데이터와 실증 기반 실행 수준
- 기회에의 접근
- 형평성

　이들은 위의 요인들을 서로 연결하고 대화를 나누면서 알게 된 다른 요인들까지 포함시켜 시스템 변화 이론을 개발했다. 이 내용은 [그림 11-10]에서 [그림 11-13]까지의 다이어그램을 통해 확인할 수 있다. 가장 처음에 만든 지도[그림 11-10]에서 핵심 루프(B1)는 희망하는 성과와 실제 성과 사이의 격차가 협력 관계의 질을 개선하기 위한 원동력이 된다는 것을 보여 준다. 그러고 나서 가족의 변화에 영향을 주는 조직 간의 협력과 통합의 수준이 개선되어, 결과적으로 단기적인 성공 달성, 양질의 교육에 대한 접근 기회 확대, 시스템 형평성 개선, 그리고 모든 아이에게 해당하는 교육적 배경이 형성될 것이다.

　이 지도를 바탕으로 [그림 11-11]에 루프 B2와 B3를 추가했다. 이 루프들은 아이들과 가족들을 더 효과적으로 참여시킬 수 있는 양질의 협력 관계의 이점을 강조한다.

　[그림 11-12]는 데이터와 실증에 기반한 실행의 중요성을 조명한다. B4는 공동의 지식을 확립하는 데 초점을 맞춘다. B5와 B6는 공동의 조치에 합의하는 것이 어떻게 단기적인 성공뿐 아니라 더 효과적이고 효율적인 자원 사용으로 이어지는지를 보여 주는데, 두 가지 모두 양질의 기회로의 접근 기회를 늘린다.

　또 인터그레이트 연합은 초기 개선 사항이 지속되고 강화되도록, 몇 가지 강화 루프를 명시했다. [그림 11-13]의 R7은 중추조직에서부터 정렬되는 인프라의 필요성을 강조하고, R8은 양질의 기회를 확대하기 위해 시스템 형평성을 증진해야 한다는 점에 주목한다. R9은 부모와 함께 참여하도록 아이들을 독려하는 것

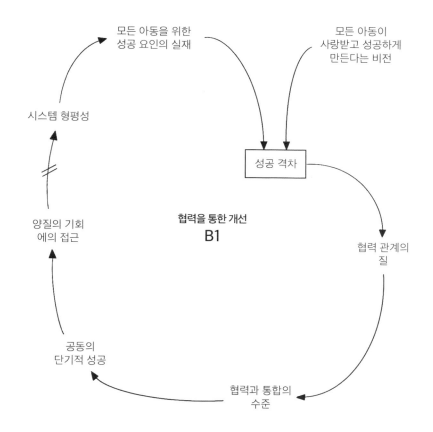

모든 아동을 위한
성공 요인의 실재

모든 아동이
사랑받고 성공하게
만든다는 비전

시스템 형평성

성공 격차

양질의 기회
에의 접근

협력을 통한 개선
B1

협력 관계의
질

공동의
단기적 성공

협력과 통합의
수준

[그림 11-10] 사랑받고 성공하는 아이들을 만들기 위한 협력 서비스 제공자들 사이의 협업 증진은
모든 아동이 존중받고 성공하도록 지원하기 위한 열쇠로 받아들여진다. 시스템 제공자들이 협업을
통해 함께 단기적인 성공을 거두고, 성공 요인을 높일 수 있는 기회에 접근할 수 있기 때문이다.

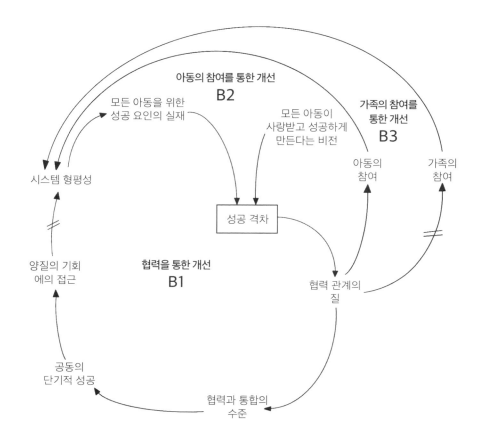

[그림 11-11] 사랑받고 성공하는 아이들을 만들기 위한 아이들과 가족의 참여 서비스 제공자 간의 협력이 증진되면 아이들과 그 가족을 더 효과적으로 지원하게 되어 시스템 형평성이 더 높아진다.

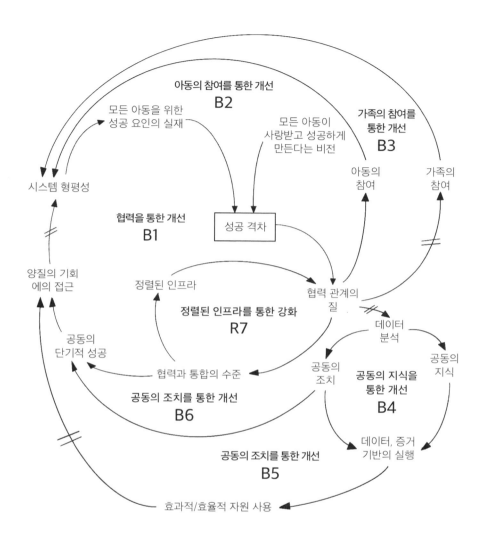

아동의 참여를 통한 개선
B2

가족의 참여를 통한 개선
B3

모든 아동을 위한
성공 요인의 실재

모든 아동이
사랑받고 성공하게
만든다는 비전

아동의
참여

가족의
참여

시스템 형평성

협력을 통한 개선
B1

성공 격차

양질의 기회
에의 접근

정렬된 인프라

협력 관계의
질

정렬된 인프라를 통한 강화
R7

데이터
분석

공동의
단기적 성공

협력과 통합의 수준

공동의
조치

공동의 지식을
통한 개선
B4

공동의
지식

공동의 조치를 통한 개선
B6

데이터, 증거
기반의 실행

공동의 조치를 통한 개선
B5

효과적/효율적 자원 사용

[그림 11-12] 사랑받고 성공하는 아이들을 만들기 위한 데이터 관리 유용한 데이터 개발은 공유된 지식과 조치를 늘리고 데이터와 실증에 기반한 실행을 증진한다. 그렇게 되면 서비스 제공자들이 서로 단기적으로 성공을 거두며 자원을 더 효과적이고 효율적으로 사용할 수 있게 되고, 그 두 가지 모두가 양질의 기회로의 접근성을 높인다.

11 전략적 계획을 위한 시스템 사고

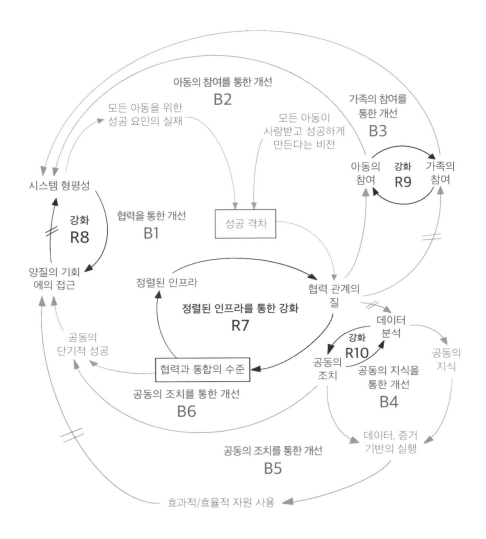

[그림 11-13] 사랑받고 성공하는 아이들을 만들기 위한 개선 방안 강화 초기의 개선은 네 가지 방식으로 강화될 수 있다. 첫째, 정렬된 인프라를 만들기 위해 협력과 통합을 증진하고, 둘째, 높아진 시스템 형평성을 통해 양질의 기회에 대한 접근을 늘리고, 셋째, 아동과 그 가족 간의 가까운 유대관계를 촉진하고, 추가 데이터 분석을 강화하기 위해 공동의 조치를 활용한다.

과 부모들이 아이들과 관계를 맺도록 지원하는 것의 이점을 확인한다. R10은 데이터 분석에 도움이 되는 공동의 조치를 설명한다.

복잡한 변화 이론은 시간이 흐르면서 핵심만 추려진 내용으로 정리되기도 한다. 인터그레이트 연합은 그들이 만든 이론이 세 가지 핵심적인 아이디어를 중심으로 한다는 사실을 알게 됐다. 이글 카운티 학교 최고전략책임자인 트레이시 보드리거(Traci Wodlinger)는 그 세 가지를 다음과 같이 정리했다.

1. 기존의 조직과 조직의 자산을 배열하는 데 대한 공동의 신뢰는 아이들이 누리는 기회의 형평성을 높일 것이다.
2. 가족과 아이들이 반드시 참여해야 한다.
3. 프로세스를 지속적으로 개선해야 한다. 이 과정에서 데이터를 기반으로 투입되는 자원과 노력을 효율적으로 극대화할 수 있다.

위의 다이어그램들로 그려진 변화 이론이 2장에서 설명한 컬렉티브 임팩트에 필요한 요소를 모두 갖췄다는 점에 주목하자. 시스템 변화 이론은 실제로 공동의 의제이므로 공동의 조치와 중추조직이 반드시 필요하다. 또 상호 강화 활동과 지속적인 소통을 위한 로드맵을 제공한다. 그뿐 아니라 중요한 성공 요인과 그 밖의 요인들이 지역사회 리더들 간의 대화에서 직접적으로 나타난다.

프로젝트 전반에 자문을 제공하는 캐서린 저커는 시스템 변화 이론 설계로 얻을 수 있는 여러 이점을 다음과 같이 정리한다.

· 시스템 지도는 조직이 앞으로 어떻게 나아가기를 원하는지 보여 주며 구성원들은 이 지도를 로드맵으로 활용할 수 있다.
· 이 과정에 참여한 소규모의 운영 위원회와 보다 큰 규모의 집단들은 각자의 구성원들에게 계획을 설명하기 위해 시스템 지도에서 루프로 표시된 내용을 이야기로 바꾸어 전달할 수 있다.
· 지도를 만들면서 지역사회의 불평등에 대한 사람들의 이해가 높아졌고, 그

문제에 대해 처음으로 솔직하고 공개적인 대화를 해볼 수 있다.

- 조직은 문제에 대한 공동의 정의를 내리고 일을 진행할 수 있다.
- 전략, 전술, 활동이 일치되고 의도된 결과에 기여하는지 확인하면서 시스템 변화에 초점을 맞추도록 돕는다.

선택 간소화하기

앞으로 살펴볼 사례는 기관의 수많은 프로그램과 업무를 관리 가능한 전략으로 조직하기 위해 시스템 변화 이론을 개발하는 과정을 보여 준다. 이질적인 것처럼 느껴지는 요소들 사이에서 일관된 전략을 도출함으로써 추구하는 목표에 집중한다면, 조직이 하는 일의 상대적 중요성에 대한 논쟁을 피할 수 있었다. 그런 논쟁에 휘말리면 우선순위를 정하기 힘들어지는 경우가 많다.

규모가 큰 어느 아동복지기관에서는 한꺼번에 너무 많은 일을 하려다가 어느 하나도 제대로 못하게 되는 것이 아닌지 우려하고 있었다. 진행 중인 모든 프로그램을 실효성 높게 관리하면서 유지하기에는 예산이 너무 빠듯했다. 더욱이 프로그램 관리팀은 운영 기금을 놓고 다른 사업들과 경쟁하는 상황이었다. 이런 문제로 인해 기관의 전략적인 계획을 검토할 필요를 느낀 임원진은 시스템 변화 이론으로 문제를 해결하기로 결정했다. 그 기관에서 추진중인 여러 사업의 연관성을 더 명확히 이해함으로써, 프로그램을 간소화하고 여러 역할들 사이의 갈등을 줄이기를 희망했던 것이다. 임원진은 우선 30가지가 넘는 프로그램을 다음 네 가지 주요 범주로 분류했다.

- **예방**: 위험에 처한 가족들을 돕고, 아이들에게 안전한 보금자리를 제공하는 데 필요한 안정성을 유지한다.
- **안정화**: 기관에서 관리하는 임시 위탁 가정(transitional homes)에서 나와서 다

른 곳으로 옮겨야 하는 아이들에게 안전을 보장하고 안정감을 준다.
- 성장: 위탁 가정에서 지내는 아이들에게 돌봄과 꾸준한 교육을 지원한다.
- 배치: 아이들을 친부모 집으로 돌려보내거나 영구적으로 지낼 수 있는 지역사회 내의 다른 곳으로 보낸다.

그런 다음 이 네 가지 범주 사이의 연결 관계를 명확히 해두었다. 기관의 예방 프로그램이 가족들이 겪는 많은 외부 압력을 극복하는 데 도움을 주지 못해 보살핌을 제공하지 못하는 위기 가정이 된다면, 법에 따라 아이들을 가정에서 데리고 나와 기관이 관리하는 임시 위탁 가정으로 보낸다. 이 시점에서의 목표는 [그림 11-14] B1에 나온 것처럼 안정화 프로그램, 성장 프로그램, 배치 프로그램으로 이어지는 주요 회복 경로를 따라가게 함으로써, 지속적으로 안정적이고 보살핌을 받을 수 있는 가정으로 아이를 돌려보내는 것이 된다.

이 아동복지기관이 이런 네 가지 프로그램을 유지하려면 지속적인 자원이 제공되어야 했다. 임원진은 재정 능력을 확실히 갖추기 위해 기관의 다른 사업들을 어떻게 통합해야 할지 결정했다. 그 기관에는 상당한 규모의 연구 및 평가 부서가 있었다. 그런데 프로그램 책임자들은 연구 평가 부서가 현장 활동에 사용할 돈을 전용하고 있으며, 기관의 활동에 대한 공정한 평가를 제공하지 못하고 있다고 생각했다. 그러나 임원진은 연구 평가 부서가 명확하고 합의된 기준에 따라 평가를 수행했을 때는 프로그램을 더 튼튼하게 해줄 뿐 아니라 다른 여러 이점까지 있는 매우 소중한 정보를 기관에 제공했다는 사실을 확인했다. [그림 11-15]의 R2에서 볼 수 있는 것처럼 하나는 자금 조달 효과를 직접적으로 증가시키는 것이었고, 다른 하나는 아동복지 정책 개혁을 홍보하는 데 활용할 수 있는 증거에 입각한 방식을 제시해 주는 것이었다. 그들의 신념을 더 효과적으로 외부에 알리면 자금 조달 효과가 높아지고(R3), 그렇게 되면 이 기관 프로그램 운영에 지속적으로 필요한 자원을 조달할 수 있을 것이다.

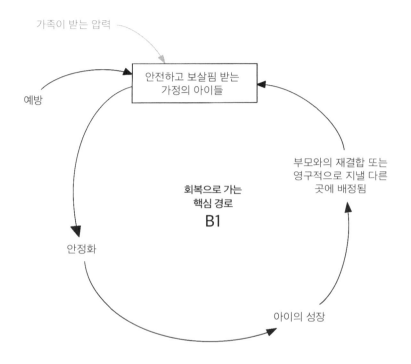

[그림 11-14] 안전하고 보살핌 받으며 지낼 수 있는 가정 형성하기 가족들이 받는 압박이 너무 커지면, 아이를 일시적으로 집에서 데리고 나와서, 우선은 안정과 안정감을 제공하고, 지속적인 교육과 돌봄을 뒷받침해야 한다. 집 밖에서 아이들에게 그런 기반을 제공하는 것은, 추후 아이가 가족과 재결합하거나 영구적으로 다른 곳에서 지내게 되는 과정에서 강력한 밑바탕이 된다.

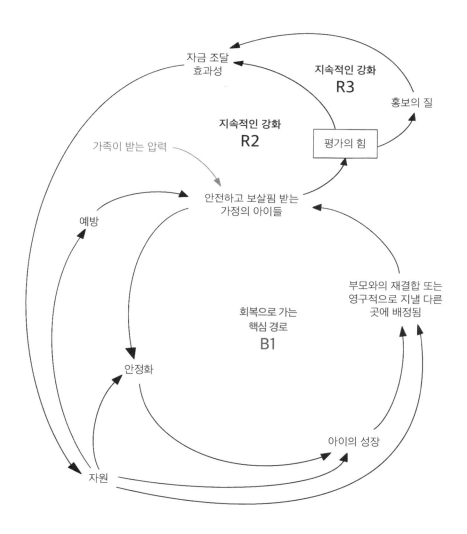

[그림 11-15] 오랜 시간에 걸쳐 유지할 수 있는 자원 보장하기 평가와 홍보는 기관의 주요 프로그램에 추가 자원을 유치하기 위해 필요한 효과적인 자금 조달의 핵심이다.

11 전략적 계획을 위한 시스템 사고

아동복지기관은 시스템 변화 이론을 통해 전략에 부합하지 않는 프로그램을 확인하고 폐지했다. 흥미롭게도 프로그램의 책임자들은 대부분의 발언 시간을 그들의 업무를 해명하는 데 사용하는 경우가 많았다. 아마도 그 기관에 맞지 않는 프로그램이라는 것을 그들도 느꼈기 때문일 것이다. 이런 프로그램은 더 적합한 다른 지역사회 조직으로 이관되거나, 기존의 자금 지원이 종료되는 시점에 맞춰서 단계적으로 폐지했다.

또 기관의 모든 직무 부서가 그들의 목표(아이들이 보살핌 받는 안전한 집에서 지낼 수 있도록 뒷받침하는 것)를 더 잘 인식하고 통합할 수 있게 됐다. 평가 및 홍보 부서는 장기적으로 홍보의 질을 높이려면 단기적으로 평가에 더 많이 투자해야 한다는 사실을 인식했다. 그러면서 부서들 사이의 상대적인 중요성에 대한 갈등이 해소됐다. 업무의 배열을 확인하는 일(sequencing)은 보통 장기간에 걸쳐 업무의 상대적인 중요도를 확인시켜 주기 때문에 우선사항을 정할 때 필수적으로 고려해야 한다.[9] 이와 대조적으로 우선순위를 결정하는 일은 조직의 에너지와 좋은 의도를 축내는 논쟁으로 귀결되기 쉽다. 사람들은 자신의 업무가 한 번 우선순위에서 밀리면 계속 그럴 것이라고 생각하기 때문이다. 시스템 변화 이론은 시간 지연을 고려하므로 불필요한 논쟁을 피하고, 오랜 시간에 걸쳐 모든 당사자들이 어떻게 기여하는지 확인할 수 있다. 이 사례에서 평가 및 홍보 부서들은 실증에 기반한 실행 플랫폼을 강화하기 위해 단기적으로는 평가 부분의 투자를 증대하고, 장기적으로는 그들의 활동과 신념을 널리 알리는 홍보에 자금을 더 많이 투자한다는 데 동의했다.

시스템 변화 이론을 다듬는 법

시스템 변화 이론은 사용할 만한 정보가 점차 쌓이고, 시행한 조치들이 효과를 내기 시작하고, 환경이 바뀜에 따라 진화하도록 설계되어야 한다. 이론을 다듬는 것은 다른 이해 당사자들의 이론을 반영해 통합하고, 핵심 요소들이 시간이 지남에 따라 어떻게 변하는지 추적하고, 일어날 것으로 기대하는 일과 실제로 일어나는 일을 비교해서 이론을 수정해 나가는 것을 뜻한다.

이번 장에서 논한 모든 사례들은 다양한 지역사회의 이해 당사자들이 참여했으며, 소규모로 구성된 임원진이 이론을 개발하면 이것을 더 큰 규모의 구성원들이 다듬고 개선하는 식으로 진행됐다. 이 단계에서는 처음에는 관여하지 않았을 수도 있는 주요 이해 당사자들을 반드시 참여시키는 것이 중요하다. 대표적으로 최종 수혜자(예: 학생, 환자, 노숙인)와 민간 부문이 이에 해당하는데, 이들은 사회적 쟁점에 대한 이해관계가 낮은 편이며 접근하기 힘들다고 오해받는 경우가 많다. 다양한 이해 당사자의 관점을 포함하다 보면 시스템 지도를 처음 개발할 때처럼 도전적인 상황에 직면하게 된다. 시스템 이론은 다양한 관점을 모두 포함시킬 정도로 풍성해야 하면서도, 동시에 실행 가능한 통찰을 얻을 수 있을 만큼 단순해야 한다.

이론을 추적하고 관찰하기 위해서는 각 핵심 변수의 주요 지표를 확인하고, 시간 지연을 추정하고, 시간 변화에 따라 핵심 성공 요인과 실행을 평가하는 기준을 설정하기 위한 행동 패턴을 도출하는 과정이 포함된다. 그 밖에 멘탈 모델도 추적해야 한다. 사람들의 추정이 시간에 따라 어떻게 진화해야 하는지를 쫓아가고 변화의 조짐이 명확해지는 시기를 예측해야 한다(보통은 상당한 시간 지연이 동반된다).

학습에는 시간이 필요하며, 그 과정에서의 실수로 값비싼 대가를 치르게 될 수도 있다. 따라서 정해진 진로를 이탈하지는 않았는지 더 빨리 확인할 수 있도

11 전략적 계획을 위한 시스템 사고

록 이정표를 만들어 두는 것이 중요하다. 덧붙여 컴퓨터 시뮬레이션으로 변화 이론을 구성해 보면, 시간 지연을 단 몇 초만에 확인할 수 있어서 실험과 학습의 속도를 높일 수 있다. 예를 들어 기후변화와 지속 가능성의 문제를 다루기 위한 컴퓨터 시뮬레이션이나, 의료 서비스를 제공하는 대체 모델을 시험하기 위한 컴퓨터 시뮬레이션은 이미 나와 있다.[10] 컴퓨터 시뮬레이션은 초기 비용이 많이 들지만, 결과를 정량화하고 여러 변화 이론을 시험하는 데 드는 시간과 노력을 줄일 수 있다.

시간에 따라 실제 일어나는 상황이 추정된 상황과 어떻게 다른지 비교하여, 지속적으로 배우며 추정과 상황을 개선할 수 있다. 중요한 인과관계를 다시 생각해 보고, 멘탈 모델을 수정할 전략을 바꾸거나, 예상 기간을 조정할 수 있다. 변화 이론의 추적과 수정에 관한 더 자세한 내용은 이론의 평가를 다루는 다음 장에서 살펴보게 될 것이다.

11장 정리

- 시스템 변화 이론은 쉽게 이해하고 탐색할 수 있는 많은 정보를 빠르게 전달하는 그림을 만든다.
- 시스템 사고를 전략적 계획에 적용하면 조직과 지역사회가 근본 원인 분석을 통해 알게 된 레버리지 포인트를 체계화할 수 있다. 또한 여러 중요한 성공 요인을 통합하고 많은 프로그램과 우선순위들을 정리해서 능률적으로 실행할 수 있다.
- 이 책에 사용된 도구들에 기초한 두 가지 핵심 시스템 변화 이론이 있다. 하나는 성공 확대를 모색하는 이론이고, 다른 하나는 목표 달성을 위해 기존의 상황을 개선하려고 노력하는 이론이다.
- 성공 확대 이론에는 성공의 한계를 예측하고 이런 한계를 극복할 방법을 계획하는 과정이 포함된다.
- 목표 달성 이론에는 오랜 시간에 걸쳐서 성과를 유지하고 구축해 나가는 계획이 포함된다.
- 업무의 배열을 확인하는 전략은 업무의 우선순위를 정하면서 생기는 불필요한 논쟁을 줄일 수 있다.
- 시스템 변화 이론은 진화해야 한다. 그런 진화와 발전은 다른 이해 당사자들을 포함시키고, 기대했던 성과와 실제 일어날 성과를 비교하여 추적하고, 목표와의 격차를 줄이기 위해 지속적으로 노력함으로써 달성할 수 있다.

평가를 위한 시스템 사고

자금 제공자들은 자신의 투자가 긍정적인 변화를 만들고 있는지 판단해야 하고, 활동 단체들은 계속해서 자금을 지원받기 위해 목표를 달성하고 있다는 사실을 보여 주어야 한다. 하지만 사회 문제에 대한 해결책을 평가하는 것은 쉬운 일이 아니다. 사회 문제는 복잡하고 자금 제공자와 단체는 모두 비현실적인 목표를 설정하기 때문이다. 자금 제공자는 성과를 빨리 보고 싶어서, 자금을 받는 단체는 높은 이상을 달성하고 자금 제공자들에게 깊은 인상을 남기고 싶어서 지나치게 높은 목표를 정한다. 공공 부문의 정책 입안자들은 때때로 새로운 의무 사항을 법으로 규정하면서 이에 필요한 자금은 지원하지 않아 단체들의 목표 달성을 더 어렵게 만들기도 한다. 자금을 받는 단체들은 감시와 평가 활동에 저항하는 경향이 있다. 활동에 투입되는 자금에 제한을 받는 것을 원하지 않아서이기도 하고, 부정적인 평가를 염려하기 때문이기도 하다. 또한 목표가 수시로 바뀌고, 시간이 지남에 따라 우선순위도 바뀌기 때문에 평가의 범위를 정하는 것도 어렵다.

그럼에도 평가는 여전히 중요하다. 민간 부문과 공공 부문에 자금을 지원하는 주체들은 이런 평가에 시스템 사고가 어떻게 도움이 되는지를 종종 질문한다. 11장에서 살펴봤듯이 시스템 사고는 주요 지표, 지속적으로 성과를 추적할 수 있는 측정 기준, 추후 실제 결과와 비교할 수 있는 지표가 되는 예측 모델을 제공한다. 이를 통해 시스템 변화 이론을 이해할 수 있고 성과 평가에도 부분적으로 도움이 된다. 여기에서는 평가를 개선하기 위한 일반적인 시스템 가이드라인을 알아보고(위에서 언급했던 도전적인 과제를 해결할 방법도 포함해서), 11장에서 소개했던 두 가지 변화 이론에 대한 성과를 평가하는 방법도 살펴볼 것이다.

일반적인 시스템 가이드라인

평가 과정에 시스템 사고를 다음 다섯 가지 측면에서 활용할 수 있다.
- 현실적인 목표를 설정한다.
- 명확한 주요 지표 및 측정 기준을 규정한다.
- 단기적 영향과 장기적 영향을 다르게 생각한다.
- 결과를 다양한 측면에서 살핀다.
- 지속적인 학습에 전념한다.

현실적인 목표를 설정한다

비현실적인 목표는 기대치를 정하는 사람와 여기에 동의하는 사람 모두에게 상처를 안긴다. 이런 목표는 과도한 스트레스, 합의 결렬, 소모된 관계를 만든다. 포부 넘치는 비전의 힘을 깎아내리려는 건 아니다. 헨리 데이비드 소로(Henry David Thoreau)는 이렇게 이야기했다. "성을 공중에 지었다면 그 성을 잃어버릴 염려는 없다. 그곳이 성이 있어야 할 곳이다. 이제 그 밑에 토대를 놓으면 된다."

목표는 토대의 일부로 비전을 실현하기 위한 노력의 이정표가 된다. 이때 너무 많은 목표보다는 적절한 개수의 목표를 세우는 편이 좋다. 경험상 목표는 세 가지 이하로 정할 것을 권장한다.[1] 덧붙여 시스템 변화 이론은 목표의 범위를 규정하고, 목표 달성을 위해 따라야 할 순서를 제시하고, 그 과정에서 해결해야 할 시간 지연을 보여 준다. 좋은 시스템 변화 이론은 장단기 목표를 구별할 수 있게 해주고 모든 것을 한꺼번에 하려는 시도를 단념하게 해준다.

처음부터 현실적인 몇 가지 목표를 세울 수 있지만, 시간이 흐르면서 초점을 유지하기 어려워질지 모른다. 새로운 조건이나 우선순위가 등장하면 이부터 해결하기 위해 정해진 경로에서 벗어나기도 한다. 어렵겠지만 우선순위를 바꿔야 한다면 신중해야 하며, 한정된 자원에 맞닥뜨렸을 때는 기존에 해왔던 임무의 진행 속도를 늦추거나 중단해야 한다. 하던 일을 포기하지 않고 새로운 일을 시작하는 경우에는 소모적인 스트레스를 받게 되고, 전략적이기보다 반사적으로 행동하게 된다. 사람들은 과부하되고 시간이 지날수록 업무량은 늘어나는 악순환이 만들어진다. 이런 악순환에 빠지지 않으려면 가용 자원과 업무량을 계획적으로, 주기적으로 재조정해야 한다.[2]

명확한 주요 지표 및 측정 기준을 규정한다

10장에서 언급한 바와 같이, 선택된 목적에 부합하는 지표와 측정 기준을 세우고 여기에 초점을 맞춰야 한다. 측정 기준을 정할 때는 양적 기준과 질적 기준을 모두 포함해도 좋다. 두 가지 모두 풍성한 시스템 지도를 만드는 데 중요하기 때문이다. 예를 들어 서비스 제공자 간의 협업 수준과 주민들의 신체 건강 지표 모두 건강한 지역사회를 구축하는 과정에서 추적해야 할 중요한 요소다. 협업과 같은 더 추상적인 변수를 측정하기 조금은 더 수월한 요소(예: 공통된 언어 사용 여부와 공동의 목표와 전략에 전념하는지 여부)로 세분화하는 것이 도움이 될 수도 있다. 주요 이해 당사자들과의 인터뷰와 의견 조사는 질적 데이터를 수집하는 방법이며, 질적 데이터에는 여러 이해 당사자들의 멘탈 모델도 포함된다.

시스템 사고의 이점 중 하나는 효력이 큰 방안을 찾게끔 만든다는 점이다. 효력이 큰 방안은 다른 방안들보다 시간, 돈, 인력 등의 투자 등에 대한 투자 수익률을 높이는 방안이라고도 설명할 수 있다. 절대적인 수치가 아니라 비율로 수익을 평가하는 데는 미국 생산성 및 품질 센터(American Productivity and Quality Center)가 개발한 세 가지 유형의 측정 기준인 생산성, 효과성, 효율성이 아주 중요하게 작용했다.[3] 생산성 및 품질 센터에서 규정한 바에 따르면, 생산성은 투입량(input) 대비 결과(outcome)의 비율로, 투입량은 소비된 자원의 양이고 결과는 의도된 수혜자들이 달성한 결과다. 효과성은 산출량(output)에 대한 결과의 비율로 산출량은 생산된 자원의 양이다. 마지막으로 효율성은 투입량에 대한 산출량의 비율을 의미한다.

예를 들어 어느 직업 프로그램에 5만 달러의 비용이 들거나(투입량), 100시간의 교육을 제공하거나(산출량), 교육 수료생 중 70퍼센트가 최저생계임금 일자리를 구하고 그 일자리를 최소 1년 이상 보유한다는 것(결과)만 알아서는 충분히 평가할 수가 없다. 이런 정보와 더불어 교육에 투입된 1달러당 창출되는 양질의 일자리 수(생산성), 교육 시간 1시간당 창출되는 양질의 일자리 수(효과성), 지출된 비용 1달러당 교육 시간(효율성)도 반드시 함께 평가되어야 한다.

나는 동료 존 맥가와 함께 어느 주의 노숙 문제 해결 연합에서 이를 위한 활동과 관련된 의미 있는 지표를 제안해 달라는 요청을 받고, 시스템 사고에 기초해 다음과 같은 측정 기준을 제시했다.

- 전체적인 효과성 = 〔한 달 동안 영구 주택에 입주하는 노숙인 수〕 − 〔한 달 동안 노숙인이 되는 사람 수〕 : 노숙인 수의 월간 감소치를 구한다.
- 예방 효과성 = 〔한 달 동안 노숙인이 되는 사람 수〕 ÷ 〔한 달 동안 소득 수준 및 가족 요인으로 인해 노숙인이 될 위험에 처한 사람들의 수〕 : 감소치를 구한다.
- 최저생계임금 일자리 창출 이익금 = 〔임차인이 내는 임대료+1년에 임차인 1인당 발생하는 소득세〕 − 〔1년에 노숙인 1인당 직업 훈련과 재배치에 드는 비용〕 : 일자리 창출 재투자에 드는 연간 비용를 제시한다.

단기적 영향과 장기적 영향을 다르게 생각한다

3장에서 살펴봤듯이, 임시방편과 작은 성공을 구별하면 단기적인 개선을 정확히 평가할 가능성이 높아진다. 임시방편은 단기적으로 효과가 있지만 초기 결과를 무효화하거나 저해하는 장기적인 결과를 초래하는 경향이 있으며, 대개 문제의 근본 원인이나 장기적인 전략에 대한 명확한 이해 없이 만들어진다. 반면 작은 성공은 현 상태에 대한 깊은 이해를 바탕으로 장기적인 전략을 향한 동력을 구축하는 단기적 결과다.

단기적인 이득이 장기적인 개선으로 이어질 가능성이 높은 조치를 발견하기 위해 다음 여섯 가지 방법을 염두에 둔다.

- 시스템에서는 악화되기 전에 잠시 개선되는 행동이 나타나는 경향이 있음을 기억한다.
- 문제 증상과 근본 원인을 구별한 관련 시스템 분석을 참조하고, 개선 조치가 근본 원인을 해결했는지를 확인한다.
- 이 조치의 선택에 영향을 미친 시스템 변화 이론을 조사한다.
- 취할 조치를 결정할 때 시간 지연이 고려됐는지, 지연을 단축할 전략적인 방법을 찾거나 시간 지연을 수용하는 것 중 어느 한 가지 결론에 이르렀는지 확인한다.
- 낮은 시험 성적이나 건강하지 못한 상태 같은 문제 현상을 즉시 줄이는 임시방편 대신 시스템의 전반적인 역량(관계, 통찰력, 조직 인프라)을 구축하는 성과가 있는지 찾아본다.
- 다양한 조치의 장기적 결과와 단기적 결과의 차이를 신속히 테스트할 수 있도록 컴퓨터 시뮬레이션으로 구현한다.

결과를 다양한 측면에서 살핀다

결과를 장단기적으로 구분하여 평가하는 것만이 아니라 다른 차원에서 어떤 결과가 있는지를 살펴보는 것도 도움이 된다. 첫째, 의도치 않은 결과도 있지만 의도적으로 초래된 것도 있는데, 양쪽 모두 다음 단계로 나아가는 데 필요한 정보와 시사점을 제공한다. 둘째, 의도치 않은 결과가 모두 부정적인 것은 아니며, 의도치 않은 긍정적인 결과를 추적하고 구축하는 것도 중요하다. 셋째, 개발하거나 절약한 자원을 찾아보는 것뿐 아니라 투자 수익을 완전히 파악하는 데 사용된 자원을 찾아보는 것도 중요하다.

이러한 영향을 설명하는 훌륭한 동영상이 하나 있는데, 서아프리카 토고의 시골 지역 주민들에게 마실 수 있는 신선한 물을 공급하기 위해 마을에 우물을 개발하는 사업에 관한 이야기다.[4] 마을 주민들이 원래 이용하던 수원은 사람 피부에 기생해 통증을 유발하고 심할 경우 생명을 위협하기까지 하는 기생충인 기니 벌레에 오염된 상태였다. 거리도 멀어서 여성들이 물을 뜨러 하루에 두세 번씩 힘들게 오가야 했기 때문에 정부 기술자들이 처음 우물을 만들었을 때 주민들의 반응은 긍정적이었다. 하지만 그로부터 2년이 지난 뒤 펌프의 주요 부품이 파손돼서 우물을 사용할 수 없게 됐고 우물은 방치됐다. 하지만 마을 주민과 정부 모두 우물을 유지할 인프라를 만들지 못했다.

나중에 기술자들이 마을로 다시 찾아와 우물이 무용지물이 된 이유를 조사했다. 그들은 마을 사람들이 우물을 직접 관리하는 방법을 배워야 한다는 사실을 깨달았다. 그래서 마을 사람들과 협력해서 지역 인프라를 만들고, 파손의 원인을 확인하고, 펌프를 수리할 돈을 모으고, 펌프를 고쳤다. 정부는 마을 주민들이 스스로 펌프를 보수할 수 있도록 펌프 부품을 마을 인근에 비축했다. 마을 주민들이 만든 이런 인프라 덕분에 이 마을은 우물을 계속 유지할 수 있었을 뿐 아니라, 자체적으로 다른 개발 프로젝트를 추진해서 식량과 수입을 추가로 얻을 수 있게 됐다.

지속적인 학습에 전념한다

시스템이 복잡하고 예측할 수 없고 종종 예상치 못한 방식으로 진화하기 때문에, 평가는 한 번에 끝나는 것이 아니라 계속되어야 한다. 다음과 같은 방법으로 지속적인 학습을 도모할 수 있다.

자금 제공자들은 장기적인 투자에 전념한다. 그렇게 하면 실패는 경시하거나 숨기고 성공은 부풀려야만 할 것 같은 압박에서 벗어나 자금 제공자와 수혜자 모두 성공뿐 아니라 실패에서도 배우기가 쉬워진다.

기존의 이해 당사자들을 계속해서 참여시키고 새로운 이해 당사자들도 불러들인다. 이해 당사자들의 적극적인 참여는 학습과 장기적인 적응에 꼭 필요한 피드백을 제공하고, 더 많은 사람들 사이에서 더 큰 주인 의식을 형성한다.

실험과 이해 당사자들을 통해 얻은 피드백을 활용해서 시스템 분석과 변화 이론을 차츰 개선해 나갈 수 있다. 지금 어떤 일이 왜 일어나는지를 정확히 이해할수록 목표를 향한 로드맵은 명확해지고 효과성이 높아진다.

성공 확대 이론 추적하기

성공 확대 이론에는 쉽게 알아볼 수 있는 궤도가 있기 때문에, 변화를 이행하는 과정이 본궤도에 있는지를 지표를 통해 구체적으로 확인할 수 있다. [그림 4-6]에서 살펴봤던 S자 곡선은 자연적인 유기적 성장 패턴이다. 이 곡선은 [그림 12-1]에서 약간 변형된 형태로 제시된다. 이 곡선은 진전이 쉽게 눈에 띄지 않는 '저성장'의 1단계, 극적인 진전이 나타나는 '가파른 성장'의 2단계, 성장이 둔화되고 정체 상태를 유지하는 '성숙'의 3단계, 이렇게 세 단계를 거친다. [그림 12-1]에 나와 있듯이, 정책 입안자, 자금 제공자, 관리자를 포함한 대부분의 사람들은 이런 성장 패턴이 그들이 기대하는 선형의 꾸준한 성장과는 동떨어져 있다는 것

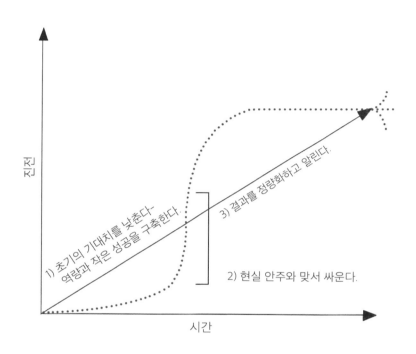

[그림 12-1] 기대를 유기적 성장에 맞춘다 선형 성장에 대한 사람들의 기대는 유기적 성장의 S자형 곡선과는 일치하지 않는다. 단기적으로는 역량과 작은 성공을 구축하고, 중기적으로는 결과를 정량화해서 사람들에게 알리고, 장기적으로는 현실에 안주하는 상태를 혁신으로 전환함으로써 선형 성장에 대한 기대를 유기적 성장과 일치시킬 수 있다. 혁신은 새로운 성장 엔진에 박차를 가해서 성과를 향상시킨다. 하지만 이 시점에서 혁신하지 못하면 시간이 지남에 따라 성과가 정체되거나 감소한다.

12 평가를 위한 시스템 사고

을 알아야 한다. 사람들은 첫 번째 단계에서는 자연스러운 성장보다 눈에 더 잘 들어오는 확연한 진전을 기대하고, 두 번째 단계에서는 급성장에 압도되고, 우리의 기대치보다 더 발전하는 세 번째 단계에서는 현실에 안주하는 경향이 있다. 단기적으로 훨씬 더 빠른 발전을 기대하는 사람들은 선형적인 발전을 기대하는 사람들보다 훨씬 더 쉽게 좌절한다.

이럴 때 평가자는 성장의 각 단계에서 무엇을 기대하고 확인해야 하는지를 잘 알고 있어야 한다. 첫 단계에서 구축하고 평가해야 할 중요한 변화는 기반 구축에 관한 것이다. 즉 첫 단계에서는 공동의 기반, 시스템 전반에 걸친 관계, 혁신과 성장 관리에 필요한 조직의 역량을 구축했는지를 살핀다. 장기적인 성공을 위한 동력을 구축하는 작은 성공을 개선의 결과라고 할 수 있다.

공동의 기반을 확립하는 것은 비전, 사명, 가치의 측면에서 공동의 열망을 정의하는 것을 의미한다. 또 3장에서 소개했던 빙산 모델을 점진적으로 채우기 시작함으로써 현실에 대한 공동의 이해를 확립하고, 최종적으로는 11장에서 설명한 공동의 시스템 변화 이론에 동의하는 과정을 거치게 된다.

관계 구축은 세 가지 영역에서 평가되어야 한다. 첫째, 시스템 차원의 개입이 없다면 각자 맡은 부분만을 최적화하려고 하는 기관들 사이의 관계, 사회 부문과 공공 부문뿐 아니라 민간 부문까지 포함하는 모든 기관의 관계, 이들 집단과 변화의 수혜자(일반적으로 이들의 의견은 잘 반영되지 않거나 충분히 알려져 있지 않다) 사이의 관계다. 이 단계에서 평가자는 다음과 같은 질문을 해야 한다. 이해 당사자들이 한데 모여서 새로운 연계를 맺을 장이 있는가? 관련자들이 시스템 사고의 협업 역량을 개발하고, 생산적인 대화에 참여하고, 전체 시스템뿐 아니라 각자 맡은 부분의 성과에 책임을 지고 있는가?

조직 역량을 구축하는 것도 중요하다. 특히 프로그램과 관련된 총 비용이 최대한 낮아야 한다고 생각하는 비영리단체들은 더더욱 그렇다. 니콜라스 크리스토프와 셰릴 우던은 저서《기부 수업》의 2부 '원조 기술의 개선'에서, 비영리단체의 인프라와 비즈니스 기술에 대한 과소 투자가 그들의 영향력을 현저히 감소시킨다고 지적한다. 따라서 이들이 컴퓨터와 정보 시스템, 마케팅과 고객 관리, 인력 개발과 인재 개발, 평가 등의 조직 역량에 투자해서 더 효과적으로 과업을 수행하도록 도와야 한다.[5]

1단계에서 위와 같은 토대를 만들면, 2단계에서 예상되는 급속한 성장을 더 효과적으로 관리할 수 있다. 이 시점에서는 결과를 평가하고 그 평가를 발생한 산출량 및 투자된 투입량과 비교하는 것이 타당하다. 또 이 시점에서 아무런 조치도 취하지 않았을 때의 비용과 대비했을 때 조치를 취해 생긴 생산적 효과가 어느 정도인지 가늠하면 좋다.

3단계는 일정 정도의 안정기 또는 성숙기로 시작한다. 이 단계의 핵심은 과거의 성공에 안주하는 경향을 혁신으로 전환하고 새로운 성장 방식을 찾는 것이다. 4장에서 설명했던 성장의 한계에 부딪치는 것은 피할 수 없지만, 단순히 과거의 성장 엔진을 더 강하게 밀어붙이기보다는 이 단계의 새로운 성장 엔진을 찾아서 한계를 극복하는 것이 필수적이다. 이런 전환을 통한 성공을 평가할 때는 성과가 변화 없이 유지되거나 차츰 하락하는 측면이 아닌 다른 발전 방향의 씨를 뿌린다는 측면에서 평가한다.

목표 달성 이론 추적하기

목표 달성 이론에도 쉽게 식별할 수 있는 궤도가 있다. 이 궤도는 수정(또는 개선)과 강화의 두 단계로 구성된다. 평가자들은 각 단계에 나타날 수 있는 성공과 관련된 여러 지표를 주의해서 살펴볼 수 있다.

성공 확대 이론의 1단계 성공 지표 대다수는 수정을 위한 지표와 비슷하다. 반면 다른 지표들에는 특별한 주의가 필요하다. 우선 비슷한 점으로 공동의 기반 확립하기, 관계와 관계 기술 쌓기, 조직 역량 개발하기 등이 있다. 그렇지만 현실을 묘사하는 데 어떤 추가적인 투자가 필요한지와 관련해서는 뚜렷한 차이를 보인다. 성공 확대 이론에서는 수정 조치가 문제의 근본 원인을 밝히고 있는지, 혹은 '왜 최선을 다했음에도 목표를 달성하지 못했는가?'라는 질문에 답하는 데 도움이 되는지 알아보는 것이 특히 중요하다. 또 기대했던 만큼 진전을 이루지 못하고 있을 때 사람들이 어떻게 이해하고 있는지를 다시 확인하고 평가하는 것도 마찬가지로 중요하다.

　문제 해결에 명확한 진전이 보인다면 의식적으로 요소를 강화해서 추진력을 확실히 유지하는 것이 아주 중요하다. 이를 위해 실제 성과가 커지면서 목표도 함께 높아지는지, 이런 목표를 달성하기 위한 새로운 성장 조치를 분석한 후에 투자하는지, 최초의 개선을 이루면서 얻은 이익이 새로운 조치에 쓸 자금으로 전환되는지를 확인해야 한다.

　시스템 사고를 적용한 평가는 단순히 성과를 측정하는 것을 넘어서 여러 측면을 포함한다. 그 안에는 현실적인 목표를 설정하기, 선택된 목적에 부합하는 양적이거나 질적인 일련의 지표와 측정 기준을 명확히 밝히기, 단기적인 영향과 장기적인 영향을 다르게 생각하기, 결과를 다양한 측면에서 살펴보기, 지속적인 학습에 전념하기 등이 포함된다. 성공 확대 이론과 목표 달성 이론은 초기에는 특정한 성공 지표를 공유하지만, 시간이 지나면서 평가자들이 성공을 평가하기 위해 확인해야 할 성공 지표는 조금씩 다르다.

12장 정리

- 시스템 사고는 복잡성을 비롯하여 평가 과정에서 직면하는 여러 문제 해결에 도움이 된다.
- 잘 만들어진 시스템 변화 이론은 효과적인 평가의 강력한 토대가 된다.
- 높은 평가를 받기 위해 조직은 처음부터 현실적인 목표를 정하고 시간의 흐름에 따라 업무량과 자원 사이의 균형을 의식적으로 재조정해야 한다.
- 양적 측정 기준과 질적 측정 기준을 모두 추적한다.
- 단기적인 이득이 장기적인 개선으로 이어지게 하는 여섯 가지 조치를 참고해서 임시방편과 단기적인 성공을 구별한다.
- 의도한 결과뿐 아니라 의도치 않은 결과도, 긍정적인 결과뿐 아니라 부정적인 결과도, 자원을 소비하는 결과뿐 아니라 창출하는 결과도 찾아본다.
- 지속적인 학습을 지원한다.
- 세 가지 성장 단계를 구별함으로써 현재의 성공을 확대하기 위한 성과를 평가한다.
- 개선에 관한 두 가지 변화 이론을 구별함으로써 현실과 목표 사이의 격차를 메우는 방향성을 갖고 성과를 평가한다.

시스템 사고 전문가 되기

시스템 사고에 아주 능숙해지려면 시간이 필요하지만 분명히 가능하다. 지금껏 사람들에게 시스템 사고를 가르치고 자문하면서 시스템 사고가 한편으로는 식은 죽 먹기처럼 쉽다는 걸 알게 됐다. 사람들에게는 태어날 때부터 연결 관계를 알아보는 능력과 시간 지연을 이해하는(반드시 용인하는 것까지는 아니지만) 능력이 있다. 그리고 우리는 시스템 사고 도구와 실행 방식을 적용하는 작업이 우리의 모습과 우리가 세상을 보는 방식을 형성한다는 사실을 깨닫게 됐다. 시스템 사고를 이런 관점에서 받아들이면, 시스템 사고 도구와 방식을 더 효과적으로 적용할 수 있다.

마지막 장인 13장은 시스템 사고를 더 효과적으로 적용할 수 있는 세 가지 방법에 초점을 맞춘다. 첫째, 내가 '시스템 지향성(system orientation)'이라고 부르는 시각을 갖추는 방법이다. 우리는 우리가 이해하고 영향을 미치려는 시스템의 일부이기 때문에 특정한 삶의 태도를 기르고 일을 하는 새로운 방법을 익혀야 한다. 피터 센게는 각자가 시스템 사상가로서 하는 일에 스며 있는 존재의 상태 또는 삶의 지향성을 제대로 인식하는 것을 규율의 본질(essence of the discipline)이라고 부른다.[1] 시스템적으로 생각하는 것은 역설적이게도 단순히 정신적인 훈련이 아니라 감정적, 물리적인 훈련이고 궁극적으로는 영적인 훈련이기도 하다.

둘째, 이 장에서는 사회 변화에 시스템 사고를 적용하는 것을 효과적으로 배우는 법을 설명한다. 시스템 분석 도구를 이 책에서 소개한 변화 관리 프레임워크로 통합할 수 있는 액션 러닝[action learning; 조직구성원이 팀을 구성해서 동료와 퍼실리테이터의 도움을 받으며 실제 업무의 문제를 해결함으로써 학습하는 훈련법—옮긴이] 접근법을 소개하고, 조직이나 지역사회가 당면한 과제에 이런 프레임워크와 도구를 적용해 보도록 안내한다.

마지막으로 이 장에서는 다른 사람들이 시스템 사고를 할 수 있도록 물꼬를 트는 일련의 주요 질문을 알아본다. 이런 질문은 시각적인 사고에 익숙한지, 시스템 지도를 직접 그릴 수 있는지, 시스템 지도를 해석하는 법을 배운 적이 있는지 여부에 관계없이 사용할 수 있다.

시스템 지향성 개발하기

도넬라 메도즈는 "사회 시스템은 문화적 사고 패턴 및 인간의 심오한 욕구, 감정, 장점, 약점이 외부적으로 표현된 것이다"라고 설명했다.[2] 달리 말해서 사회 시스템은 단순히 지시를 내리거나 몇 가지 좋은 아이디어를 도입하는 방법으로는 바꿀 수 없다. 우리가 사회 변화에 얼마나 효과적으로 영향을 미칠 수 있는지는 각자의 역량과 성격적 특성, 아울러 각자가 경험한 다양한 측면에 영향을 받는다.

시스템 사고를 단순히 정신적인 훈련으로만 생각하기가 쉽다. 하지만 이런 관점은 시스템 사고 접근법의 다채롭고 폭넓은 특성을 고려하지 못한 것이다. 시스템 사고는 감정적, 물리적, 영적 차원도 포함된다. 이 모든 차원을 통합해 시스템 사고를 적용하면 조직과 다른 사회 시스템이 직면한 복잡한 과제를 더욱 효과적으로 해결할 수 있다. 지금부터 이 네 가지 차원을 하나씩 차례로 살펴보자.

정신적 차원

시스템 사고는 우리가 속해 있는 시스템들이 실제로 어떻게 작동하는지에 대한 우리의 생각을 조명하기 위한 언어이자 일련의 도구다. 이 언어에는 시스템 작동 방식에 대한 중요한 핵심 원칙이 포함되어 있다.

- 피드백: 조직과 시스템의 성과는 대부분 서로 연결된 원형 관계망(선형 관계망이 아님)에 의해 결정된다.
- 성장 및 안정성: 피드백은 시스템이 어떻게 성장하고 안정적으로 유지되는지 이해하는 데 도움이 된다.
- 다양성 및 회복탄력성: 시스템은 다양성을 통해 성장하고 혁신하며, 변화에 직면했을 때 회복탄력성이 작용해서 안정적으로 유지된다.
- 지연: 우리가 취하는 모든 조치는 즉각적인 결과와 우리가 고려하지 못할 수도 있는 지연된 결과 양쪽 모두를 만든다.
- 의도치 않은 결과: 오늘의 문제는 어제의 해결책이었을 가능성이 크다.
- 인식의 힘: 시스템이 실제로 작동하는 것을 보고 이해할 때, 우리는 시스템의 근본적인 강점에 바탕을 두고 시스템의 약점에 장악되는 결과를 피할 수 있다.
- 레버리지: 몇 가지의 조직화된 주요 변화가 오랜 시간에 걸쳐 유지되면서 시스템이 개선된다.

시스템 언어와 원칙이 결합해서 인식 가능한 패턴이나 전형적인 스토리를 만들 때가 많다. 핵심 스토리는 사람들이 왜 최선을 다했음에도 불구하고 원하는 결과에 이르지 못하는지를 설명한다. 시스템 원형은 모두 이 주제와 관련된다. 시스템 원형은 사람들의 근본적인 추정과 행동, 때로 사람들의 관심을 끌기 위해 서로 경쟁하는 여러 목표로 인해 실패하기도 하는 다양한 양상을 설명한다.

감정적 차원

자신의 생각과 행동이 문제가 발생하는 데 원인 제공을 했다는 사실을 인식하는 것은 힘들 수도 있다. 사람들은 일이 계획대로 진행되지 않을 때 자신의 책임을 인정하기보다는 남을 비난하는 경향이 있기 때문이다. 시스템 사고는 비난에서 책임으로 돌아설 수 있게 도와주는 도구 중 하나다. 각자의 현실에 책임을 지고, 능동적으로 대응할 힘을 준다.[3] 사람들은 시스템과 파트너가 되는 대신에 시스템을 통제해서 무력감을 보상받으려고 하는 경향도 있다. 스스로의 책임을 인식하고 능동적으로 대응할 때, 시스템에서 작용하는 힘에 무의식적으로 대항하면서 상황을 악화시키기보다는 보조를 맞춰서 일하고, 적절한 조치를 올바르게 인식하고, 적절하지 않은 조치는 신중한 태도록 조심스럽게 대처해 나갈 수 있다.

믿음과 추정이 얼마나 제한적인지에 관계없이 사람들은 시스템에 감정적으로 애착을 갖는 경향이 있다. 자신의 정체성을 자신의 생각과 동일시하고, 자신이 믿는 것을 강하게 주장해서 보상을 받는 경우가 많기 때문이다. 따라서 사고 방식을 바꾸려면 자신이 옳지 않을 수도 있다는 것을 인정하고, 새로운 추정과 행동을 실험하고, 다른 사람들에게서 배우는 등의 감정적인 위험을 감수하기 위한 겸손, 호기심, 용기가 필요하다. 모든 사람의 견해를 포용하는 것은 이해를 넓히는 데 도움이 되기 때문에 중요하다. 또 모두가 각자의 제한된 관점에서 세상을 보기 때문에, 남들의 견해에 연민 어린 마음을 베푸는 것 또한 중요하다.[4] 이런 것이 바로 정서적 성숙(emotional maturity)과 사회적 지능〔social intelligence; 일상 생활에서 타인의 감정, 사고, 행동을 이해하고, 그런 이해를 바탕으로 적절하게 행동할 수 있는 능력—옮긴이〕의 역량이다.

물리적 차원

시스템 사고는 팀 스포츠다. 다양한 관점을 가진 이해 당사자들이 한데 모여서 견해를 공유하고 이해를 넓히며 모두가 처한 현실을 더 완전하게 그려나가기 때문이다. 시스템 지도의 주된 목적은 촉매 대화를 자극해서 통찰과 책임을 공유하고, 결과적으로 조직화된 행동의 토대를 마련하는 것이다.

조직화된 행동은 물리적 영역에서 일어난다. 조직화된 행동은 체계적으로 회의하고(여러 이해 당사자를 불러모아 그들의 포부, 견해, 경험을 공유하고), 체계적으로 사고하는(복잡한 문제를 시스템을 구성하는 부분들의 상호의존성과 측면에서 이해하는) 과정의 결합을 통해 가능해진다. 회의에서 시스템적으로 접근하는 것은 시스템의 일부를 최적화하도록 사람들을 독려하는 경향이 있으며, 시스템적으로 사고하는 것은 사람들이 잘 알아보지 못하는 부분이나 지지하고자 하는 부분에 대한 통찰로 이끄는 경향이 있다.

영적인 차원

시스템 사고는 다음과 같은 사실을 알아볼 수 있게 돕는다는 점에서 영적이다.

- 모든 것이 연결되어 있다.
- 긍정적인 연결을 발전시킬 것인지 역기능하는 연결을 강화할 것인지를 선택할 수 있다.
- 건설적인 선택을 내리기 위해서는 특정한 내면의 자질을 발달시키는 것이 도움이 된다.

연결을 보기

많은 영적 전통은 모든 것이 연결되어 있다는 믿음에 기초한다. 유일신을 섬기는 서양의 세 가지 종교는 모든 사람이 같은 생명의 원천에서 나왔으며 그것에 연결되어 있다는 믿음에서 유래했다. 불교에서 인드라망(Indra's Net)은 모든 구성원 사이에 무한히 반복되는 상호관계가 존재하는 우주를 상징한다. 힌두교에서 진정한 실체는 만물에 생명과 존재를 주는 내면의 영적 원리인 아트만 브라흐만(Atman-Brahman)이다.

본질적인 연결 고리를 인식하고 연마하지 못하면, 우리 자신과 주변의 세상에 상처를 입힌다. 종교(religion)라는 단어는 일반적으로 '속박하다(to bind)'라는 뜻의 'religare'에서 유래했다. 종교는 결국 연결을 만드는 활동이다. 이런 관점에서 시스템 사고는 전체를 위해 일하면서 연결을 만드는 작업으로 볼 수 있다. 전체를 위해 일하는 데는 도덕적, 실용적 이익이 모두 따른다. 우리는 모든 사람의 관심을 높이 평가하여 변화를 위한 더 강력한 지지 기반을 만들고, 각자의 이익을 포함한 공공의 이익에 기여하기 위해 애쓴다. 우리가 만들어 내는 연결은 사람들 사이의 감정적인 연결일 뿐 아니라 사람들이 동일시하는 시스템의 부분들 사이의 논리적인 연결이기도 하다. 우리는 시스템 사고를 통해 복잡한 쟁점의 부분들을 더 큰 쟁점에 대한 공동의 이해로 바꾸고, 전략의 부분들을 명확한 방향과 조종 가능한 로드맵으로 바꿀 수 있다.

올바른 선택 내리기

모든 것이 연결되어 있다고 해서 모든 연결이 긍정적인 것은 아니다. 내가 누군가를 존중하면 상대방도 나를 존중하고, 내가 누군가를 무시하면 상대방도 나를 무시하게 되는 것처럼 우리는 더 좋은 쪽으로도 더 나쁜 쪽으로도 연결될 수 있다. 일례로 미국에서 부동산 시장 호황을 부채질했던 시장 역동성이 2008년의 경제 대침체를 초래하기도 했다. 좋게 연결된다는 것은 다음과 같은 뜻이다.

- 시간이 지날수록 각자의 행동을 전체적인 목표로 맞춘다.
- 자신의 부분만 최적화하는 것이 아니라 시스템 부분들 간의 관계를 최적화한다.
- 시스템에서 자신의 책임이 있는 영역의 경계를 명확히 하고 확장한다.

목표를 명확히 하고, 긍정적인 관계를 형성하고, 시스템 경계를 규정하는 것은 모두 우리가 내릴 수 있는 선택이다. 이와 관련된 인상 깊은 사례가 있어 소개하려고 한다. 신시내티 어린이 병원 외상치료센터 설립자인 소아과 의사 빅터 가르시아(Victor Garcia)의 이야기다. 가르시아의 환자 중에는 도시에서 발생하는 각종 폭력에 휩싸이는 어린이들이 꽤 있었다. 그는 의사로서 최선을 다했지만, 모든 아이들의 생명을 구할 수는 없었다. 그가 치료하던 어느 소년이 세상을 떠났을 때 그 아이의 부모는 어떻게든 위안을 얻어보려고 그에게 아이를 구하기 위해 최선을 다했느냐고 물었다. 그 순간, 그는 대답이 '아니오'라는 걸 깨달았다. 자신의 임무를 병원 건물 안으로 한정해 소년을 죽음에 이르게 만든 폭력의 원인을 외면해 왔다는 사실을 인식하게 된 것이다. 그런 일이 있고 나서 그는 '최선을 다하는 것'을 병원의 영역을 넘어서 그의 환자들이 사는 도시 안의 위험하고 불건전한 환경까지 다루는 것으로 재규정했다. 그래서 그는 빈곤의 문제와 빈곤이 도시 아이들에게 미치는 영향을 시스템 차원에서 해결할 방법을 모색하기 위해 코어체인지(CoreChange)라는 단체를 설립했다.[5]

내면의 자질 함양하기

긍정적인 연결고리를 만드는 선택을 하려면 내면의 특정한 자질이나 성격 강점을 계발하는 것이 중요하다. 그런 성격 강점에는 다음과 같은 것들이 포함된다.

- 호기심: 배움에 열린 태도를 갖는 것. 가장 해결하고 싶은 목표를 성취하지 못하고 있을 때 이런 자세가 특히 더 필요하다.
- 존중: 모든 사람이 아는 수준 내에서 최선을 다하고 있다고 가정하는 것
- 연민: 상대방은 자신이 하고 있는 일이 의도치 않은 결과를 가지고 온다는 것을 모를 수 있고, 이로 인해 그가 어려움을 겪고 있음을 이해하는 것.
- 비전: 주변에서 무엇이 자신을 움직이는지, 자신이 세상의 어떤 부름 받고 있는지에 귀 기울이는 것. 바츨라프 하벨(Václev Havel)의 말에 따르면, 당신이 깊이 관심을 갖고 있는 "… 희망은 무언가가 어떤 결과에 이르는지에 상관없이 그것이 옳다는 확신이다."
- 용기: 편의적인 방편처럼 느껴지는 대안들 앞에서 전체의 온전함과 지속

가능한 입장을 취하는 것. 나아가 이렇게 질문하는 것. '시스템 전체가 성공하려면 내가(또는 우리가) 무엇을 포기해야 하는가?'
- 인내: 불확실성과 시간 지연에 직면하더라도 끝까지 버티기 위해 참을성과 끈기를 키우는 것
- 유연성: 새로운 정보를 발견했을 때 유연하게 조절하면서 정해진 행로를 지키는 능력을 유지하는 것

직접 해보며 배우기

사회 문제를 해결하기 위해 애쓰는 것은 벅찬 일이다. 첫발을 내딛기 위해 반드시 전문적인 능력을 갖출 필요는 없다. 시스템 사고를 적용하는 능력은 시간이 흐르면서 점차 성장할 것이고, 직접 실행하면서 배울 수 있다.

종종 단체들이 우리에게 직접 지원을 요청하는 경우가 있다. 나는 마이클 굿맨과 함께 사람들이 이 책에 소개된 원칙과 도구를 적용해서 각자가 속한 조직과 지역사회에서 중요한 변화를 이룰 수 있는 방법을 개발했다. 우리는 재단, 비정부기구, 공공 기관, 민간 기업을 비롯한 다양한 범주의 이해 당사자와 작업할 때 이 방법을 사용한다. 이를 통해 여러 문제를 해결하고, 시스템 변화 이론을 개발하고, 시스템 사고 능력을 구축하도록 설계할 수 있었다. 사람들은 평균 3개월에서 6개월에 걸쳐 실시간으로 실무 회의, 교육, 코칭을 병행하면서 효과를 얻는다.

하지만 컨설턴트나 코치와 함께 시스템 사고를 해보거나, 그렇지 않아도 시스템 사고를 적당히 활용하고 싶은 조직이나 개인들에게 이 책은 시스템 사고의 기본 언어, 원리, 도구를 소개하고 있어 유용할 것이다. 온라인으로 배우는 것을 선호하는 사람들을 위해, 마이클은 '조직과 관련된 문제에 시스템 사고와 일반적인 시스템 원형을 적용하기'라는 이름의 웹 기반 쌍방향 교육 프로그램을 개발했

다.[6] 그 밖에도 시스템 사고에 관해 참고할 수 있는 다양한 추가 자료가 있다(〈부록 D〉 참조).

마지막으로 기후변화든, 정치에서 자금의 영향력이 확대되는 문제든, 당신이 아끼는 사람과의 사이에서 생기는 불화든, 관심이 있는 복잡한 문제를 하나 고른 다음, 그 문제를 더 명확히 이해하기 위해 3장, 4장, 7장에서 배운 도구를 사용해 보면서 시스템 지도 그리기를 혼자서 연습해 볼 것을 권한다. 관심과 열정이 있는 문제를 가지고 연습하면, 무언가를 새롭게 배울 때 처음에 느껴지는 어색함을 극복할 수 있으며 더 깊은 통찰을 얻으면서 만족감을 경험할 수도 있다.

시스템 사고를 익히려면 외국어를 새로 배울 때처럼 연습이 필요하다. 이 책에서 설명한 사례들을 참고하여 시간을 두고 직접 연습해 보자. 그런 후에 당신이 관심을 갖는 사람들과 함께 작업하면서 직접 이와 비슷한 결과를 만들어 낼 수 있기를 바란다.

시스템 차원의 질문 던지기

시스템 사고에 능숙해지고 다른 사람들도 그렇게 되도록 도울 수 있는 가장 효과적인 방법 한 가지는 영향력 있는 질문을 던지는 것이다. 시각적인 사고에 익숙한지, 시스템 지도를 그리려고 하는지, 작성한 지도를 남들에게 보여 주려고 하는지 여부에 관계없이 이런 질문을 이용할 수 있다. 촉매 대화를 이끌어 내는 데 있어서는 시스템 지도가 훌륭한 수단이지만, 좋은 질문을 던지는 것 역시 새로운 사고방식, 소통, 이해의 길을 여는 좋은 수단이라고 앞에서 설명했던 것을 떠올리자. 참고할 수 있는 유용한 질문들은 다음과 같다.

- 우리의 좋은 의도는 우리가 진정으로 관심 갖는 문제를 해결하기에 어떤 부분에서 부족한가?

- 우리는 왜 최선을 다했음에도 불구하고 원하는 만큼의 성공을 거두지 못하는가?
- 우리가 직면한 장애물과 결과에 어떤 책임이 있을 수 있는가?
- 우리와 열망이 비슷하지만 문제의 본질이나 해결책에 대한 견해가 아주 다른 사람들이 있는가? 만일 그렇다면 어떻게 각자의 노력을 더 효과적으로 조율할 수 있는가?
- 문제 쟁점과 관련된 특정 사건에 대한 예비 조사, 오랜 시간에 걸친 근본적인 경향이나 행동 패턴, 더 깊은 시스템 구조를 고려함으로써 우리는 무엇을 배울 수 있는가?
- 시간 지연, 시스템 원형, 욕조 모델의 개념이 문제에 대한 시스템 구조를 더 잘 이해하는 데 어떻게 도움이 될 수 있는가?
- 어떤 이해 당사자들을 참여시키는 것을 편하게 받아들일 수 있으며, 그들에게는 어떤 변화의 동기가 있는가?
- 어떤 이해 당사자들을 처음에 제외할 것이고, 그 이유는 무엇인가? 처음에 이들이 참여하지 않는다면 우리가 놓칠 수 있는 것은 무엇이며, 시간이 지난 뒤 이들을 참여시키기 위해 우리가 쓸 수 있는 전략은 무엇인가?
- 현재 참여한 이해 당사자들 사이에서 어떻게 공동의 기반을 수립할 수 있는가?
- 어떻게 하면 다양한 관점의 풍부함과 행동에 필요한 단순함을 아우르면서 문제에 대한 사람들의 이해를 높일 수 있는가?
- 알리기 어렵거나 사람들의 근본적인 믿음과 추정에 이의를 제기하는 분석에 대한 지지를 얻기 위해서는 어떻게 해야 하는가?
- 현 상태를 옹호하는 견해는 어떤 것인가?
- 전체가 성공하려면 우리가 무엇을 포기해야 할 수도 있는가?
- 어떤 방안이 지속 가능하고 획기적인 변화를 이루게 만들어 주는가?

- 제안된 해결책에는 어떤 예기치 않은 결과가 따를 수 있는가?
- 우리는 지속적인 학습과 지원을 어떻게 보장하고 있는가?
- 우리의 시스템 변화 이론은 무엇인가?
- 우리는 시스템의 시각에서 비전을 향한 진전을 어떻게 평가하고 있는가?
- 시스템 사고에 더 능숙해지기 위해 어떤 조치를 취할 수 있는가?
- 이 다음에는 무엇을 할 생각인가?

　　미국 공원 관리국(US Park Services)의 어느 과장이 이런 말을 한 적이 있다. "저는 조직을 기계처럼 생각하고, 낙석 사태와 교통 체증과 같은 일을 기계에서 생긴 고장으로 생각했습니다. 하지만 이제는 조직을 유기체로 생각하고, 단순한 사건들이라도 진정한 원인은 자만, 멘탈 모델, 의사소통과 관계의 부족이라고 봅니다." 더 효과적으로 시스템 사고를 하는 사람이 되는 것은 삶의 인지적 측면뿐 아니라 감정적, 행동적, 영적 측면을 포함한 존재 방식과 지향성을 개발하는 과정이다. 그렇게 되는 데는 시간과 연습이 필요하며, 현실에 도전적인 과제에도 직면하게 된다. 그리고 설사 혼자 힘으로 시스템 지도를 그릴 일이 전혀 없더라도, 자기 자신과 다른 사람들이 시스템 차원에서 생각하도록 문을 열어 주는 영향력 있는 질문을 언제든 던질 수 있다는 것을 기억하자.

13장 정리

- 시스템 사고는 단순히 우리의 생각과 관련된 문제가 아니다.
- 더 효과적으로 시스템 사고를 하는 사람이 된다는 것은 인지적 능력뿐 아니라 정서적, 행동적, 영적 능력을 개발하는 것을 의미하다.
- 시스템 사고를 배우는 가장 좋은 방법은 실제로 해보는 것이다. 이미 나와 있는 자료를 통해 도움을 받을 수 있다.
- 다음에 무엇을 하면 좋을지 명확하지 않을 때는 시스템 차원의 질문을 던져 보자.

감사의 글

이 책을 쓰게 되기까지, 40년에 가까운 세월 동안 많은 이들의 도움이 있었다.

먼저 내 오랜 동료인 마이클 굿맨에게 감사의 인사를 전하고 싶다. 그는 시스템 사고 분야의 선도적인 인물로, 나와 마찬가지로 리더와 조직들이 접근하기 쉬운 방법으로 시스템 사고의 원칙과 도구를 현실 세계의 문제에 적용할 수 있도록 도우려는 열정을 품고 있다. 마이클과 나는 이 책 5-10장에 나오는 4단계 변화 프로세스와 시스템 변화 선도 워크숍을 함께 만들고 운영했다. 거의 20년 동안 우리는 전 세계에 걸친 다양한 조직, 리더십 개발 기관, 전문적인 회의를 진행해 왔다. 마이클은 이노베이션 어소시에이츠에서 시스템 사고 부문(현재 이노베이션 어소시에이츠 조직학습) 책임자로 있으면서 시스템 사고 실무자들과 이 책에서 사용했던 많은 도구과 시스템 원형을 개발하는 데도 기여했다. 또 그는 고맙게도 이 책을 출판하기 전에 원고 전체를 읽고 개선점이 필요한 부분에 대한 소중한 의견을 전해 주었다.

또 이 책에 나오는 아이디어들을 만들어 내고 점검할 때 긴밀히 협력했던 다른 동료 두 명에게도 특별히 감사드린다. 전국적인 규모의 비영리재단 '당신의 빈곤을 우리에게'를 만든 존 맥가는 이해 당사자들이 각자의 즉각적인 이익을 초월하고 노숙 문제 해결을 위한 모범 정책을 적용하도록 동기를 부여하는 데 시스템 사고의 이점을 크게 강화했다. 특히 이 분석은 전통적인 문제해결 방식에 이의를 제기했다.

캐서린 저커는 내게 영감을 주고 지역사회가 시스템 변화 이론을 개발하는데 도움을 줄 많은 기회를 주었다. W. K. 켈로그 재단의 최고교육책임자로 있었던 그는 재단의 일에 시스템 사고를 적용하는 것의 가치를 설명할 방법을 나와 함께 생각해 냈다.

이노베이션 어소시에이츠를 공동 설립한 내 동료들에게도 대단히 감사드린다. 그들은 조직학습의 원칙을 구축하고 홍보할 많은 기회를 주었다. 찰스 키퍼는 이노베이션 어소시에이츠의 주요 설립자로, 조직을 사람들의 높은 열망을 실현할 수단으로 만들겠다는 신념으로 이 분야를 개척하는 데 기여했다. 그는 전통적인 조직 개발, 시스템 사고, 개인적인 전문 지식을 통합해서 아주 강력한 결과물을 만드는 과정을 지휘했다. 설립 동료인 피터 센게는 이 내용을 확장해서 경영학의 고전인 《학습하는 조직》과 그 후속작들을 집필해서, 시스템 사고의 개념과 그것이 다른 학습 원칙들과 어떻게 연관되는지를 널리 알렸다. 로버트 프리츠도 이노베이션 어소시에이츠의 공동 설립자이자 창작 과정의 대가였으며. 이 모든 작업에는 개인, 조직, 그들이 도우려는 사람들의 삶을 풍요롭게 만들기 위한 원칙과 도구가 가득했다.

이노베이션 어소시에이츠의 다른 두 동료의 소중한 도움에도 깊은 감사의 인사를 전한다. 시스템 사고 분야의 뛰어난 전문가인 제니퍼 케메니는 시스템 변화 선도 워크숍을 개발하는 데 마이클 굿맨과 같이 도움을 주었다. 셰리 이메디아토는 공공 및 환경 보건 쟁점에 시스템 사고를 적용할 길을 열었다.

다른 동료들도 이 책이 나오기까지 중요한 역할을 했다. 나는 조 로어와 세라 슐리의 초청으로 '출소 후 계획'에 협력했고, 커티스 오그던이 불러주어서 '가장 처음부터'에 함께할 수 있었다. 또 대니얼 킴은 마이클 굿맨과 나를 W. K. 켈로그 재단에 소개해주었는데, 재단은 시스템적으로 사고하고 회의하는 방법을 적용한 초창기 프로젝트의 다수를 후원했다. 피터 우드로는 나와 부룬디를 연결해 주었고, 다이애나 시가스, 랍 리칠리나노와 지속적으로 협력하면서 시스템 사고를 평화구축에 적용했다. 바타 칼루스는 '레버리징 그랜트메이킹(Leveraging GrantMaking)' 워크숍을 계획하고 이끌 수 있게 나를 초대해 주었다. 앤드류 존스, 돈 세빌, 조지 비숍은 추가 사례 정보를 제공했다. 린다 부스 스위니는 다른 동료들이 '시스템 역학에 날개를 달기'위해 무엇을 하고 있는지 이해할 수 있게 도와주었고, 큰 격려를 해주었다.

책을 쓰는 내내 소중한 의견을 준 캐롤 고렐릭에게도, 또 원고 일부를 수정하고 보강하는 데 도움을 준 미셸 헤리티지, R. 스콧 스팬, 리사 스피날리에게도 감사드린다.

기꺼이 함께해 준 참가자들이 없었다면 이 책은 결코 나올 수 없었다. 그들과 그들이 돕는 사람들은 이 책이 나오게 된 궁극적인 이유다. 더 나은 세상을 만드는 활동에 시스템 사고를 적용하는 데 있어서 대단히 열린 마음으로 함께해 준 이들에게 감사의 인사를 전한다. 조 바트맨, 제니퍼 벤틀리, 재클린 클런치, 베스 데이비스, 마크 드레이퍼, 낸시 프리스 파운튼, 제이슨 글래서, 팀 젠킨스, 카렌 코에네만, 신시아 램버스, 낸시 레오나드, 제니퍼 루드빅, 앤 맨스필드, 앤 미스키, 데이비드 니, 존 새리스키, 브렛 스미스, 데이비드 틸리, 수전 터커, 조앤 얼리스 벤자민, 존 월즈, 트레이시 워드링거에게 감사드린다.

여러 장소에서 열린 시스템 변화 선도 워크숍과 기금마련 활용 워크숍에 참석했던 많은 이들에게도 책 작업을 포용하고 기여해 준 데 대해 감사를 표한다. 그들의 통찰과 도전적인 질문에서 큰 배움을 얻었다.

《파운데이션 리뷰(The Foundation Review)》의 편집장 테리 베렌스에게도 특별한 감사의 말씀을 전한다. 그는 이 책에 담긴 내용의 초판에 해당하는 원고를 출판해 주었고, 자선 활동의 가치를 널리 알렸다. 첼시 그린 출판사 편집자인 조니 프라데트에게도 감사한다. 이 책을 쓸 수 있게 제의해 주고, 집필하는 동안 피드백을 해주며 엄청난 도움을 주었다. 천 마디 말만큼의 가치가 있는 도표를 만들며 인내와 끈기를 보여 준 낸시 도허티에게도 감사드린다.

마지막으로 내 아내 마릴린 폴의 애정 어린 지지가 없었다면 이 책이 나오지 못했을 것이다. 훌륭한 작가인 아내는 이 책을 굳게 믿고 지지해 주었다. 아내는 내가 하는 일을 깊이 생각하고 설명할 수 있도록 도와주면서 수년간 가장 가까운 곳에서 내 의견을 들어 주었고, 이 책의 원고에 대해서도 아주 소중한 아이디어를 주었다. 또 삶의 열정으로 내게 날마다 영감을 주는 아들 조나단 스트로에게도 고맙다는 말을 전하고 싶다.

캘리포니아 오클랜드에서

2015년 6월

대기 중 이산화탄소와 같은 온실가스의 증가는 지구의 기온을 더 빨리 높일 가능성이 있는 몇 가지 악순환을 자연에서 만들어 낸다. 몇 가지 악순환이 작용하는 상황을 [그림 A-1]로 그렸으며, 이를 통해 다이어그램을 해석해 볼 수 있다.

[그림 A-1]의 더 빠른 방출 강화 루프(R)로 묘사된 것처럼, 온실가스와 지구 기온이 증가함에 따라 토양과 바다 모두 더 많은 이산화탄소를 배출하는 것을 볼 수 있다. 덮개 역할을 하는 숲이 감소해 나무가 보유하거나 격리하는 이산화탄소의 양이 줄면서, 대기 중으로 배출되는 이산화탄소(R, 숲) 수치가 높아진다.

게다가 지구 기온 상승에 따라 극지방의 얼음이 녹으면서 이것은 다른 부정적인(그리고 다른 측면에까지 확대되는) 영향을 미친다. 극지방의 얼음이 감소하면 태양 광선의 반사율이 낮아져서 지구에 흡수되는 태양열의 양이 늘어나기 때문에 기온(R, 알베도)이 상승한다. 또 얼음이 녹으면 영구 동토층이 노출되고, 이로 인해 이산화탄소(R, 메탄)보다도 독성이 강한 또 다른 온실가스인 메탄을 방출한다. 여기에 극지방의 얼음이 줄어들면 얼음의 평균 고도가 낮아져 얼음의 온도가 낮아지고 얼음이 더 빨리 녹는다(R, 얼음 고도). 마지막으로 잠재적으로는 영향을 덜 미치지만 극지방의 얼음이 녹을 때, 얼음이 녹으면서 생성되는 물의 흐름인 기저부 윤활(basal lubrication)이 더욱 활성화되어 얼음이 녹는 속도가 더 빨라진다(R, 기저부 윤활).

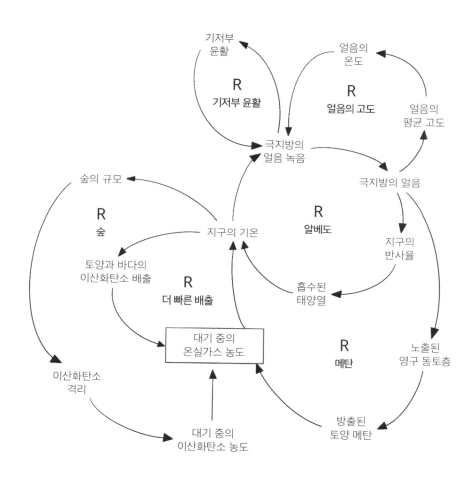

[그림 A-1] 기후변화의 악순환 대기 중 이산화탄소 농도가 증가하면서 지구의 온도가 증가하는 악순환이 만들어진다. Andrew Jones, Climate Interactive, 2015, 일부 수정됨.

※ 알베도(Albedo): 반사되는 빛의 비율 | 기저부 윤활(basal lubrication): 빙류의 역학

다수의 이해 당사자가 참여하는 시스템 사고 프로젝트를 시작할 때는 프로젝트 참여자들과 인터뷰를 진행하는 것이 좋다. 인터뷰를 통해 수집한 정보는 토론과 팀의 의견 개진에 활용할 초기 시스템 지도를 만드는 데 사용된다. 다음은 이 책 전반에 걸쳐 논의됐던 몇 가지 사례에 사용된 질문이다.

B.1. '출소 후 계획'을 위한 질문

1. 전반적인 분야 내에서 어떤 부분에 주력하고 있습니까? 그 부분에 주력하는 이유는 무엇인가요?
2. 현장에서 다른 어떤 변화들이 시도되고 있습니까? 이런 다른 노력들이 당신의 활동에 어떻게 도움이(또는 방해가) 됩니까? 당신이 하는 활동은 다른 사람의 활동에 어떻게 도움이(또는 잠재적으로 방해가) 됩니까?
3. 문헌 조사에서 사회에 재진입할 때 맞닥뜨리게 되는 여러 장벽이 확인됐습니다. 당신이 생각하기에 가장 중요한 세 가지 장벽은 무엇입니까? 왜 그런 장벽이 존재하는 걸까요?
4. 이 문제를 해결하는 데 있어서 다른 이해 당사자들, 그중에서도 특히 이 문제와 관련 분야에 있고 추가적인 자원에 접근할 수 있는 사람들을 어떻게 참여시켜야 할까요?

5. 사회 재진입을 구조적 인종차별과 관련한 더 큰 차원에서 접근한다면, 어느 정도 선에서 그렇게 접근하시나요? 가령 출감자들의 사회 재진입 측면뿐 아니라 참정권 부여 측면도 고려하십니까? 혹은 소외된 계층 전체의 사회 통합 문제도 고려하시나요? 어떤 최종 결과를 목표로 하고 있습니까? 만일 이렇게 더 큰 조건에서 고려하고 있다면, 얼마나 구체적으로 고려하고 계신가요?

B.2. '노숙 문제 해결을 위한 10년 계획'을 위한 질문

1. 지난 10-20년에 걸친 세월 동안 칼훈 카운티에서 보았던 노숙의 패턴은 어떤 것이었습니까?
2. 문제의 근본 원인은 무엇이라고 생각하십니까?
3. 노숙에는 어떤 결과가 뒤따르나요? 그런 문제는 얼마나 심각한가요? 아무런 조치를 취하지 않는다면 시간이 지나면서 어떤 일이 벌어질까요?
4. 당신이 속해 있는 조직은 이 문제를 해결하기 위해 어떤 노력을 기울여 왔습니까? 어떤 방법이 성공적이었습니까? 기대했던 만큼의 결과를 달성하지 못한 시도는 어떤 것이었나요? 그리고 왜 결과를 달성하지 못했다고 생각하십니까?
5. 당신이라면 어떤 다른 방식으로 대처했을까요? 그 이유는 무엇이고 그런 방법을 시도하지 못했던 이유는 무엇인가요?
6. 노숙 문제가 계속되기를 바라는 사람은 아무도 없지만, 이 문제는 여전히 존재합니다. 개인적으로 문제가 해결되지 못하는 이유가 무엇이라고 생각하십니까?
7. 카운티에서 노숙 문제를 해결하려면 당신의 조직에서 할 수 있는 일 외에

또 어떤 일이 필요할까요?

8. 노숙 문제 해결에 기여하기 위해 주와 지역 차원에서 누가 더 참여해야 할까요? 그들(정치 지도자, 자금 지원, 기술적 자원 등)은 어떤 일을 해야 할까요?

B.3. '시골 주택 개선'을 위한 질문

1. 현재 당신이 거주하는 지역에서 새로운 주택을 개발하는 데 어떤 방법이 효과가 있습니까?
2. 추가적인 주택 개발을 위해 무엇을 할 수 있을까요?
3. 적당하고 저렴한 주택을 개발하는 데 있어서 당신이 직면한 한계는 무엇입니까?
4. 지금 이 한계에 어떻게 대처하고 있나요? 다르게 대처할 수도 있을까요?
5. 일을 진행하다 보면 어떤 한계에 직면할 수도 있을까요?
6. 주택 개선과 지역사회 개발은 다른 것보다 실현하는 데 시간이 더 오래 걸릴 수 있습니다. 어느 지역에서 시간이 가장 오래 걸렸나요? 어떻게 하면 시간을 줄이거나 계획대로 실현하는 과정에서 어떻게 사람들의 인내심을 키울 수 있을까요?
7. 연고가 없는 독신 가정에 초점이 맞춰지는 경향도 이해가 됩니다. 앞으로 다세대 주택이나 인접한 단독 주택(예: 타운하우스)을 짓는다면 어디가 적합하다고 생각하시나요?

B.4. '아이오와주 아이들을 위한 협력'에 관한 질문

파트너십 전망을 명확히 하기 위한 질문

1. 교육부의 성공을 어떻게 정의하시겠습니까? 교육부는 특별히 어떤 기여를 해야 했나요?

2. 지역교육지원청 시스템의 성공을 어떻게 정의하시겠습니까? 지역교육지원청은 특별히 어떤 기여를 해야 했나요?

3. 교육부의 성공은 지역교육지원청 시스템의 성공에 어떻게 기여할까요?

4. 지역교육지원청 시스템의 성공은 교육부의 성공에 어떻게 기여할까요?

뜻하지 않은 적수 관계를 명확히 하기 위한 질문

1. 교육부가 원하는 결과를 달성하지 못하면, 결과를 얻기 위해 어떤 조치를 시행합니까?

2. 이러한 조치는 어떻게 지역교육지원청의 시스템 성공을 저해하고 있습니까?

3. 지역교육지원청 시스템이 원하는 결과를 달성하지 못하면, 결과를 얻기 위해 어떤 조치를 시행합니까?

4. 이런 조치는 어떻게 교육부의 성공을 저해하고 있습니까?

부록 C 　　　　　 다수의 시스템 원형으로 구성된 다이어그램

아래의 다이어그램들은 여러 가지 원형이 어떻게 한 가지 복잡한 문제를 조명할 수 있는지 보여 준다. 첫 번째 다이어그램인 [그림 C-1]에서, 대규모 수감 정책의 부담 떠넘기기 원형은 [그림 7-1]과 [그림 7-2]에 제시된 역효과를 낳는 해결책 원형을 덧붙이고 보충한다. [그림 C-2]에서 [그림 C-4]까지는 정체성에 기반한 갈등이 직면하고 있는 뿌리 깊은 문제에 대한 여러 다른 측면을 보여 준다. 갈등의 양쪽 당사자들은 존재 권리 자체가 위협받고 있다고 믿는다. [그림 C-2]는 갈등에 내재하는 부담 떠넘기기 원형을 묘사한다. [그림 C-3]은 경쟁하는 목표의 도전적 과제를 조명한다. 마지막으로 [그림 C-4]는 단계적 확대의 원형을 통해 이런 갈등이 얼마나 더 깊이 내포되어 있는지를 보여 준다. 정체성 기반의 갈등에 대한 시스템 원형과 그런 갈등을 해결할 적절한 중재법에 관심이 있는 독자들은 이 다이어그램에서 언급한 참고 자료를 찾아보면 도움이 될 것이다.

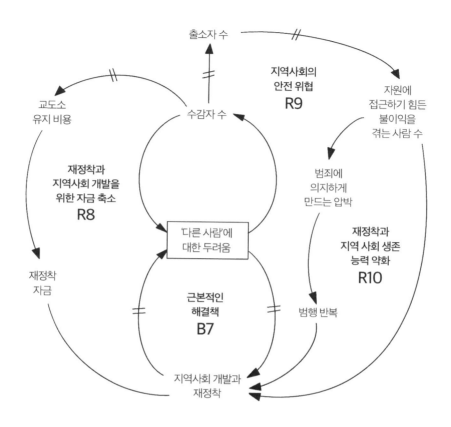

[그림 C-1] 수감 제도에 대한 중독 '다른 사람'에 대한 사람들의 두려움을 줄일 방법으로 대규모 수감 정책에 의존하면, 지역사회 개발과 재정착이라는 더 근본적인 해결책을 시행할 사회적 역량이 약화한다. 교도소를 운영하는 데는 상당히 많은 비용이 들기 때문에, 이런 대응책에 사용할 수 있는 자금이 줄어든다(R8). 출소자들이 불이익을 겪으면 재범을 범할 가능성이 높아지고, 이에 지역사회가 한층 불안정해진다(R9). 출소자들이 범죄를 다시 저지르지 않더라도 이들이 지역사회 잘 적응하기는 어렵다(R10). 열린사회연구소의 의뢰로 시드 시스템즈에서 제작한 다이어그램을 수정했음

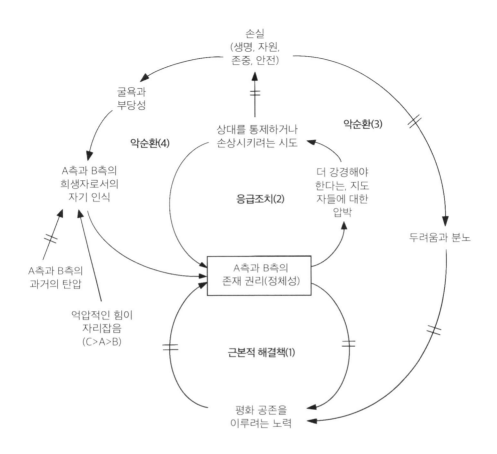

손실
(생명, 자원,
존중, 안전)

굴욕과
부당성

악순환(4)

상대를 통제하거나
손상시키려는 시도

악순환(3)

A측과 B측의
희생자로서의
자기 인식

응급조치(2)

더 강경해야
한다는, 지도
자들에 대한
압박

A측과 B측의
과거의 탄압

억압적인 힘이
자리잡음
(C>A>B)

A측과 B측의
존재 권리(정체성)

두려움과 분노

근본적 해결책(1)

평화 공존을
이루려는 노력

[그림 C-2] 정체성에 기반한 갈등: 부담 떠넘기기 정체성에 기반을 둔 갈등 상황에서 대립하는 양측은 각자의 존재 권리를 증명하기 위해 갈등의 반대편에 있는 사람들을 통제하거나 손상시키려는 행동에 중독되는 경향이 있다. 강한 쪽(A)은 경제적, 군사적으로 지배력을 행사하려고 하는 반면 약한 쪽(B)은 강한 쪽의 기반을 약화시키고자 한다. David Peter Stroh, "The System Dynamics of Identity-Based Conflict," in D. Korppen, N. Ropers, and H. J. Giessmann (editors), *The Non-Linearity of Peace Processes* (Barbara Budrich Publishers, 2011)

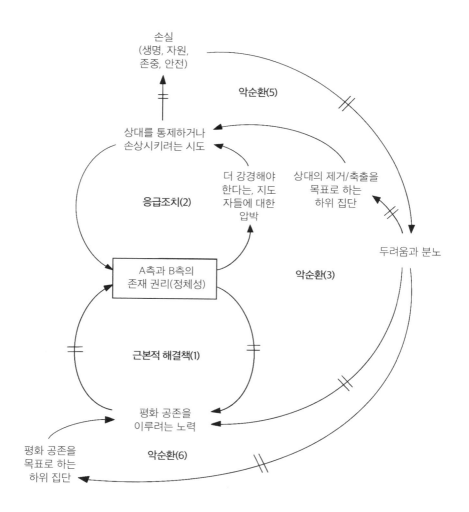

손실
(생명, 자원,
존중, 안전)

악순환(5)

상대를 통제하거나
손상시키려는 시도

더 강경해야
한다는, 지도
자들에 대한
압박

상대의 제거/축출을
목표로 하는
하위 집단

응급조치(2)

A측과 B측의
존재 권리(정체성)

두려움과 분노

악순환(3)

근본적 해결책(1)

평화 공존을
이루려는 노력

평화 공존을
목표로 하는
하위 집단

악순환(6)

[그림 C-3] 정체성에 기반한 갈등: 경쟁하는 목표 양측에는 완전한 승리보다는 평화 공존을 통해 갈등을 해결하려는 하는 하위 집단이 있다. 그러나 완전한 승리를 지지하는 하위 집단이 시간이 지남에 따라 분위기를 지배하는 경향이 있는데, 그들이 펼치는 공격적인 전술이 평화 집단에 비해 본능적으로 더 강한 공포와 분노를 불러 일으키기 때문이다. Stroh, "The System Dynamics of Identity-Based Conflict"

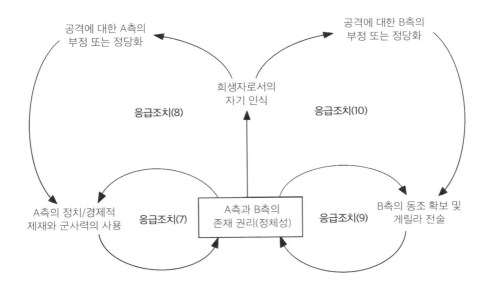

[그림 C-4] 정체성에 기반한 갈등: 단계적 확대 문제가 더 악화된다. 희생자 입장에서는 상대를 탄압하는 것이 정당한 입장으로 여겨지는 경우가 많아서 양측 모두 지배와 피해의 끝없는 경쟁에 휘말리기 때문이다. Stroh, "The System Dynamics of Identity-Based Conflict"

부록 D   참고할 만한 자료

아래에 소개한 도서와 웹사이트들은 다음의 내용을 담고 있다.

- 체계적으로 생각하고 행동하는 것과 관련한 다양한 접근법
- 도시 재생, 평화 구축, 지속 가능한 개발, K-12 교육, 의료, 노숙 문제 해결 등의 과제에 시스템 사고를 적용한 사례
- 시스템 사고를 국가적으로나 전 세계적으로 알리고 적용하기 위해 일하는 사람들의 네트워크와 자료 아카이브

도서

- **린다 부스 스위니**(Linda Booth Sweeney)
  - *When a Butterfly Sneezes*, Pegasus Communications, 2001. : 재미있는 이야기를 통해 모든 연령의 아이들이 세상의 상호 연결성을 탐색하도록 도와주는 지침서이다.
  - 데니스 메도우(Dennis Meadows) 공저, *The Systems Thinking Playbook*, Chelsea Green, 2010. [《(시스템사고와 함께하는) 기후변화 플레이북》, 정창권 역, 서울: 지식플랫폼, 2009.] : 학습 및 시스템 사고 능력을 확장하고 구축하는 체험 활동 핸드북이다.
- **피터 체크랜드**(Peter Checkland), **짐 숄스**(Jim Scholes)
  - *Soft Systems Methodology in Action*, Wiley, 1999.: 인과 루프 다이어그램의 시각 언어에 기반을 두지 않은 대안적 시스템 사고 방법론을 제시한다.
- **글렌다 어양**(Glenda Eoyang), **로이스 할러데이**(Royce Halladay)
  - *Adaptive Action: Leveraging Uncertainty in Your Organization*. Stanford University Press,

307   부록

2013. : 인과 루프 다이어그램의 시각 언어에 기반을 두지 않은 대안적 시스템 사고 방법론을 제시한다.

- **제이 포레스터**(Jay Forrester)
  - *Urban Dynamics*, Pegasus Communications, 1969. : 1960년대 미국에서 빈곤과의 전쟁을 벌이며 사용된 도시재생 전략의 미흡한 점을 설명하는 시스템 역학 분야의 고전이다.
- **D. 코르펜**(D. Korppen), **N. 로퍼스**(N. Ropers), **H. J. 기스맨**(H.J. Giessmann) 편
  - *The Non-Linearity of Peace Processes*, Barbara Budrich Publishers: Farmington Hills, MI, 2011. : 평화 구축에 다양한 사고방식을 체계적으로 적용한 논문 모음집이다.
- **도넬라 메도즈**(Donella Meadows)
  - *Limits to Growth*, Universe Books, 1972. [《성장의 한계》, 김병순 역, 서울: 갈라파고스, 2012.] : 로마 클럽[Club of Rome; 1968년 서유럽의 정계, 재계, 학계의 지도급 인사가 로마에서 결성한 국제적인 미래 연구기관—옮긴이]을 위해 개발된 시스템 역학 모델로 억제되지 않은 인구 증가와 경제 성장이 환경에 어떤 영향을 미치는지 설명한 책이다.
  - 요르겐 랜더스(Jorgen Randers), 데니스 메도우(Dennis Meadows) 공저, *Limits to Growth: The 30-Year Update*, Chelsea Green, 2004. [《성장의 한계》, 김병순 역, 서울: 갈라파고스, 2021.] : 30년 만에 발간된 후속 보고서는 원래 보고서에 담긴 여러 예측을 바탕으로 작성되었으며 환경적 붕괴를 피할 수 있는 방법을 제안한다.
  - *Thinking in Systems*, Chelsea Green, 2008. : 이 분야를 선도하는 리더가 시스템 사고에 대한 기본을 훌륭히 소개한 책이다.
- **C. 오토 샤머**(C. Otto Scharmer)
  - *Theory U: Leading From the Future as It Emerges*, Berrett- Koehler, 2009. : 이 책에서 소개한 프레임워크를 보완하는 성격의 복잡한 변화 관리에 대한 포괄적인 프레임워크를 설명하는 책이다.
- **피터 센게**(Peter Senge)
  - *The Fifth Discipline*, Doubleday, 1990, second edition published in 2006. [《학습하는 조직》, 강혜정 역, 서울: 에이지21, 2014.] : 이 책의 많은 아이디어의 기초가 되는 선구적인 프레임

워크를 담고 있다. 시스템 사고는 '학습하는 조직'이다.

- 아트 클레이너(Art Kleiner), 샬롯 로버츠(Charlotte Roberts), 리처드 로스(Richard Ross), 브라이언 스미스(Bryan Smith) 공저, *The Fifth Discipline Fieldbook*, Doubleday, 1994. [《학습조직의 5가지 수련》, 박광령·손태원 역, 서울: 21세기북스, 1996.] : 《학습하는 조직》의 원칙을 독자들이 각 조직 학습 분야를 적용해볼 수 있는 접근성 높은 전략과 도구로 알려주는 책이다.
- 브라이언 스미스(Bryan Smith), 니나 크라슈이츠(Nina Kruschwitz), 조 라우르(Joe Laur), 세라 슐리(Sara Schley) 공저, *The Necessary Revolution*, Broadway Books, 2008. [《(피터 센게의) 그린 경영》, 현대경제연구원 역, 서울: 한국물가정보, 2009.] : 지속 가능한 세상을 구축하기 위해 다섯 가지 조직 학습 분야를 적용한다.
- 넬다 캄브론-맥케이브(Nelda Cambron-McCabe), 티모시 루카스(Timothy Lucas), 브라이언 스미스(Bryan Smith), 제니스 더턴(Janis Dutton), 아트 클레이너(Art Kleiner) 공저, *Schools That Learn (Updated and Revised)*, Crown Business, 2012. [《학습하는 학교》, 한국복잡성연구회 역, 서울: 씨아이알, 2009.] : K-12 교육의 도전 과제를 해결하기 위해 다섯 가지 조직학습 분야를 적용한다.

웹사이트

· Applied Systems Thinking, *www.appliedsystemsthinking.com* : 마이클 굿맨과 데이비드 피터 스트로가 개발한 응용 시스템 사고에 관한 정보를 담은 웹사이트이다.
· Bridgeway Partners, *bridgewaypartners.com* : 데이비드 피터 스트로와 마릴린 폴이 제공하는 서비스로, 다양한 사회적 문제와 개인과 조직의 과부하 문제를 포함한 여러 난해한 문제들을 재구성하고 해결하는 데 도움을 준다.
· Climate Interactive, *www.climateinteractive.org* : 기후변화, 청정 에너지, 재해 위험 감소, 회복탄력성과 같은 주제를 다루는 컴퓨터 시뮬레이션과 학습 자료를 제공한다.

- Creative Learning Exchange, *www.clexchange.org* : K-12 학교 커리큘럼에 시스템 역학을 도입하기 위해 제이 포레스터가 설립한 비영리단체다.
- Funders Together to End Homelessness, *www.funderstogether.org* : 시스템 접근 방식을 사용해서 노숙 문제를 해결하고 예방하는 데 전념하는 전국적인 자금 제공자 네트워크다.
- International System Dynamics Society, *www.systemdynamics.org* : 시스템 역학과 시스템 사고의 개발과 사용을 장려하는 데 힘쓰는 국제적인 비영리단체다.
- Leverage Networks, *www.leveragenetworks.com* : 페가수스 커뮤니케이션즈(Pegasus Communications)의 광범위한 아카이브를 포함해 시스템 사고와 관련된 지식, 행사, 사람들을 연결한다.
- ReThink Health, *www.rethinkhealth.org* : 국가적으로 공인된 건강 역학 모델(ReThink Health Dynamics Model)을 포함해서 지역 의료 서비스 제공 개선에 헌신하는 리더들을 지원하기 위한 실질적인 정보, 도구, 접근 방식을 개발하고 수집한다.
- Systems Thinking World, *www.systemswiki.org.*: 시스템 사고를 적용해서 콘텐츠를 만들고 상호작용을 촉진하며, 체계적인 관점을 더 잘 이해해 체계적인 사고와 행동을 하도록 기여하는 온라인 커뮤니티다. 또 https://kumu.io/stw/systems-kele에서는 포괄적인 온라인 학습 환경을 제공한다. [현재 두 곳 모두 https://kumu.io/stw를 통해 접속이 가능하다.]

주석

서론

1. 예를 들어 다음 문헌을 참조하라. Peter Senge, *The Fifth Discipline* (updated and revised; Doubleday, 2010) and Peter Senge et al., *The Fifth Discipline Fieldbook* (Doubleday, 1994).
2. 예를 들어 다음 문헌을 참조하라. Peter Checkland and Jim Scholes, *Soft Systems Methodology in Action* (Wiley, 1999).
4. 예를 들어 다음 문헌을 참조하라. Otto Scharmer, *Theory U: Leading from the Future as It Emerges* (Berrett-Koehler, 2009); John Kania and Mark Kramer, "Collective Impact," *Stanford Social Innovation Review*, Winter 2011; and Zaid Hassan, *The Social Labs Revolution* (Berrett-Koehler, 2014).
5. 이런 통찰은 다트머스 의과대학 명예교수인 폴 바탈든(Paul Batalden)박사, 의료 발전 연구소 (Institute for Healthcare Improvement) 전 사장이자 최고경영자, 미국 메디케어 및 메디케이드 서비스(US Centers for Medicare and Medicaid Services)의 전 이사이었던 돈 버윅(Don Berwick), 품질 운동의 창시자인 에드워드 데밍(Edward Deming)을 포함한 시스템 사고 분야의 여러 전문가들 덕분에 나온 것이다.

1장 변화를 위한 시스템 사고

1. Matthew B. Durose, Alexia D. Cooper, and Howard N. Snyder, "Recidivism of Prisoners Released in 30 States in 2005: Patterns from 2005 to 2010," US Department of Justice, Office of Justice Programs, Bureau of Justice Statistics, April 2014.
2. Lewis Thomas, *The Medusa and the Snail* (Viking, 1979).
3. Donella Meadows, *Thinking in Systems* (Chelsea Green, 2008).
4. 시스템 사고의 여러 학파에 대해서, 그리고 언제 어떤 방법론을 적용할지에 대해서 더 자세히 알아

보고 싶다면 다음 책을 읽어 보기 바란다. Michael C. Jackson, *Systems Thinking: Creative Holism for Managers*, Wiley & Sons, 2003.

5. Senge, *The Fifth Discipline*, and Senge et al., *The Fifth Discipline Fieldbook*. 인과 루프 다이어그램은 내 동료인 마이클 굿맨의 선구적인 책 *Study Notes in System Dynamics* (1974, 페가수스 커뮤니케이션즈에서 1989년에 재출간됨)에 나와있다.

2장 시스템 사고 갖추기: 사회 변화의 촉매

1. Carol Dweck, *Mindset: The New Psychology of Success* (Random House, 2006). [캐럴 드웩, 《마인드셋: 스탠퍼드 인간 성장 프로젝트》, 김준수 역, 서울: 스몰빅라이프, 2017.]
2. Senge, *The Fifth Discipline*, p. 231.
3. 더 구체적인 정보는 다음 책을 참고하기 바란다. David Peter Stroh, "The System Dynamics of Identity-Based Conflicts," in D. Korppen, N. Ropers, and H. J. Giessmann (editors), *The Non-Linearity of Peace Processes* (Barbara Budrich Publishers, 2011).
4. John Kania and Mark Kramer, "Collective Impact," *Stanford Social Innovation Review*, Winter 2011.
5. Paul Schmitz, "The Real Challenge for Collective Impact," *Huffington Post*, September 27, 2012.

3장 시스템 스토리텔링

1. 열린사회연구소(OSI)는 이후 이름을 열린사회재단(Open Society Foundations)으로 바꾸었다.
2. Jonathan Simon, "Governing Through Crime: How the War on Crime Transformed American Democracy and Created a Culture of Fear," *Studies in Crime and Public Policy*, 2009.
3. 벅민스터 풀러(Buckminster Fuller)를 비롯한 사람들은 세계가 직면한 근본적인 문제는 한정된 자원이 아니라 충분한 자원의 비효율적인 분배라고 지적했다.
4. Marvin Weisbord, *Productive Workplaces: Dignity, Meaning, and Community in the 21st Century* (Jossey-Bass, 1991).
5. Alfred Blumstein and Joel Wallman, *The Crime Crop in America* (Cambridge University Press, 2005).
6. Steven D. Levitt, "Understanding Why Crime Fell in the 1990s: Four Factors That Explain the Decline and Six That Do Not," *Journal of Economic Perspectives* 18, no. 1 (Winter 2004).
7. Wikipedia, http://en.wikipedia.org/wiki/Abracadabra.

8. 모든 명사가 변수인 것은 아니므로, 어떤 요인에 따라 달라지는지 여부를 확인할 한 가지 좋은 방법은 '~의 수준'이라는 말을 그 뒤에 붙여보는 것이다(예: 재범 발생 수준). 이를 테면 수감된 사람의 수는 변수다. 시간이 흐르면서 늘어나거나 줄어들기 때문이다. 하지만 전략은 변수가 아니다. 물론 '처벌 대 개혁에 대한 상대적인 중점'은 상대적인 중점이 시간이 흐르면서 바뀌기 때문에 변수이지만 말이다.

9. Peter Woodrow, "Conflict Analysis of Burundi" (CDA Collaborative Learning Projects, 2004).

10. 최종 다이어그램에서 색깔이 있는 연결선으로 바꾸는 것도 가능하다. 예를 들어 '동일한' 것에는 초록색, '반대되는' 것에는 빨간색을 사용할 수도 있다.

4장 시스템 원형 구별하기

1. Meadows, *Thinking in Systems*.

2. Jim Collins, *Good to Great* (HarperCollins, 2001) and *Good to Great and the Social Sectors* (monograph; HarperCollins, 2005).

3. David Peter Stroh, "A Systems View of the Economic Crisis," *The Systems Thinker* 20, (February 2009).

4. P. Ball, *Critical Mass: How One Thing Leads to Another* (Farrar, Straus and Giroux, 2006) [볼 필립, 《물리학으로 보는 사회: 임계 질량에서 이어지는 사건들》, 이덕환 역, 서울: 까치글방, 2008.] ; Malcolm Gladwell, *The Tipping Point* (Little Brown, 2000). [말콤 글래드웰, 《티핑포인트》, 임옥희 역, 파주: 북21, 2004.]

5. D. H. Meadows et al., *The Limits to Growth* (Universe Books, 1972).

6. G. Kelling and J. Q. Wilson, "Broken Windows," *The Atlantic* 249, no. 3 (March 1982).

7. C. Johnson, "Study Backs Theory That Links Conditions, Crime," *Boston Globe*, February 8, 2009.

8. J. A. Fox, "Ganging Up," *Boston Globe*, December 1, 2003.

9. E. Moscowitz, "Just Say 'In the Know,'" *Boston Globe*, December 22, 2008.

10. Institute on Education and the Economy, "Using What We Have to Get the Schools We Need: A Productivity Focus for American Education," IEE Document No. Bk-5 (Teachers College, Columbia University, October 1995). 이 사례를 위해 일하고, 내가 주목하도록 도와준 동료 제니퍼 케메니와 셰리 이에디아포(Sherry Immediato)에게 감사를 전한다.

11. 시스템 원형이 체계적으로 정리되고 쉽게 사용할 수 있게 만들어진 것은 이노베이션 어소시에이츠의 마이클 굿맨, 제니퍼 케메니, 찰리 키퍼(Charlie Kiefer)의 노력 덕분이다. 시스템 원형에 관한 내용 대부분은 윌리엄 브라운(William Braun)이 작성한 다음 글에 정리되어 있다. The System Archetypes, 2002, http://www.albanyedu/faculty/gpr/PAD724/724WebArticles/sys_

archetypes.pdf [해당 링크는 현재 유실되었고, 자료는 여기에서 확인할 수 있다.https://www.albany.edu/faculty/gpr/PAD724/724WebArticles/sys_archetypes.pdf]

12. S. Friedman, "When Heroin Supply Cut, Crime Rises, Says Report," *Boston Globe*, April 22, 1976.

13. Linda Polman, *The Crisis Caravan* translated by Liz Waters (Metropolitan Books, 2010).

14. William Easterly, *The Tyranny of Experts* (Basic Books, 2014). [윌리엄 이스털리,《전문가의 독재: 경제학자, 독재자 그리고 빈자들의 잊힌 권리》, 김홍식 역, 파주:열린책들, 2016.]

15. 수상 작가인 니콜라스 크리스토프와 셰릴 우던 부부의 최근 저서 《기부 수업》에는 상향식 개발의 여러 훌륭한 예가 나와 있다. [니콜라스 D. 크리스토프·쉐릴 우든 ,《기부 수업》, 권승·홍영만 역, 서울: 인빅투스, 2017.]

16. 피터 센게의 공저 《*The Dance of Change*》 (Doubleday Currency, 1999)에서는 조직의 변화와 그것을 극복하기 위해 무엇을 할 수 있는지를 설명하기 위해 성장의 한계 원형을 이용한다.

17. Peter Buffett, "The Charitable-Industrial Complex," *New York Times*, July 27, 2013.

18. Peter Senge et al. *The Dance of Change* 《변화의 춤》은 성장의 한계 원형에서 조직 변화의 장애물과 이를 극복하기 위해 할 수 있는 일을 설명했다.

19. Meadows et al., *Limits to Growth*.

20. Thomas Piketty, *Capital in the 21st Century* translated by Arthur Goldhammer (President and Fellows of Harvard College, 2014).

21. Peter Stroh, "The Rich Get Richer, and the Poor⋯," *The Systems Thinker*, March 1992.

22. Keith Lawrence and Terry Keleher, *Structural Racism* (Race and Public Policy Conference, 2004).

23. Nicholas Kristof and Sheryl WuDunn, "The Way to Beat Poverty," *New York Times*, September 14, 2014.

24. 2003년 공공부문 컨소시엄에서 만든 '민주 사회에서의 리더십 딜레마(The Leadership Dilemma in a Democratic Society)'를 저작권에 대한 허가를 받고 일부 변경해서 사용한 것이다. 더 자세한 내용은 다음 사이트를 참조하라. https://www.public-sector.org/file/The-Leadership-Dilemma-in-Democratic-Society.pdf

25. Peter Stroh, "Conflicting Goals: Structural Tension at Its Worst," *The Systems Thinker*, September 2000.

26. David Peter Stroh, "A Systemic View of the Israeli–Palestinian Conflict," *The Systems Thinker*, June–July 2002.

27. David Peter Stroh, "The System Dynamics of Identity-Based Conflict," in Korppen, Ropers, and Giessmann (editors), *The Non-Linearity of Peace Processes*.

28. Terrence Real, *The New Rules of Marriage* (Ballantine Books, 2007).

29. Elinor Ostrom, *Governing the Commons: The Evolution of Institutions for Collective Action*

(Cambridge University Press, 1990).

30. *National Geographic*, "The Carbon Bathtub," December 2009.

31. Levitt, "Understanding Why Crime Fell in the 1990s."

5장 4단계 변화 프로세스의 개요

1. David Peter Stroh and Michael Goodman, "A Systemic Approach to Ending Homelessness," Applied Systems Thinking Journal, October 2007. 여기에서 다운로드할 수 있다. http://www. appliedsystemsthinking.com/supporting_documents/TopicalHomelessness.pdf. [해당 링크는 유실되었고, 자료는 여기에서 확인할 수 있다. https://www.appliedsystemsthinking.com/wp-content/uploads/2021/06/TopicalHomelessness.pdf]

2. Numbers derived from Calhoun County 2013–2014 Report Card, The Coordinating Council, http://www.tcccalhoun.org/CRC/2013-14%20TCC%20Report%20Card.pdf. [해당 링크는 현재 유실되었다.]

3. Marvin Weisbord and Sandra Janoff, *Future Search*, 3rd edition, Berrett-Koehler, 2011; Harrison Owen, *Open Space Technology*, 3rd edition, Berrett-Koehler, 2008; Juanita Brown, The World Cafe, Berrett-Koehler, 2005.

4. Ram Nidumolu et al., "The Collaboration Imperative," *Harvard Business Review,* April 2014; Scharmer, Theory U; Zaid Hassan, *The Social Labs Revolution,* Reos Publications, 2014.

5. Senge, *The Fifth Discipline*, pp. 150–55.

6. Scharmer, *Theory U*, p. 134.

6장 변화의 기반 만들기

1. Kathleen Zurcher and Timothy Grieves, "Collaborating for Iowa's Kids," Iowa Department of Education and Iowa Area Education Agencies, August 17, 2012.

2. Shirley Leung, "Pine St. Inn's Bold Move to End Chronic Homelessness," *Boston Globe*, July 16, 2014.

3. 지지와 질문의 균형을 맞추는 것과 팀 학습을 조정하기 위한 다른 도구들은 피터 센게와 동료들이 쓴 《학습조직의 5가지 수련》에 소개되어있다.

4. 클리프 배리가 '셰도우 워크 세미나(Shadow Work Seminars)'에서 만든 내용을 일부 수정한 것이다.

5. Scharmer, *Theory U*.

6. Real, *The New Rules of Marriage*.

7장 현실 직시하기: 시스템 지도 그리기를 통해 구성원의 이해를 도모하기

1. Durose, Cooper, and Snyder, "Recidivism of Prisoners Released in 30 States in 2005."
2. Charles M. Blow, "Crime and Punishment," *New York Times*, December 1, 2014.
3. Ilya Somin, "Conservatives Rethinking Mass Imprisonment and the War on Drugs," *Washington Post*, January 26, 2014. 이런 변화의 한 가지 흥미로운 예는, 최근 형사사법 제도를 고치기 위해서 정치적 우파와 좌파 조직들 양쪽 모두가 포함된, 뭉치기 힘든 조합의 연합이 최근 형성된 것이다. 공공 안전을 위한 연합(Coalition for Public Safety)에 대해 더 자세히 알아보려면 다음의 사이트 www.coalitionforpublicsafety.org를 참고하기 바란다.
4. Kristof and WuDunn, *A Path Appears*.
5. Ibid.
6. 공공 정책과 관련된 시스템 역학 모델링에 관해서는, 다음 문헌을 참조하라. "How Small System Dynamics Models Can Help the Public Policy Process" by Navid Ghaffarzadegan, John Lyneis, and George P. Richardson, a white paper published by the Rockefeller College of Public Affairs and Policy, University of Albany, SUNY, http://www.albany.edu/~gpr/SmallModels.pdf. [해당 링크는 현재 유실되었고, 자료는 여기에서 확인할 수 있다. https://onlinelibrary.wiley.com/doi/full/10.1002/sdr.442]

8장 현실을 직시하기: 시스템을 현장에 적용하여 구성원의 참여를 도모하기

1. 인과 루프 다이어그램에 멘탈 모델을 추가하는 방법은 이노베이션 어소시에이츠 조직학습에서 개발한 기법이다.

9장 명확한 선택 내리기

1. Robert Kegan and Lisa Laskow Lahey, *How We Talk Can Change the Way We Work* (Jossey-Bass, 2001).
2. 이런 통찰은 다트머스 의과대학 명예교수인 폴 바탈든 박사, 의료 발전 연구소(Institute for Healthcare Improvement) 전 사장이자 최고 경영자, 미국 메디케어 및 메디케이드 서비스(US Centers for Medicare and Medicaid Services)의 전 이사이었던 돈 버윅, 품질 운동의 창시자인 에드워드 데밍을 포함한 시스템 사고 분야의 여러 전문가들 덕분에 나온 것이다.
3. Peter Stroh and Wynne Miller, "Learning to Thrive on Paradox," *Training and Development*, September 2014.

4. Leung, *Pine St. Inn's Bold Move to End Chronic Homelessness*.

5. Scharmer, *Theory U*.

6. Everett M. Rogers, *Diffusion of Innovations*, 5th edition (Free Press, 2003).

10장 격차 메우기

1. David Peter Stroh and Marilyn Paul, "Is Moving Too Fast Slowing You Down? How to Prevent Overload from Undermining Your Organization's Performance," *Reflections: The Society for Organizational Learning Journal* 13, no. 1 (Summer 2013).

2. Meadows, *Thinking in Systems*.

3. Barbara Tuchman, *The March of Folly* (Random House, 1984). [바바라 터크먼, 《독선과 아집의 역사 : 다른 모든 과학은 진보하는데 왜? 정치만은 옛날 그대로일까?》, 조민·조석현 역, 파주:자작나무, 2019.]

4. Claudia Dreifus, "A Chronicler of Warnings Denied," *New York Times*, October 28, 2014.

5. Leung, Pine St. *Inn's Bold Move to End Chronic Homelessness*.

6. https://pathwaystohousing.org/housing-first-model. [해당 링크는 현재 유실되었고, Pathways 의 하우징 모델은 여기에서 확인할 수 있다. https://www.pathwayshousingfirst.org/]

7. David Peter Stroh, *A Systems Approach to Improving Environmental Public Health*, 2013. 질병관리센터를 위해 작성한 미출간 보고서다. 복사본은 저자를 통해 얻을 수 있다.

8. David Cooperrider and Diana Whitney, *Appreciative Inquiry: A Positive Revolution in Change* (Berrett-Koehler, 2005); Richard Pascale, Jerry Sternin, and Monique Sternin, The Power of Positive Deviance (Harvard Business Press, 2010).

9. David Peter Stroh and Marilyn Paul, "Managing Your Time as a Leader," *Reflections: The Society for Organizational Learning Journal*, Winter 2006.

10. Leung, *Pine St. Inn's Bold Move to End Chronic Homelessness*.

11. 노숙 문제 해결을 위해 헌신하는 자금 제공자들의 전국적인 네트워크인 펀더스 투게더(Funders Together to End Homelessness)의 데이비드 피터 스트로와 존 맥가가 진행한 사례 연구. 복사본은 펀더스 투게더(www.funderstogether.org)를 통해 얻을 수 있다. 이 조직에 대한 정보를 얻는데 지역사회 쉼터 위원회의 이사 미셸 헤리티지(Michelle Heritage)가 특히 큰 도움을 주었다.

12. Kania and Kramer, "Collective Impact."

13. 이 두 가지 모두 다른 형태의 도구도 있지만, 여기서 설명한 도구는 이노베이션 어소시에이츠가 개발한 것이다.

14. Meadows, *Thinking in Systems*, p. 164.

15. Reflecting on Peace Practice Program, *Key Principles in Effective Peacebuilding* (CDA Collaborative Learning Projects, 2014).

16. 더 자세한 내용을 원하는 사람은 빌헬름 컨설팅 그룹(Wilhelms Consulting Group)의 파멜라 빌헬름에게서 얻을 수 있다. http://wcgsite.weebly.com/about.html. [해당 링크는 현재 유실되었다.]

17. Grantmakers for Effective Organizations, *2013 Pathways to Grow Impact: Philanthropy's Role in the Journey* (GEO Resource Library, January 29, 2013).

18. Reflecting on Peace Practice Program, *Lessons from Program Effectiveness*.

19. Kristof and WuDunn, *A Path Appears*.

11장 전략적 계획을 위한 시스템 사고

1. Michael Goodman and Art Kleiner, "The Archetype Family Tree," in Peter Senge et al., *The Fifth Discipline Fieldbook.*

2. 사회 개혁을 계획하는 접근법의 또 다른 예는 디자인 씽킹이다. 이에 관한 내용은 다음 도서를 참조하라. Tim Brown and Jocelyn Watt, "Design Thinking for Social Innovation," *Stanford Social Innovation Review*, Winter 2010.

3. 예를 들어 다음 문헌을 참조하라. Cooperrider and Whitney, *Appreciative Inquiry*; and Pascale, Sternin, and Sternin, *The Power of Positive Deviance*.

4. 시스템에 맞추기 힘든 상황을 설명한 9장의 내용을 다시 한번 확인해 볼 것을 권한다.

5. 규모를 확대하기 위한 지침은 10장에 정리되어 있으며, 다음 문헌을 통해서도 확인할 수 있다. Grantmakers for Effective Organizations, *2013 Pathways to Grow Impact: Philanthropy's Role in the Journey* (GEO Resource Library, January 29, 2013).

6. 재정적인 추정치는 매사추세츠 주택 및 쉼터 연맹(Massachusetts Housing and Shelter Alliance)의 연구에 기초한 것이다.

7. David Peter Stroh and Kathleen Zurcher, "Leveraging Grantmaking—Part 2: Aligning Programmatic Approaches with Complex System Dynamics," *The Foundation Review*, Winter 2010.

8. Daniel H. Kim, *Organizing for Learning* (Pegasus Communications, 2001).

9. David Peter Stroh, "What to Do When You Have Too Many Goals," blog post, http://www.bridgewaypartners.com/Blog/tabid/67/entryid/17/What-to-Do-When-You-Have-Too-Many-Goals.aspx. [해당 링크는 유실되었고 자료는 여기에서 확인할 수 있다. https://bridgewaypartners.com/what-to-do-when-you-have-too-many-goals/]

10. 기후변화와 지속 가능성 문제를 다룬 컴퓨터 시뮬레이션에 대한 자세한 내용은 C-ROADS 시뮬레이션(www.climateinteractive.org), Threshold 21(T21) 모델(http://millenniuminstitute.net[해당 링크는 유실되었다.])을 참고하라. 의료 서비스 제공을 위한 컴퓨터 시뮬레이션에 대한 자세한 내용은 다음 문헌을 참조하고, 추가로 게리 히르슈(Gary Hirsch)의 논문을 더 찾아 읽기 바란다. Bobby

Milstein, Jack Homer, and Gary Hirsch, "Analyzing National Health Reform Strategies with a Dynamic Simulation Model," *American Journal of Public Health*, May 2010.

12장 평가를 위한 시스템 사고

1. Stroh and Paul, "Is Moving Too Fast Slowing You Down?"
2. Ibid.
3. American Productivity and Quality Center, *White Collar Productivity Improvement* (APQC, 1986).
4. 산드라 니콜즈(Sandra Nichols)가 연출한 동영상 〈The Water of Ayole〉은 다음 주소에서 시청할 수 있다. http://vimeo.com/6281949. 27분짜리 이 동영상은 관습적 사고와 시스템 사고의 차이를 처음 알아볼 때 참고하기 아주 좋은 사례다. 처음 절반(13분 43초까지)은 관습적 사고의 예를, 나머지 절반은 시스템 사고의 예를 보여 준다.
5. Kristof and WuDunn, *A Path Appears*, pp. 167–231.

13장 시스템 사고 전문가 되기

1. Senge, *The Fifth Discipline*, pp. 374–75.
2. Meadows, *Thinking in Systems*, p. 167.
3. Marilyn Paul, "Moving from Blame to Accountability," *The Systems Thinker* 8, no. 1 (1997).
4. David Peter Stroh, "The Systems Orientation: From Curiosity to Courage," *The Systems Thinker* 21, no. 8 (2011).
5. 더 자세한 내용은 다음 웹사이트를 참조하라. http://www.corechangecincy.com. [해당 링크는 현재 유실되었다.]
6. 이 온라인 프로그램에 대한 설명과 프로그램 미리보기는 다음 웹사이트에서 확인할 수 있다. http://www.iseesystems.com/store/Training/ApplySysThink.aspx. [해당 링크는 유실되었고, 자료는 여기에서 확인할 수 있다. https://www.iseesystems.com/store/training/]

찾아보기

가장 처음부터(Right from the Start
 initiative) 158, 164, 178, 215
강화 피드백 루프, 강화 루프 81, 146,
 180, 234, 236, 242, 254, 296
경쟁하는 목표 100, 104, 174, 216
공유지의 비극 101, 104, 216
구조적 인종차별 94, 95, 130, 144, 146,
 148, 162
균형 피드백 루프, 균형 루프 80, 82, 144,
 180, 216, 234, 238, 244, 245
《기부 수업》 276
기하급수적인 성장 76, 79, 80
기후변화 13, 69, 80, 210, 266, 288,
 296-297
끌개 66
나오미 오레스케스(Oreskes, Naomi) 210
니콜라스 크리스토프(Kristof, Nicholas)
 225, 276
《다가올 역사, 서양 문명의 몰락》 210
다니엘 김(Kim, Daniel) 251
단계적 확대 100, 101, 104, 174, 216,
 302, 306
데이비드 니(Nee, David) 164
도넬라 메도우(Meadeows, Donella) 34,
 73, 208, 223
뜻하지 않은 적수 40, 41, 96, 97, 99,
 104, 140, 165, 167, 168, 173, 179, 181,
 211, 215, 217, 301

레버리지 포인트 18, 22, 23, 71, 74, 112,
 119, 120, 158, 164, 208, 211, 220, 223,
 227, 228, 233, 235, 241, 242, 245,
 250, 267
로버트 프리츠(Fritz, Robert) 35, 203,
 218
루이스 토마스(Thomas, Lewis) 30
린다 폴먼(Polman, Linda) 86
린디아 다우니(Downie, lyndia) 200, 219
마빈 바이스보르(Weisbord, Marvin) 58
마이클 굿맨(Goodman, Michael) 18, 64,
 67, 69, 111, 112, 138, 168, 169, 183,
 236, 287
마크 드레이퍼(Draper, Mark) 41
마크 크레이머(Kramer, Mark) 46
마틴 루터 킹(King, Martin Luther, Jr.) 49,
 191
멘탈 모델 22, 64, 118, 120, 130, 132,
 179, 182, 183, 184, 185, 186, 188, 193,
 208, 217, 218, 219, 223, 227, 228,
 244, 245, 251, 265, 266, 270, 290
《모두가 앞장선다: 지역사회에서의 리더십
 구축》 46
목표 달성 이론 238-242, 250, 267, 277,
 278
미국 주택도시개발부 111, 126, 151, 224
미국 환경보호청 98, 99
바바라 터크먼(Tuchman, Barbara) 209

배선 바꾸기, 배선을 바꾸는 120, 208-211, 215, 216, 227, 228

변수 67, 68, 83, 102, 139, 141, 147, 177, 179, 181, 265, 270

브라이언 스미스(Smith, Bryan) 132, 134

부담 떠넘기기 87-89, 91, 100, 104, 148, 151, 152, 171, 174, 179, 211, 212, 217, 302, 304

빅터 가르시아(Garcia, Victor) 286

빌 토버트(Torbert, Bill) 17

빙산 모델, 빙산 17, 61-63, 66, 72, 115, 130, 131, 183, 195, 276

4단계 변화 프로세스 17, 20, 23, 111-113, 115, 121

사회 변화를 위한 상호작용 연구소 158

상호작용 지도 76, 77

선순환 75, 83, 94, 104, 165, 173, 251

성공 확대 이론, 성공 확대 236, 237, 241, 243, 250-252, 267, 274, 277, 278

성공한 쪽에 몰아주기 94-96, 104, 158, 159, 174, 189, 213

성장 엔진 75, 92, 153, 155, 173, 180, 213, 236, 237, 251, 275, 277

성장과 투자 부족 100, 101

성장의 한계 92- 94, 104, 152, 153, 168, 171, 173, 211, 213, 277

《성장의 한계》 92

세라 슐리(Schley, Sara) 53, 59, 144

셰릴 우던(WuDunn, Sheryl) 225, 276

시간 지연, 지연 31, 47, 64, 66, 69, 70, 71, 82-84, 131, 143, 176, 210, 216, 233-235, 238, 251, 252, 264-266, 270, 272, 280, 282, 287, 289

시골 주택을 개선하기 위한 노력, 시골 주택(Faulkton, South Dakota, housing program) 140, 213, 300

시스템 변화 이론 18, 23, 48, 49, 227, 228, 235, 236, 238, 241, 254, 259, 260, 264, 265, 267, 269, 270, 272, 276, 279, 287, 290

시스템 분석 21, 35, 41, 67, 118, 128, 138, 142, 155, 173, 176, 179, 180, 182, 193, 196, 241, 242, 272, 274, 281

시스템 언어 180, 282

시스템 원형 17, 40, 66, 73, 74, 84, 102, 104, 131, 141-143, 173, 177, 179, 181, 211, 216, 235, 236, 282, 287, 289

시스템 지도 15, 53, 59, 60, 69, 118, 128, 137, 138, 141, 149, 153, 159, 176, 178-181, 184, 185, 188, 193, 201, 202, 209, 211, 217-220, 233, 235, 238, 259, 265, 270, 281, 284, 288, 290, 298

악순환 75, 80, 83, 88, 94, 96, 104, 146, 147, 150, 168, 173, 180, 216, 244, 270, 296, 297

아이오와주 아이들을 위한 협력(Collaborating for Iowa's Kids) 39, 96, 126, 129, 140, 173, 220, 233, 241, 243, 301

악화되기 전에 잠시 개선되는 33, 200, 272

액션 디자인 76, 77

앤 맨스필드(Mansfield, Ann) 252

에드 샤인(Schein, Ed) 118

에버렛 로저스(Rogers, Everett) 204

에릭 M. 콘웨이(Conway, Erik M) 210

역효과를 낳는 해결책 84, 85, 87, 88, 98, 104, 144, 147, 148, 173, 174, 211, 217,

302

열린사회연구소　52, 53, 128, 144, 145, 147, 303

오토 샤머(Scharmer, Otto)　113, 118, 134, 202

욕조 유추법　101-103, 142-144, 168, 169, 171, 173, 174, 177, 211, 217

윌리엄 이스털리(Easterly, William)　90

윌리엄 캐스퍼 그라우스타인 기념재단 158, 164

유기적 성장　76, 79, 274, 275

U 이론　113, 202

《U 이론: 부상하는 미래에서 이끌기》 202

음식과 건강 프로그램(W. K. 켈로그 재단) 235, 250, 252

의도치 않은 결과　32, 36, 39, 48, ,49, 74, 84-88, 91, 104, 145, 176, 209, 219, 234, 273, 279, 282, 286

《위기의 캐러밴》　86

윌리엄 라일리(Riley, William)　98, 99

이글 카운티 공공보건환경부　242, 252

이노베이션 어소시에이츠　17, 35

《21세기 자본》　94

이해 당사자 지도　124

인과적 피드백 루프, 인과적 루프　35, 168, 171, 179, 183

인터그레이트 연합　242, 252, 254, 259

자기 인식 높이기, 자기 인식　61, 102

장님과 코끼리의 비유, 코끼리의 비유 56-58, 61, 131, 142

정체성 기반 갈등　174, 302, 304- 306

제니퍼 벤틀리(Bentley, Jennifer)　111

조나단 사이먼(Simon, Jonathan)　53

조 라우르(Laur, Joe)　53, 144

존 맥가(McGah, John)　122, 271

존 스터먼(Sterman, John)　102

존 에렌펠드(Ehrenfeld, John)　91

존 왈즈(Walz, Jon)　184

존 카니아(Kania, John)　46, 222

《좋은 기업을 넘어 위대한 기업으로》　75

중추조직, 중추 지원 조직　46, 222, 254, 259

지속적인 학습　40, 48, 50, 51, 82, 119, 120, 223, 227, 228, 269, 274, 278-290

GEO　224-226

지역사회 쉼터 위원회　221-224

지역 학습 센터　152, 153

짐 콜린스(Jim Collins)　75

차세대 경제 정신 계획　224

찰리 키퍼(Kiefer, Charlie)　35

창조적 긴장　113, 114, 130

초점 질문　128, 129, 141, 181

촉매 대화　188, 209, 219, 284, 288

추론의 사다리　132-134

출소 후 계획　52, 55, 58- 61, 63, 67, 68, 70, 84, 88, 105, 127, 128, 140, 141, 144, 151, 174, 178, 182, 298

칼훈 카운티 노숙 문제 해결을 위한 10년 계획, 칼훈 카운티 프로젝트, 칼훈 카운티 사례(Calhoun County Ten-Year Plan to End Homelessness)　111, 117, 119, 120, 129, 130, 138, 140, 170, 171, 174, 180, 185

캐롤 브라우너(Browner, Carol)　99

캐서린 저커(Zurcher, Kathleen)　39, 129, 259

코어체인지　286

컬렉티브 임팩트　20, 45-48, 113, 221,

222, 259

쿠르트 레빈(Lewin, Kurt)　137

코니 맥슨(Maxon, Connie)　41

크리스 아지리스(Argyris, Chris)　219

키스 로렌스(Lawrence, Keith)　94

테렌스 리얼(Real, Terrence)　101, 135

토마 피케티(Piketty, Thomas)　94

트레이시 보드리거(Wodlinger, Traci)　259

파멜라 빌헬름(Wilhelms, Pamela)　224

파인 스트리트 인　200, 201, 212, 220

폴 슈미츠(Schmitz, Paul)　46, 49

표류하는 목표　100, 104, 216

플라이휠　75, 79

피터 드러커(Drucker, Peter)　191

피터 센게(Senge, Peter)　17, 35, 44, 113,
　　132, 280

피터 버핏(Buffett, Peter)　91

하우징 퍼스트　149, 200, 212, 217

《학습하는 조직》　35, 44, 113

《학습조직의 5가지 수련》　35

옮긴이 **신동숙**

배우고, 탐구하고, 성장하는 삶이 좋아서 번역가의 길을 걷기 시작했다. 고려대학교 영문과 대학원을 졸업하고 바른번역 소속 번역가로 활동하면서, 영적인 성숙과 의식의 성장에 도움이 되는 책을 세상에 많이 알리고 싶다는 꿈을 조금씩 이루어가고 있다. 옮긴 책으로는 《먹어서 병을 이기는 법》,《인간은 필요 없다》,《천재의 식단》,《노인은 없다》,《고스트워크》,《앞서가는 아이들은 어떻게 배우는가》,《학생 중심으로 수업을 바꿔라》,《학습과학 77》,《제리 카플란-인공지능의 미래》,《지금 당신의 차례가 온다면》,《경제의 특이점이 온다》외 다수가 있다.

사회 변화를 위한 시스템 사고

공공·비영리·사회적경제 영역에서 일하는 사람들을 위한 사회 혁신 실천 가이드

발행일 2022년 7월 20일
지은이 데이비드 피터 스트로
옮긴이 신동숙
편집 오주연
발행인 김애란
출판사 힐데와소피
등록번호 제2021-000050호
주소 서울시 관악구 신사로 66-1, 3층
이메일 hildeandsophie@gmail.com
홈페이지 www.hildeandsophie.xyz

ISBN 979-11-969839-8-7 (03320)

책값은 뒤표지에 있습니다.